Werner Balzer
Das Sensorische und die Gewalt

IMAGO

Werner Balzer

Das Sensorische und die Gewalt

Zum Seelenleben im digitalen Zeitalter

Psychosozial-Verlag

Für Blanca, Clara, Paula und Barbara

Bibliografische Information der Deutschen Nationalbibliothek
Die Deutsche Nationalbibliothek verzeichnet diese Publikation in der Deutschen Nationalbibliografie; detaillierte bibliografische Daten sind im Internet über http://dnb.d-nb.de abrufbar.

Originalausgabe

E-Mail: info@psychosozial-verlag.de
www.psychosozial-verlag.de

Umschlagabbildung: Odilon Redon, *The Cube*, 1880
Umschlaggestaltung und Innenlayout nach Entwürfen von Hanspeter Ludwig, Wetzlar
ISBN 978-3-8379-2950-8 (Print)
ISBN 978-3-8379-7667-0 (E-Book-PDF)

Inhalt

»… ins Kristall bald dein Fall …«

Ernst Theodor Amadeus Hoffmann, Der goldene Topf

Vom *Walkman* zum *Womanizer*

Statt eines Vorworts

Denken heißt Beschäftigung mit abwesenden Sachverhalten. Denn Wahrnehmungen bilden nur seinen Fundus, der in verschiedenen Gedächtnisspeichern veränderlich aufbewahrt ist. Erst in der Absenz der Objekte kann Wahrnehmung zum Gedanken voranschreiten. Wenn ich weiß, dass ich den Lichtschalter drücken muss, damit die Lampe angeht, und es auch mache, ist dies noch kein Denkakt. Der Gedanke kommt erst ins Spiel, wenn ich im Dunkel den Lichtschalter, den ich suchen muss, damit es hell werden kann, denke, ihn mir vorstelle. Ich muss einen unsichtbaren Lichtschalter, wie ich ihn schon oft gesehen und benutzt habe, mir vergegenwärtigen, *re-präsentieren*, um ihn mit etwas Glück zu finden. Eine Vorstellung als solche auch verneinen zu können, scheint überdies ein Alleinstellungsmerkmal menschlichen Denkens gegenüber tierischen Denkakten zu sein. Die psychoanalytischen Erkundungen dieses Buches handeln wesentlich von den Schicksalen der verschiedenen Stufen und Formen der psychischen Repräsentation im Zeitalter des digitalen Umsturzes unserer Lebens- und Objektwelten durch das allgegenwärtige Zuhandensein präsentischer, mikroelektronischer Medien. Wie es scheint, hat dieser menschheitsgeschichtlich unerhörte Absenzverlust bereits tiefe Spuren im Subjekt-Objekt-Verhältnis, in der psychischen Organisation der Subjekte und der symbolischen Ordnung hinterlassen. Weltbezug und Selbstbezug haben sich durch die elektronische Medialität längst tiefgreifend verändert. Eine umfassende Mentalitätsgeschichte des Siliziumzeitalters (das auch schon wieder anderen Materialien und Metaphern Platz machen muss) ist aber bislang nicht geschrieben. Womöglich ist es für den Flug der Eule der Minerva noch zu früh und noch nicht dunkel genug.

Im Mai 1981 stand ich mit einem Freund[1] am Rialto in Venedig vor der Auslage eines längst verschwundenen Elektroladens. Wir bestaunten

1 Friedrich Kittler (1943–2011).

Exemplare des noch ganz neuen, mit Kassetten betriebenen Sony Walkman, entzückt von der Möglichkeit, jegliche Musik nun an beliebigen Orten hören zu können. Die portable Omnipräsenz eines akustischen Mediums war damals noch ein Faszinosum, denn daheim stand bestenfalls ein Tastentelefon; Stereoanlage und Fernseher waren schwer und ortsfest, man wartete auf die Briefpost und fürchtete plötzliche, teure und ominöse Telegramme, denn allzu oft verhießen sie nichts Gutes. Vor jenem Schaufenster stellten wir aber auch mancherlei Mutmaßungen über die zunehmende Aufdringlichkeit elektrischer Apparate, ihre künftig vielleicht immer radikalere Einschreibung ins Körperliche an und darüber, was dies mentalitätsgeschichtlich einmal bedeuten könnte. Für die quasi neurologische Präzision gewisser aktueller Apparate des körperlichen *enhancement*, wovon später noch die Rede sein wird, fehlte uns damals sowohl das Vorstellungsvermögen als auch die Schamlosigkeit. Wir konnten noch nicht einmal ahnen, dass 20 Jahre später bei der Firmung meiner Tochter der angereiste Weihbischof in der Kirche sagen würde, Beten sei »wie Gott eine SMS senden«.

Taktgeber unseres Zeitempfindens sind heute nicht mehr die Zeiger einer Uhr, sondern die Lichtgeschwindigkeit selbst, wie jedes Kind weiß, das mit einem Smartphone hantiert und von ihm getaktet wird. So gleicht auch die psychoanalytische Beschäftigung mit den Auswirkungen der mikroelektronischen Revolution einer Version des Wettlaufes von Hase und Igel: Man rennt den medialen Neuerungen von Hardware und Software hinterher und bleibt notorisch im Rückstand. Die in diesem Band versammelten, im Text – abgesehen von editorischen Korrekturen – unveränderten, zuvor verstreut publizierten Aufsätze aus ungefähr 20 Jahren untersuchen die Auswirkungen der sogenannten Digitalisierung aus den verschiedenen Blickwinkeln der Regression aufs Sensorische, des Verhältnisses von Erregung und Bedeutung, der Schicksale des innerseelischen Raumes, von Symbolisierung und Getrenntheit, der Krise des Bildlichen durch auf Dauer gestellte mediale Visualitäten, der Verschaltung von Subjekten mit Apparaten und der Beschädigung eines transformativen Primärprozesses selbst. Die mächtige Regression auf sensorische Erfahrungsweisen und damit die Rückabwicklung in langen Zeiträumen mühsam entwickelter kultureller Transformationen, Milderungen, Verfeinerungen der Gewalt blanker Reize ist dabei ein Leitgedanke dieser Erkundungen.

Teilweise entstanden die Aufsätze noch vor dem Auftauchen von Smartphones und mobilem Internet, auch befand sich noch keine Cloud an namenlosen Orten in heiß laufenden, aber gut gekühlten Sicherheitstrakten. Bei Telefondiensten sprach man noch mit Menschen, im Netz vagabundierten noch nicht die Bots, Warensortimente sowie weitaus wichtigere soziale Transfers und Entscheidungsfindungen waren noch nicht immer ausgeklügelteren Algorithmen überantwortet. Auch würden die sozialen und mentalen Auswirkungen der inzwischen entstandenen Streaming-Dienste, Messenger, medialen Serien und Dating-Plattformen eigene kultur- und psychoanalytische Untersuchungen verdienen. Bezüglich einer neuartigen Stammesbildung durch Portale und Plattformen hat dies jüngst Christoph Türcke (2019) unternommen. Mit dem Internet der Dinge sehen wir einer technischen Belebung unserer Umgebungsobjekte entgegen. Menschheitsgeschichtlich gab es das unter animistischen Vorzeichen schon einmal.

All diese Entwicklungen haben nach meiner Ansicht die in diesem Buch vorgetragenen Mutmaßungen und Argumente nicht erübrigt, sondern eher aktualisiert.Während im laufenden Kulturkampf die einen sich einen Schulunterricht ohne Displays oder gar in den Ablauf integrierte Smartphones gar nicht mehr vorstellen können und nach einer Digitalisierung der Schulen rufen, ohne zu sagen, was genau sie darunter verstehen, hat Frankreich die Smartphones aus der Schule verbannt und beginnen immer mehr Menschen sich Sorgen um die mentale, ethische Verfassung der Internetgesellschaft zu machen. Es ist kaum eine Übertreibung festzustellen, dass Mentalisierungssorgen umgehen. Durch die grundstürzende Kraft der elektronischen Medien wird, wie im Märchen, vielen bei dem ganzen Segen unheimlich zumute. Denn wie bei allen Doppelgängern hausen auch bei unseren medialen, apparativen Doppelgängern die gute Fee und das Gespenst Tür an Tür.

Kulturpessimismus? Womöglich schon. Als Bannfluch verdankt sich dieser Vorwurf aber selbst einem Ressentiment, einer affirmativen Fortschrittsmelodie, die für sich genommen noch keinerlei starke Argumente enthält. Selbstverständlich ist es ungemein praktisch, per App dem Handwerker rasch ein Foto des Schadensbildes zu schicken, den Daheimgebliebenen ein Urlaubsfoto vom Matterhorn, dem Freund eine eilige Datei als E-Mail-Anhang, um danach in Wikipedia eine langgesuchte Information zu finden – und vieles Nützliche, Schöne, Bereichernde mehr. Längst würden wir diese famosen Möglichkeiten vermissen. Wo Licht ist, ist aber auch Schatten – und dieses Buch handelt von den Schattenseiten.

Viele Jahrtausende lang stand die vorhandene Dingwelt dem Analogmenschen trotz animistischer Beseelung zwar nicht imaginativ, aber performativ ziemlich kompakt gegenüber. Sie hörte einfach nicht auf ihn. Außer vielleicht in gewissen magischen Praktiken, aber die waren äußerst unzuverlässig. Im Sinne der überzeugenden Argumentation Hartmut Rosas (2019) war die Dingwelt in hohem Maße beredt, aber unverfügbar. Heute hören die Menschen auf Maschinen. Natürlich besaß schon jede vorindustrielle oder gar industrielle Maschine Hebel, Knöpfe, Tasten, wodurch sie dem Benutzer zu Gebote stand, aber sie kannte ihn nicht. Bei unseren mikroelektronischen Hausgenossen ist das anders. Sie wissen eine Menge über uns und entwickeln ein Eigenleben, dem wir für ein gedeihliches Miteinander Rechnung zu tragen haben: Computer, Drucker, Smartphones, Tablets, Siri, Alexa. Die Pointe besteht ja gerade darin, dass der Nutzer, während er diese Geräte zu bedienen meint, zugleich von diesen bedient wird – im doppelten Sinn. Der Herr ist der Knecht und der Knecht ist der Herr. Das führt zu einem menschheitsgeschichtlich ganz neuartigen Durchdringungsverhältnis von Subjekt und Objekt mit rasch umspringenden Rollenverteilungen, ja Schaltzuständen. Vermutlich ist noch nie ein Werkzeug dem Menschen so adhäsiv nahegekommen wie das Smartphone und wirklich Teil eines *extended self* geworden. Smartphoneverlust bedeutet deshalb nicht nur Objektverlust, sondern Selbstverlust.

Menschen und Maschinen leben in Dauersynapse mit neuartigen Formen einer human-apparativen Zwischenleiblichkeit. Wir besitzen diese Apparate, werden aber auch von ihnen besessen. Diese Besessenheit meint nicht nur ein etwaiges Suchtverhalten, sondern ganz schlicht Besitzverhältnisse: Wir besitzen sie und sie besitzen uns. Die Zeile aus Rilkes Gedicht *Archaischer Torso Apollos* (1980 [1908]) »denn da ist keine Stelle, die dich nicht sieht. Du musst dein Leben ändern« entfaltet so eine unerwartete, spätmoderne Aktualität, nicht nur metaphorisch, sondern als knallharte gerätetechnische Realität. Sofern ihnen auch Icheigenschaften abgetreten werden, verwandeln sich die elektronischen Helfer im Sinne Bions in eigentlich unheimliche bizarre Objekte, nur dass niemand sich wirklich fürchtet. Vermied man früher sorgfältig die Nähe von Spukobjekten, trägt man sie heute in der Hosentasche.

Der Grenzverlauf des Psychismus wird unübersichtlich, unscharf, das Immunsystem der Selbstorganisation löchrig. Unter dem dauernden Externalisierungsdruck (Plattformen, Teilhabe an sozialen Medien, E-Mails) bei gleichzeitiger normativer Reizoffenheit ergibt sich ein subjektiver Betriebszustand von dauernder *Ein*strömung und *Ver*strömung, wobei die psychischen Subjektgrenzen mäandrieren, ja die individuelle Gewissheit von persönlicher Entität ständig einer Liquidierung, Verflüssigung entgegenarbeiten muss. Das kostet Kraft, mindestens. Ein Teil der seelischen Alltagsarbeit ähnelt dann der Funktion der Lenzpumpe in einem volllaufenden Boot: Wer nicht gegenpumpt, säuft ab oder wird zum Schwamm. Die zeitgenössische Durchschnittsverfassung der Subjekte als großporig zu bezeichnen, ist keine Übertreibung. Viele beginnen irgendwie darunter zu leiden, dass wir – anders als vor 30 Jahren, als unsere Außenkontakte über Stimme, Festnetztelefon, Fernsehen, Brief liefen – dauerhaft auch im trauten Heim leck sind. Dies ist eine Folge der zahlreichen elektronischen Kanäle, über die wir uns mit dem Draußen verbunden haben. Ob mobiler Anruf, Anrufbeantworter, Mailbox, E-Mail, Messenger App – irgendwo ist immer etwas los. In den digitalen Netzwerken, in die wir verwickelt sind, stehen wir nicht nur dauernd auf Empfang, sondern auch auf Sendung. Ganz für sich zu sein ist, außer im teuren Hideaway, im elektronisch-sozialen Protokoll nicht mehr recht vorgesehen. Es fällt den jetzt Lebenden auch zunehmend schwer sich vorzustellen, wie es einmal war, nach getaner Arbeit still und leise ein Gespräch zu führen, versunken ein Buch zu lesen – ganz zu schweigen von der Fähigkeit, einen solchen Zustand überhaupt noch zu erreichen. Die Medienarbeit hört nie auf. Für viele hat sie mittlerweile den Charakter eines Versklavungsverhältnisses von neo-antiken Ausmaßen angenommen, wobei die List der elektronischen Apparate gerade darin besteht, dass viele es nicht merken. Die scheinbar völlige Befreiung, Ertüchtigung des Subjekts im Zauber der schier unbegrenzten elektronischen Möglichkeiten schlägt letztendlich um: wo nicht in Hörigkeiten, so doch in neuerliche Heteronomie. Auch deshalb wird in diesem Buch nicht vom autoritären, sondern vom *sensoritären* Charakter die Rede sein und von *Mentolyse* gegenläufig zu Mentalisierung.

Das doppelte Besessensein durch die elektronischen Medien hat noch weitere Überlastungen im Gefolge. Still und leise vollzieht sich vor den privaten Bildschirmen auch eine partielle Aufhebung der mühselig ausdifferenzierten gesellschaftlichen Arbeitsteilung. Allerdings anders als in der berühmten Vision (Marx & Engels, 1846) »morgens zu jagen, nachmittags zu fischen, abends Viehzucht zu betreiben, nach dem Essen zu kritisieren, wie ich gerade Lust habe, ohne je Jäger, Fischer, Hirt oder Kritiker zu werden.« Vielmehr haben wir uns daran gewöhnt, in der Dienstleistungsgesellschaft unsere eigenen Dienstleister zu sein vor irgendwelchen störrischen Eingabemasken am PC: Dann sind wir morgens Reisekaufmann, mittags Bankkauffrau, abends Mitarbeiter unserer Krankenversicherung, nachts Zertifizierungsspezialistin. Das zehrt vom Kostbarsten: der Lebenszeit.

Hat das weitere Folgen? »Time is nature's way of keeping everything from happening at once« (Wheeler, 2018 [1990], S. 10). Die Kultur der elektronischen Präsenzmedien zielt ihrer Natur nach aufs Gegenteil: Vergleichzeitigung, Aufhebung linearer Narrative, wie dies besonders die vergleichzeitigende Wirkung des Bildes charakterisiert. In der elektronischen Kultur herrscht Bilddominanz. Ob es sich bei diesem überbordenden Bilderwesen meistenteils um Bilder mit einer bedeutsamen, irgendwie opaken Tiefenstruktur handelt oder aber um flüchtige, erregte Visualitäten, ist noch eine ganz andere Frage. Jedenfalls steht, wer an dieser Kultur teilhat, im optisch-akustisch-haptischen Dauerfeuer. Die Vergleichzeitung sensorischer Informationsflüsse scheint mittlerweile Spuren in der Fähigkeit zu Aufmerksamkeit und Konzentration zu hinterlassen. Aufmerksamkeit ist aber nicht angeboren, sondern wird über die aufmerksame Zuwendung eines menschlichen Gegenübers entwicklungspsychologisch mühsam erworben sowie kulturspezifisch fokussiert und formatiert, bei indigenen Stämmen im Amazonasdschungel anders als in einer frühen Industriegesellschaft mit Schulpflicht, wo die Kleinen in engen Pulten im Frontalunterricht auf die konzentrierte Bedienung kostbarer Werkzeuge und Maschinen vorbereitet wurden. Ausmalen einer Blume mit dem Buntstift auf einem Blatt bildet das Kind auf ganz andere Weise als die Kompilation derselben Blume mit einem Grafikprogramm. Es ist ein Unterschied ums Ganze, ob ich meinem Kleinkind mit dem Zeigefinger im Bilderbuch Elemente namentlich erkläre oder es einem Screen mit grafischer Benutzeroberfläche und Bilderrauschen überantworte. Wo sehr viel gleichzeitig passiert. Und wo an die Stelle des Zeigens von Traktor und Sonne Displays treten, die sich schneller verwandeln als der ehrwürdige Proteus.

Aufmerksamkeit ist nämlich ihrem Wesen nach eine Verzichtsleistung, Verzicht auf manches, was gleichzeitig auch noch schön, interessant, befriedigend wäre. Hier wurzeln die ersten, wohldosierten Zumutungen an die Frustationstoleranz und hier liegt die Gelenkstelle zu späteren Aufmerksamkeitsdefiziten. Denn ADHS ist – was immer sonst noch verursachend sein mag – im Kern eine frustrationsanfällige Reizsuchterkrankung. Immer dann, wenn das sensomotorisch-cerebrale Gesamtreizniveau hoch genug ist, tritt Beruhigung ein. Diese wohltuende Anhebung des zentralnervösen Reizspiegels kann man dann auch durch Stimulation mit Medikamenten erzielen, die Verwandte des Kokains sind. Trotzdem wird fast ausschließlich versucht, den Ungeist der Aufmerksamkeitsstörungen und Hyperkinesen in die Flasche der Genetik zu bannen. Fundamentalkritik an den digitalen Wunderwelten und Stimulantien ist unerwünscht. Jedoch: Seit Einführung der allgemeinen Schulpflicht verhalfen widerständige Schiefertafeln und Schreibhefte den Kindern zu einer sensomotorisch-cerebralen, konzentrierten, aufmerksamen Koordination von Hand, Auge, Gehirn – auch wenn es nicht immer Spaß machte. Unter dem Einfluss der elektronisch inspirierten Reformpädagogik erleben wir inzwischen Bestrebungen, die Schreibschrift ganz abzuschaffen mit dem doppelten Argument, dass Bögen in der Schrift für heutige Grundschüler feinmotorisch zu schwierig seien und dass diese künftig ohnehin nur Tatstaturen benutzen würden. Mag ja sein, aber in der Geschichte der Aufmerksamkeit kommt dies einem Experiment gleich, dessen traurige Resultate längst vorliegen. Ein erheblicher Anteil der Schüler[2] kann nämlich schon heute am Ende der Grundschule nicht mehr leserlich schreiben, geschweige denn sich auf auf irgendetwas konzentrieren, was keinen unmittelbaren Spaß bringt.

Mentalisierung braucht Reizschutz. Die Stadt Berlin plant aber gerade rund 60 baugleiche Grundschulen nach den Plänen zweier Gewinnerentwürfe gemäß der behördlichen Vorgabe, keine »Flurschulen« mit soliden geschlossenen Klassenzimmern zu bauen (Richter, 2019), sondern stattdessen »sogenannte Cluster aus variabel einsetzbaren Zimmern mit idealerweise verschiebbaren Glaswänden und offenen Lernlandschaften mit Sitzecken oder Bereichen zum Liegen und Lümmeln« (ebd.). Es scheint, als schüfe sich die Kultur der Reizoffenheit auch ihre baulichen Zeugnisse. Offenbar soll nichts mehr im Schulhaus an die – immerhin schalldämpfenden – Mauern der alten Disziplinargesellschaft erinnern. Skeptiker sprechen schon von »offener Lärmlandschaft« statt »offener Lernlandschaft« (ebd.).

Nicht nur die Fähigkeit, ein Schreibgerät halbwegs zweckdienlich zu halten, scheint abzunehmen – sondern auch die weltweit gemessenen Intelligenzquotienten (Bleuel et al., 2019). Zeigten Messungen 1987 den sogenannten Flynn-Effekt, eine Zunahme des Intelligenzquotienten von Generation zu Generation um fünf bis fünfundzwanzig Punkte, so fallen die Scores seit 1994; vom »umgekehrten Flynn-Effekt« (ebd.) ist die Rede.

2 Aus Gründen der besseren Lesbarkeit wird im Text verallgemeinernd das generische Maskulinum verwendet. Diese Formulierungen umfassen gleichermaßen weibliche und männliche Personen; alle sind damit selbstverständlich gleichberechtigt angesprochen.

Diese Daten sind im digitalen Kulturkampf umstritten; nicht wenige Fachleute sehen des Rätsels Lösung aber darin, dass die digitalen Medien die Expression durchaus vorhandener Intelligenzgene nicht stimulieren, sondern dem gleichsam durch Mimesis selbst digital gewordenen Gehirn Aufmerksamkeit und Klarheit des Denkens erschweren.

Und in ethischer Hinsicht? Unverbindlichkeit hat Konjunktur. Dem Anschein nach ist nichts mehr allen heilig, stattdessen regiert ein medialer, idolatrischer Polytheismus mit einer Heiligung der elektronischen Apparaturen selbst. Nicht von ungefähr ähneln große Apple-Läden kühlen Tempeln mit effektvoller Inszenierung der neuesten Geräte als geradezu sakralen Standbildern. Gleichzeitig blüht eine elektronikgestützte Anomie, nicht nur im Internet, sondern auch bei sogenannten Premium-Autoherstellern; *cognitive correctness* steht nicht hoch im Kurs, nicht mal bei elektronisch getürkten Abgaswerten. Die Wirklichkeit ist dann solange noch real, wie sie sich der eigenen Zweckrationalität fügt. Genauer gesagt: eine Anomie in seltsamer Koexistenz mit proliferierenden, zunehmend fundamentalistischen Spezialethiken wie sie diversen Submilieus gegenüber zu beachten sind, die sich wiederum internetgestützt auf Plattformen identitär organisieren – und zwar keineswegs nur im politisch rechten Spektrum. Das Über-Ich heißt heute auch Influencer, für zustimmende Urteile ist der flinke like-Button zuständig.

Am besten veranschaulicht man sich den Bruch mit der disziplinaren Ordnung tatsächlich als Bruch, als Quotient aus erodiertem Über-Ich und andererseits mitunter tugendterroristischen Aufwallungen. Während manche Zeitgenossen in Dating-Plattformen blättern und wischen, die elektronischen Laufhäusern ähneln, ist es andererseits inzwischen riskant, der hübschen Kollegin morgens ein Kompliment zu ihrem entzückenden, gutsitzenden Sommerkleid zu machen. Offenbar erzeugt gerade die libertäre Kraft des Internet auch eine gesellschaftliche Angst vor völligem Strukturverlust als Folge der galoppierenden Informalisierung. Deshalb erheischt jede Deregulierung zugleich eine Reregulierung, wie Türcke (2019, S. 47ff.) prägnant gezeigt hat. Geistesgeschichtlich ist es nicht ohne Ironie, dass gerade die intellektuelle Mode der Dekonstruktion, die alte symbolische Ordnungen, Identitäten, Entitäten in Diskurse und Prozesse aufzulösen trachtet, um Freiheitsgrade zu erweitern, in eine sehr effiziente, keineswegs der Nachhaltigkeit dienende Liaison mit Kapital und Konsumismus eingemündet ist. Dekonstruktivismus in Kombination mit schneller Elektronik und internetbasierter Tribalisierung ergibt geradezu einen

Supraleiter für Markterweiterungen und Kapitalflüsse. Denn Diversität ist vor allem auch Produktdiversität, Marktradikalisierung – nicht Nachhaltigkeit, sondern Stimulans für ganz neuartige Nachfragen, emblematische, maßgeschneiderte Produkte, identitäre Spezialbedürfnisse, Diäten und pietistische Körperreligionen.

Die Dekonstruktion, anders gesagt, der diskursive Konstruktivismus und der begleitende Relativismus haben längst die Ebene der Geschlechtsidentität erfasst. Cis plus hetero gilt nur noch als eine, wenn auch mehrheitliche, Spielart sexueller Diversität, Queer, trans, polyamourös heißen die irgendwie verheißungsvollen Parolen. Man beobachtet eine eigentümliche Ästhetisierung der politischen Sphäre; geschichtsphilosophische Eschatologie ist gleichsam in die Sakralisierung der Diversität, die antidiskriminatorische, unbedingte Gleichheit des Verschiedenen gerutscht. Letztere ist aber nicht zum Nulltarif zu haben, sondern paradoxerweise nur unter fortlaufender, emphatischer Diskrimination (lat. *Unterscheidung*) identitärer Differenzen und dadurch möglicher Tribalisierung. So werden immer neue sexuelle Identitätsoptionen diskriminiert, will sagen, unterschieden, die aber alle gleiche Geltungsansprüche anmelden, eben nicht diskriminiert werden dürfen und die von der Mehrheit nicht mehr nur Toleranz, sondern Respekt einfordern. Das Unterscheidungsgebot soll nicht diskriminieren und das Diskriminierungsverbot soll nicht unterscheiden. Ganz schön kompliziert. Zumal obendrein in dem Maße, wie biologische Eigenheiten keinerlei Ungleichheit stiften sollen, paradoxerweise die sozialen Gerechtigkeitsdiskurse in nachdrückliche Re-Biologisierung münden. Die Kehrseite der Ethik des Zeitalters von Internet, Globalisierung, Diversität und *political correctness* zeigt deshalb eine Konfusion mit beträchtlichem paranoiden Potenzial im sozialen Leben auf allen Seiten.[3]

Aus adoleszenten Verkleidungsspielen mit der sexuellen Identität ist blutiger Ernst geworden, die steigende Nachfrage nach Geschlechtsumwandlungen setzt Jugendpsychiater unter Druck (Korte, 2019) – ganz so, als hätte der Konsumismus als *Identitätskonsumismus* erosiv mit Ausweitung der Kampfzone die Kernidentität erreicht. Die diskursive Zersetzung vermeintlich unerschütterlicher geschlechtlicher Identitäten in sogenannte Vielfalt hat ungezählte Neosexualitäten mit je eigenen Praktiken hervorgebracht, die, gerade weil sie keineswegs strukturell pervers sind, am ehesten

3 Vielleicht ist die Teefirma Meßmer mit ihrer Packungsaufschrift »Detox your feelings« (2018) am Puls unserer Zeit.

als sexueller Konsumismus einer gelangweilten, bilderregten Multioptionsgesellschaft zu verstehen wären.

Aus erkenntnistheoretischer Perspektive droht im Lichte der Digitalisierung das umgebende Dunkel wieder zu wachsen. Denn die Rätsel von Natur und Kultur sind nicht irgendwo digital abgespeichert. Zunehmend sind aber Erkenntnisinteresse und dazugehörige Heuristiken selbst schon algorithmisch verfasst. Diagnostische Manuale in der Heilkunde veranschaulichen dies ebenso eindrucksvoll wie die in Leitlinien niedergelegten therapeutischen Handlungsoptionen. Dies ist natürlich nicht nur der Sache, dem Kranken, dem Erkenntnisgegenstand geschuldet, der etwa bei Diagnosen im Bereich der Psychotherapie weitaus besser phänomenologisch-deskriptiv-psychodynamisch abzubilden war und wäre, sondern der verarbeitenden Software und den Datenbanken. Mit einer Metapher kann eine Datenbank nichts Bedeutsames anfangen. Man ist versucht, von einem digitalen *mindshut* zu sprechen. Denn der digitale Code kennt nur zwei Schaltzustände und dazwischen keine Graustufen. Die epistemischen Folgen sind gravierend. Wenn nämlich nur noch erkannt werden kann, was sich algorithmisch codieren lässt, kann alles andere gar nicht mehr erfragt, gedacht, entdeckt werden: Im Abseits der algorithmischen Heuristik breitet sich erneut ein epistemisches Dunkel aus, in welches das Licht keiner LED-Lampe dringt. An dieser Stelle werden Algorithmus und Antiaufklärung zu zwei Seiten derselben Münze. Die subjektive Kehrseite besteht in einer, allerdings ganz unmelancholischen, »großartige[n] Ichverarmung« (Freud, 1916–1917g 1915, S. 431). Durch tägliche Mimesis am Binären wird das Ich selbst algorithmisch. Es hangelt sich bei seiner Urteilsbildung und Handlungsvorbereitung gleichsam durch Schaltzustände. Es digitalisiert sich, tritt seinen Tiefenraum an den Raum äußerer, kontingenter Geschehnisse ab, auf die es schaltend reagiert mit dem Doppelklick als Limes, als Grenzwert, als sozusagen atomarer Ichfunktion. Nicht das Medium ist dann die Botschaft, wie Marshall McLuhan (2011 [1967]) vermeinte, sondern das Ich ist das Medium, der operationale Schalter, durch den wiederum Schaltzustände in der äußeren Welt verändert werden.

Die schulpädagogisch angestrebten, messbaren Kompetenzen (statt Bildung), diagnostische Manuale und therapeutischen Leitlinien für Ärzte geben hiervon einen Vorgeschmack. Dem neuen, digitalen Katechismus zufolge sollen wir uns nicht so viele analoge Gedanken machen; deduktive Schleifen oder induktives Probieren (vor allem, wenn die Software streikt) sind natürlich medienkonform, unvermeidlich, erwünscht. Aber kreative

Abduktion (»könnte nicht alles ganz, ganz anders sein?«) und der Metapherntransfer als Quelle des Schöpferischen drohen zu verkümmern. Wir sollten vom algorithmischen Ich, wenn es denn wesentlich unsere Zukunft wäre, nicht allzu viel Mitgefühl, Großzügigkeit oder gar Gnade erwarten.

Aus der Befürchtung, die präsenzmediale Desymbolisierung werde die gesellschaftliche Gewaltbindung schwächen, ist mittlerweile eine empirische Realität geworden. Nicht nur im Internet ist der Ton rauer geworden.[4] Statistiken zur Gewaltkriminalität sagen mal dies, mal jenes, ihr Ton ist meistens beschwichtigend. Allerdings (Klasen, 2019) zeigte die Befragung von 9.000 Neuntklässlern durch das Kriminologische Forschungsinstitut Niedersachsen im Jahr 2017 eine Zunahme von Gewalt und Waffen in der Schule im Vergleich zu Vorjahren; jeder dritte Befragte gab nun an, dort schon einmal Opfer von Gewalt geworden zu sein, gut 20 Prozent der befragten Schüler führen ein Messer mit sich. Gewalt gegen Rettungssanitäter (besonders, wenn sie bei der videografischen Abspeicherung des Grauens, der Verewigung der Erlebnisgewalt stören), Ärzte und Polizisten ist nicht mehr tabu. Betrachtet man die Gewalthandlungen aber nicht nur numerisch, sondern phänomenologisch, ergibt sich eine kriegstaugliche Verrohung der Gewaltmorphologie. Wenn schon, dann richtig: Die Wirtshausschlägerei am Rande der Kirmes gibt es zwar wie eh und je; inzwischen sitzen aber auch die Messer locker und namentlich der Kopftritt scheint bei manchen zu einem Standardverfahren der *Erlebnisgewalt* geworden zu sein. Es spricht wenig dafür, dass sich empfängliche psychische Strukturen nicht kampftechnisch von Gewaltexzessen inspirieren lassen, von denen sie sich interaktiv und immersiv oft mehrere Stunden täglich am Bildschirm erregen lassen.

Und der Körper? In allen sensorischen Qualitäten rückt ihm die Elektronik überall und jederzeit buchstäblich mehr zu Leibe. Er ist selbst Objekt der elektronischen Besessenheit und des *enhancement* geworden. Vermessen und protokolliert nicht nur von Smartwatches, auf Schritt und Tritt

---

4 *Tatort: Söhne und Väter*, (ARD, Sonntag, 28.07.2019): In der Eingangsszene brechen drei Jugendliche in ein Bestattungsinstitut ein und klemmen der umgewälzten Leiche eines verhassten Lehrers einen Schweineschwanz an den Anus, um davon mit dem Handy ein Video zu machen. Bemerkenswert daran ist nicht, dass solch eine Schändung für irgendwen vorstellbar wäre, sondern dass sie auf dem besten Programmplatz der Woche in Großaufnahme gezeigt wird. In mehreren freundlichen Internet-Rezensionen ist von »Ringelschwänzchen zwischen die Pobacken« die Rede.

beschallt von Earpods, geflutet von erregenden Bildströmen. Ein hoher Prozentsatz der Internetaufrufe – die statistischen Zahlen schwanken naturgemäß – gilt sexuellen Inhalten. Von der Verwechslung von Bild und Körper, Bildkörper und Körperbild, wird später die Rede sein. Die Sensorik elektronischer Inkubatoren erreicht inzwischen eine maßgeschneiderte, unheimliche neurophysiologische Präzision, buchstäblich punktgenau an den allerintimsten Orten des Körpers. Wovon uns damals in Venedig nichts träumte: vom *Walkman* zum *Womanizer*. Dem niederbayerischen Tüftler Michael Lenke und der anfangs schmerzhaften Mithilfe seiner Frau verdankt die Welt den *Womanizer*, ein »Meisterwerk deutscher Ingenieurskunst«, der sich seit Markteinführung vor fünf Jahren ganz undiskret 1,5 Millionen Mal verkauft hat (Dillig, 2019). Glaubt man den lesenswerten Kundinnenbewertungen auf Amazon, so führt diese handliche, klitoridale Orgasmusmaschine bei praktisch allen Anwenderinnen auf Knopfdruck in Sekundenschnelle zu meist multiplen Orgasmen. Bloß, wie eine Benutzerin schreibt: »Ich empfand das Gefühl aber als nicht sehr lustvoll, sondern eher als eine zwanghafte Reaktion der Nervenenden« (ebd., S. 10). Der Orgasmus als ein »Reflex wie Niesen« (ebd., S. 15). Insofern der elektronische Helfer komplexe, imaginative sexuelle Intimität sensorisch skelettiert, zwingt er repräsentationales Erleben zurück auf seinen phylogenetischen Kern: den Reflexbogen. Auch diese erregte Archaisierung, in der emanzipative Freiheit dann doch in die Heteronomie des Reflexhaften, in Bezwungensein umschlägt, trägt, wortwörtlich auf den Punkt gebracht, die Spuren des Sensorischen und der Gewalt. Der handliche elektronische Liebhaber weist aber darüber hinaus. Denn insofern er erregte, aller Repräsentation entkleidete, lustvolle, sensorische Regression ermöglicht, weist er auch in Richtung des optimierten Transhumanen, welches hochtechnisiert mit dem Vorhumanen in eins fällt. Das wäre eine Heimkehr des vollends befreiten Subjekts – ins Vorpsychische. Die nachstehenden Essays verstehen sich als ein Beitrag zur Mentalitätsgeschichte im Zeitalter der mikroelektronischen Präsenzmedien und des Internets aus psychoanalytischer Perspektive. Querverweise im Text beziehen sich auf die als nummerierte Kapitel ausgewiesenen Einzelbeiträge dieses Buches.

Heidelberg, im August 2019

1 Das Sensorische und die Gewalt

Mutmaßungen über ein Diesseits von Gut und Böse

»Man formt Ton zu einem Gefäß, doch erst durch das Nichts im Innern kann man es benutzen.«
Lao Tse, Tao-te-king

Innerlichwerden

Uranfänglich ist das »anatomische Präparat« (Freud, 1900a, S. 541) des späteren Ich eine Haut. Das embryonale Ektoderm ist eine Grenzfläche, die Innen und Außen scheidet und sich ins Körperinnere zum Neuralrohr ein- und dem Gehirn auffaltet, von der Oberfläche zur Dimensionalität. Man kann diese embryonale Innenwerdung des Zentralnervensystems wie eine Skizze des psychischen Weges von der äußeren zur inneren Erfahrung betrachten. Durch diese organische Paläogenese des Ich mit ihren beiden »Wachstumsbewegungen« (Blechschmidt, 1960, S. 228) des Abgrenzens und Umschließens sind die späteren Funktionen des Ich vorgezeichnet, wenn auch der Weg zur Auffaltung psychischer Dimensionalität, die wir innere Welt nennen, lang und nachgeschaltet ist. Auch in den seelischen Wachstumsbewegungen des Ich finden wir die Dialektik von Abgrenzung und Umschlossenem wieder, in Versagung, Verbot und Tabu einerseits, Befriedigung und Containment andererseits. Dies Wechselspiel von Eingrenzen und Ausgrenzen wird das Ich nie mehr abstreifen, außer in Umnachtung oder psychotischem Zusammenbruch. Die individuelle Menschwerdung ist die Geschichte der Entfaltung inneren Raumes, ausgehend von sensorischen Oberflächen und Verschmolzenheiten, was nur durch die innere Welt genügend guter Pflegepersonen gelingt (vgl. Balzer, 2006a, S. 729ff.). Reizschutz und Hilfe bei der Reizverdauung durch die Umgebung sind dabei unverzichtbar. Nur durch das lebendige Innere des Anderen kann das Ich langsam aus einer somatosensorischen Matrix auftauchen. Anzieu (1992 [1985]) hat diesen Prozess hin zu kohäsivem Selbsterleben mit Rücksicht auf alle Arten sensorischen und mentalen Gehaltenseins, aber auch notwendiger Berührungstabus in der Nachfolge von Freud (1923b) und von Bick (1968) in seinem Buch *Das Haut-Ich* überzeugend dargestellt. »Das Ich«, schreibt

Freud (1923b, S. 253), »ist vor allem ein körperliches, es ist nicht nur ein Oberflächenwesen, sondern selbst die Projektion einer Oberfläche«, und eine spätere Fußnote (Freud, 1961, S. 26) lautet: »Das heißt, das Ich leitet sich letztlich von körperlichen Gefühlen ab, hauptsächlich von solchen, die auf der Körperoberfläche entstehen.« Das grenzgeborene Ich ist ein Grenzwesen, es verdankt sich dem Gehaltensein im Inneren eines Anderen, aber auch schmerzlicher Reibung an Grenzen, Differenzerfahrungen über der Zeit, die es ertragen und repräsentieren muss: innen und außen, Selbst und Anderer, da und fort, Dauer und Vergänglichkeit, Bejahung und Verneinung, gut und böse, Verstehen und Nichtverstehen. Als Destillat von Getrenntheiten steht und fällt das Ich mit diesen. Anwesenheit versus Abwesenheit fundiert die zunächst zyklisch erfahrene Temporalität. Mit Bion bahnt das Befriedigungserlebnis die Verinnerlichung von etwas Gutem, die ertragene Versagung jedoch die Fähigkeit, die böse Grenze zu denken. Man könnte auch sagen, dass erst die Liebe der Objekte seelische Substanz erschafft, psychische Struktur aber wesentlich durch die Bewältigung des Hasses entsteht, der aus der Versagung kommt. Ohne diese Bemeisterung bleiben der psychische Raum unentfaltet und die Affektregulierung prekär. Die Befreiung vom Handelnmüssen ist die Prämie des Denkenkönnens. Aus somatosensorischer Ent-Äußerung kann später psychische Er-Innerung werden. Die primäre, angsterregende Gewalt der somatosensorischen Erfahrungsweise (man denke an die den ganzen Körper ergreifenden akustischen Schreckreaktionen des Säuglings) wird durch Containment und grenzvermittelte Strukturbildung[1] gebunden, doch wird diese Wohltat selbst nicht nur friedlich bewirkt. Auch das junge Ich, das eine hinreichend starke Omnipotenzerfahrung machen durfte, wird in seinem Modus das Eintreten der Kultur ins Kinderzimmer als Gewalt erleben. Insofern sie Triebaufschub, Wartenmüssen, erzwingt, ist Kultur immer auch traumatisch. Sie bleibt es, auch wenn wir wohlmeinend die Kollisionspunkte lebenszeitlich hinausschieben: durch wohltuende Milderung analer Machtkämpfe mit Trockenwindeln, *demand feeding*, wann

1 Der ganze mentale Apparat funktioniert nur durch Aufbau von Hemmungen; s. hierzu Freuds (1950c [1895], S. 391) Idee der »Kontaktschranken«. Oder auch Nietzsche (zit. n. Safranski, 1997, S. 264): »Dies ist das, was ich die Verinnerlichung des Menschen nenne: damit wächst erst das an den Menschen heran, was man später seine Seele nennt. Die ganze innere Welt, ursprünglich dünn wie zwischen zwei Häute gespannt, ist in dem Maße auseinander- und aufgegangen, hat Tiefe, Breite und Höhe bekommen als die Entladung des Menschen nach außen gehemmt worden ist.«

immer der Säugling will, oder vom Priester angewärmtes Taufwasser, wie ich es neulich auf einer schönen Taufe erlebte.

So ist für Freud (1930a, S. 457) in seiner Schrift *Das Unbehagen in der Kultur* die »Kultur auf Triebverzicht aufgebaut«. Statthalter des Verzichtes ist die Sublimierung, also die Verschiebung des Triebzieles zum Verfeinerten hin, beigesellt ist ihr bei Freud die Kunst als »milde Narkose« (ebd., S. 439), scharf unterschieden von anderen Methoden der »Leidverhütung« (ebd., S. 435f.) wie der »Intoxikation« aus äußeren und der Manie aus inneren Quellen. Merkwürdigerweise gibt es in der Rezeptionsgeschichte dieser Arbeit die einäugige Tendenz, nur die sozial notwendige Regulierung des Sexualtriebes herauszulesen, obwohl Freud klar das Gewaltproblem, die Entschärfung unseres biologisch gegebenen Potenzials zum Bösen, als Aufgabe des individuellen und kollektiven Über-Ich dargestellt hat. Man könnte auch sagen: Kultur basiert auf mehr oder weniger milden Formen der Selbstverletzung, denn wir haben nur diese Wahl: unsere aggressiven Strebungen ausleben oder aber sie verinnerlichen, wo sie dann als Schuldgefühl, ein Quantum Psychosomatose, Hypochondrie und Zwang wieder auftauchen – oder indem wir uns quälen, etwa mit einer schwierigen Arbeit. Dies ist das Maß von Unlust, das »Unbehagen«, das man trägt oder eben nicht. Es scheint, als müsse man etwas von der Gewalt, die man anderen erspart, sich selbst antun. Daher ist die Fähigkeit zum Schuldgefühl das Signum der Menschwerdung. Melanie Klein hat diesen Umstand, den Freud wesentlich kulturtheoretisch entfaltete, auf das individuelle Menschenkind übertragen, das aus dem schizo-paranoiden Horror von Kampf und Flucht das Vermögen entwickeln soll, auch die depressive Position einzunehmen.

Wesentlich ist, dass die Entwicklung von Ich und Über-Ich Hand in Hand gehen. Beide sind in einem komplizierten Prozess, der nur in Interaktion mit dem Anderen funktioniert, Entäußerungen des primär Somatischen und verdanken sich zugleich der Innerlichwerdung eines durchaus sensorischen Außen. Freuds (1923b, S. 267) Bemerkung, dass »das Ich sein Über-Ich aus dem Es schöpft«, kann man so verstehen, dass die späteren Introjekte mehr durch eigene projizierte Triebregungen gezeichnet sind als dass sie das Antlitz realer Objekte trügen. Auch das Über-Ich hat für Freud sensorische Quellen, indem es von »Gehörtem« abstammt und in seinem revidierten Modell an die Stelle rückt, wo im bekannten Schaubild dem psychischen Apparat eine »Hörkappe« (ebd., S. 252) aufsaß.

Die Schicksale von Ich und Über-Ich sind untrennbar. In ihnen kreuzen sich zahlreiche Dimensionen, in denen wir die Qualität psychischen

Lebens beurteilen: Ichgrenzen, Qualität der Selbst- und Objektbeziehungen, Mentalisierung, Symbolbildung, Entwicklung der Repräsentanzen vom somatosensorischen Niveau bis aufs Gedachte und sprachlich Verfasste. Die Verstoffwechslung des ursprünglich Somatischen und Sensorischen braucht Zeit, wie alle Diskrimination. Es gibt keine Kultur ohne geregelte Wiederholung, weder im Großen noch im Kinderzimmer. Insofern enthält das individuelle Über-Ich als Wieder-Holung immer große Teile des kulturellen Gedächtnisses – in dem Maße, wie es noch funktioniert.[2] Dies zu sagen ist vielleicht nicht überflüssig in einer Zeit, in der das spontane Lebensgefühl vieler Menschen Genauigkeit und Sorgfalt in die Nähe des Zwanghaften zu rücken neigt und uns Kinder begegnen, bei denen sich eine Art ödipaler Notreife auf süchtigem Untergrund aufzubauen scheint. Die Analität steht in Verruf und war in den psychoanalytischen Diskursen der letzten Jahrzehnte weitgehend verschollen. Das Ordnende und Rituelle stehen derzeit nicht hoch im Kurs, wenn auch Stimmen sich mehren, die die Funktion der Angstbindung durch Rituale in individuellen und kollektiven Entwicklungskrisen wiederentdecken und auch, dass Tabus, die ja entwicklungspsychologisch von Berührungstabus abstammen, für die Ausformung von Ichgrenzen auf vielen Stufen wesentlich sind.

Erbsünde

Nach Jahrzehnten eines stilbildenden, gutmenschlichen Rousseauismus wird angesichts realer täglicher Gewalt das Böse wieder als Lebenstatsache anerkannt (Kolakowski, 1991; Safranski, 1997).Vom Teufel ist erneut die Rede, zumindest metaphorisch. Wie immer ist er allerdings schwer zu fassen: Irgendwie steckt er in der vaterlosen Gesellschaft (Mitscherlich, 1973 [1963]), der Spaßgesellschaft, der Neidgesellschaft, der kindlichen Gesellschaft (Bly, 1996), der Erlebnisgesellschaft (Schulze, 1993), den Aussichten auf den Bürgerkrieg (Enzensberger, 1996 [1993]), im digitalen Kapitalismus. »Der Teufel weiß, dass er wenig Zeit hat« – so zitiert der Philosoph Blumenberg (1986, S. 71) in *Weltzeit und Lebenszeit* die Apokalypse des Johannes und schreibt weiter: »Enge der Zeit ist die Wurzel alles Bösen. Verzichtet man darauf, menschliche Bosheit zu dämonisieren, sieht

2 Enzensberger zufolge (zit. n. Bolz, 2000) ist es so, »daß wir uns immer mehr immer weniger lange merken können«.

man sie aus dem schlichten Mißverhältnis entstehen, dass ein Wesen mit endlicher Lebenszeit unendliche Wünsche hat« (ebd.). Für ihn ist »das Diabolische ein Konzentrat der das Leben durchziehenden Techniken und Kunstgriffe, Zeit zu gewinnen« (ebd.). Zeitgewinne also: um die schwer erträgliche, sich mit den elektronischen Kommunikations- und Wissensmöglichkeiten immer mehr öffnende Schere zwischen dem Bewusstsein meiner lebenszeitlichen Möglichkeiten und der Gewissheit dessen, was es sonst noch so auf der Welt zu genießen gäbe, zu schließen zu versuchen. Gewiss ist dieser philosophische Hinweis auf die originäre Suchtstruktur als Erbsünde menschlichen Verlangens, das nur im Unbehagen in der Kultur einen stets unruhigen Hafen findet, nicht neu. Hören wir aber dazu den Soziologen Beck (2000), der die zeitgenössische Conditio humana in einen »transnationalen Erfahrungsraum« eingelassen und das »kollektive Gedächtnis [...] seine Einheit und Integrität« verlieren sieht, so ahnen wir, dass in der gegenwärtigen Erosion alles Vertrauten der Weg vom zu sozialisierenden Somatisch-Sensorischen zu Ich, Über-Ich und kulturellem Über-Ich und zurück nicht mehr an gewohnter Stelle verlaufen kann. Erkannten Calogeras und Schupper (1972 [1971], S. 314) in einer jetzt rührend altmodischen psychoanalytischen Arbeit darauf, dass künftig in steigendem Maße nicht die Verdrängung, sondern die Regression »als das übliche Abwehrverhalten anzutreffen« sein werde, so fragen wir uns heute öfters, ob es überhaupt etwas zu verdrängen gibt und welche psychische Instanz dies übernehmen solle, wenn wir es nicht mit einer neurotischen Pathologie der symbolischen Repräsentanzen, sondern einer der basalen psychischen Prozesse selber zu tun bekommen (vgl. Fonagy et al., 1993). Auch die psychoanalytischen Diskurse selbst sind ja nicht frei von zeitgeistigen, ja vielleicht kollektivpädagogischen Reflexen: die Theorie der Hysterie um die Jahrhundertwende, die Objektbeziehungstheorie in einer zunehmend rasanten Moderne mit Schwinden der Objektbeständigkeit und immer flüchtigeren Wirklichkeiten, die Narzissmustheorien auf dem Gipfel der Selbstverwirklichungswelle – heute Fragen von Haut-Ich, »second skins« (Bick, 1968), autistischen Barrieren, psychischen Rückzügen, Falschheit und Lüge, »aliveness and deadness« (Ogden, 1995), Mentalisierung, Repräsentanzenbildung, Konkretismus, Theorie des Denkens – und eine Renaissance der Bindungstheorie. Wir wollen im Folgenden nicht so tun als wüssten wir, wie das zeitgenössische Ich und Über-Ich, kollektiv wie individuell, aussähen, aber doch einen Blick auf einige Umstände werfen, unter denen und gegen die sie sich bilden müssen. Dies schließt die Frage nach den Überlebenschancen des psychischen Raumes, wie wir ihn bisher konzeptualisieren, unter heutigen Bedingungen ein. Es könnte sein, dass die zeitgenössische sensorische Überflutung und die vernünftig nicht bestreitbaren Suchttendenzen unserer Kultur dahin treiben, das Ich (und mit ihm das Über-Ich) wieder in Oberflächenwesen zu verwandeln, konfusionelle Ängste zu schüren, dem Ich Gewalt anzutun und Gewalt zu entbinden. Dass das Fallen von Grenzen auf allen möglichen Ebenen zu Grenzfällen führen könnte, ist womöglich mehr als ein Wortspiel. Ich skizziere zunächst einige Phänomene, über deren Auswirkungen auf die primäre und sekundäre Sozialisation wir noch viel zu wenig wissen.

Wir dürfen wohl sagen, dass in dem Maße, wie in unseren elektronischen Lebenswelten von kleinauf die Lichtgeschwindigkeit zu einem approximativen Zeitgeber zu werden scheint, grundlegende Entgrenzungen von Zeit, Raum sowie der Trennlinie von Illusion und Realität stattfinden. Paradoxerweise scheint zugleich die psychische Raumzeit zu schrumpfen. Fantasie wird zu *fantasy*, und, bildlich gesprochen, veschwindet im Garnrollenspiel (Freud, 1920g) die Garnrolle entweder endgültig oder sie haftet an der Hand. Ich werde noch darauf zu sprechen kommen, inwieweit als Kehrseite der Entgrenzungen Verklebungen mit Objekten und sensorischen Erfahrungsoberflächen auftreten, was das Repräsentieren von Getrenntheiten außerordentlich erschwert und schizoide Intimformen begünstigt.

Hyperkinesen

Niemand hat mehr Zeit. Genauer: Zeit zu haben, ist ein Privileg der Ärmsten geworden. Ansonsten ist Zeitnot Teil der unmittelbaren Alltagserfahrung. Lübbe (1991) spricht von der »Gegenwartsschrumpfung«. Die Veränderung sozialer Makro- und Mikrowelten, kultureller Schöpfungen, der Gesetzgebung hat ein rasendes Tempo erreicht und nähert sich der Schnitttechnik von Videoclips an. Der kulturelle Grundumsatz überhitzt sich wie proportional zur Schnelligkeit der neuesten Prozessorgeneration und schwankt im manisch-depressiven Rhythmus der Börsenbarometer. Der Objektverbrauch hat bulimische Qualitäten: Was jetzt noch ist, verschwindet morgen auf Nimmerwiedersehen oder wird durch frühzeitige Musealisierung entsorgt. Die Dimension der Vergänglichkeit wird durch prompte Substitution durch etwas Neues aufgesogen. Insofern keine Zeit bleibt, Entschwindendes zu betrauern, hinterlässt der süchtige Objektgebrauch keine seelische Spur. Im Spiegelkabinett der Medien wird diese Raserei als tausendfaches Echo zurückgeworfen. Fragt man Grundschullehrer, so berichten sie, wie sehr sie um die Aufmerksamkeit der Kinder ringen, ganz als hätte die Wahrnehmungsstruktur der Kleinen sich bereits an eine flimmernde Objektwelt adaptiert, die wenig Bindungssicherheit verspricht. Langeweile als eine Leere, die im Sinne Winnicotts ausgehalten werden muss, damit sie sich substanziell füllen kann, ist sakrosankt. In der Fülle der Angebote, durch die die Schere zwischen Weltzeit und Lebenszeit sich öffnet, hat die atemlose Hast, in der man seinen Anteil am Glück zu verpassen fürchtet, epidemische Ausmaße angenommen. In dieser Welt der Scanner, Zapper und Zappelphilippe sind das hyperkinetische Kind und das *attention deficit syndrome* als Indexpathologien aufgetaucht, desgleichen das *chronic fatigue syndrome* als mögliche Erschöpfungskehrseite des allbeweglichen Menschen und das *clumsy child syndrome* (Rasmussen et al., 1983; Gillberg, 1983) als womöglich mildeste Form im Register autistischer Störungen, wobei zugleich bekannt ist, dass ein hoher Prozentsatz von Grundschulkindern nicht mehr mit geschlossenen Augen rückwärts zu gehen vermag.

Bemerkenswerterweise werden von der biologischen Forschungsrichtung in einer Verwechslung von Substrat und Grund hierfür rasch synaptische Transmitterstörungen als ursächlich bezeichnet, obwohl die klinischen Beschreibungen der hyperkinetischen Kinder sich wie Auszüge aus einem Handbuch der Borderline-Störungen lesen, besonders was defiziente Mentalisierung, Konkretismus, Affektlabilität, Frustrationsintoleranz und Aggressivität angeht. Aufschub ist nicht mehr vorgesehen. Vielleicht sind diese Kinder Herolde einer *just-in-time*-Kultur, die das Wartenkönnen meint abschaffen zu müssen, weil es Unlust bringt und betriebswirtschaftlich unrentabel ist.

Gehäutetwerden

Die Fähigkeit des Menschen, unter rasch wechselnden Lebensumständen eine Identität, im Wandel ein kohäsives Selbstgefühl zu bewahren, ist nicht unerschöpflich. Dies verleiht der Globalisierung als Entgrenzung eine massen- und individualpsychologische Dimension. Wer sich ständig ins Wildfremde geworfen fühlt, hat eher mit Desintegrationsängsten zu kämpfen, mit einer Konfusion, die durch Spaltungen sich notdürftig auf einem paranoid getönten Niveau zu stabilisieren sucht, oder aber – in pseudoautonomen Rückzügen – durch Ausbildung von »second skins« (Bick, 1968), die wiederum durch sensorische Erregung ein körpernahes Gefühl der »continuity of being« sichern sollen. Ich glaube, dass Bicks Gedanken über die Hauterfahrung als protomentalen Container frühester Ängste eine notwendige Verdopplung in bergenden Gruppen, vergleichbar Winnicotts »Umweltmutter«, finden, also in sozialen Häuten, die Vernichtungsängste und angstgeborene Destruktivität entgiften.[3] Ehedem war die Familie die erste der sozialen Häute. Diese Sphären scheinen aber in Verflüssigung zu geraten und mehr und mehr einem Haut-Ich zu entprechen, das löchrig ist wie ein Sieb. Entstehende Angst und Ohnmacht fördern adhäsive Verlötungen mit allen möglichen Objekten, die vorsorglich nicht zu viel Bedeutung erlangen dürfen, aber konkret zuhanden sein müssen.

Intoxikationen

Bartleby, der New Yorker Kanzleischreiber aus Melvilles (1988 [1853]) gleichnamiger Erzählung, mit seinem freundlich-störrischen »Ich möchte lieber nicht«[4] durchgängig seine Aufgaben und die Kommunikation verneinend und verweigernd bis zur Selbstverneinung im Hungertod – Bartleby hat das Zeug zu einem Heiligen unserer Zeit. Vielleicht hat Enzensberger (1995) ihm deswegen ein Gedicht gewidmet. Die innere Lage eines Kleinkindes nach langem Zeichentrickfernsehen (das übrigens immer gewalthaltiger wird) und die eines mittleren Managers, der nach drei Tagen Abwesenheit 500 E-Mails vorfindet, ist vermutlich ähnlich. Im Vergleich zu einer durchschnittlichen ländlichen Kindheit vor fünfzig Jahren mit ihren Freuden und Schrecknissen entspricht die tägliche Impulsdichte von Reizen und Signalen in der vernetzten elektronischen Welt synthetischer Erlebnismärkte wahrscheinlich einer Ichüberflutung in Permanenz.

Keine Struktur ohne Differenz, und alle Differenzierung braucht Zeit,

3 Zur Bedeutung von Grenzfunktionen in Gruppen und sozialen Systemen vgl. Kernberg (2000 [1998]).

4 „I would prefer not to« lautet seine Verneinungsformel im amerikanischen Original. Der Icherzähler beendet seinen Bericht mit dem Ausruf: „Ah, Bartleby! Ah, humanity!«

damit aus zunächst nichtssagenden Signalen (Weizenbaum, 2000) durch Interpretation Informationen werden, die durch weitere kontextuelle Interpretation Bedeutung erlangen können, womit sich denken ließe. Die Einfassung traumatischer Erregungsqualitäten in Sprache gelingt immer weniger. Im Zeitalter von plug-in, online-Verbindung und Infotainment, dessen Leitfossil vielleicht einmal das Handy sein wird, ist das Denkvermögen unter opto-akustischem Dauerbeschuss. Die radikale Visualisierung hat schon bei den Kleinsten Züge einer Bildervergiftung angenommen (vgl. Millner, 1996). Der beschwichtigende Hinweis auf die epidemische Lesesucht (Safranski, 1984, S. 52f.), die Ende des 18. Jahrhunderts kulturpessimistische Pädagogen beunruhigte, verfängt nicht, da bei der lesenden Pseudohalluzination wesentlich komplexere Denkoperationen und mehr Wartenkönnen vonnöten sind als bei den unmittelbar sinnlich gegebenen Bildern. Der zugemutete Triebaufschub – »now!« – strebt gegen Null. Das »noch nicht« verkümmert auf allen Ebenen – auch in der Vertikalität der Generationen. Das kulturelle Über-Ich hat längst eingewilligt, beinahe alle in der Konstitution des Menschen vorgegebenen Erregbarkeiten zu kommerzialisieren und sie mit dem Affektsystem kurzzuschließen, weil längerdauernde Selbstberuhigung den *cash-flow* mindert. Die formalen Eigenarten der medialen Stimulationen und Simulationen erscheinen geradezu mimetisch dem Primärprozess abgelauscht, wie Bildschnitttechnik in Video- und Werbeclips, Montage, Verzicht auf ein logisches Narrativ im Optischen oder die Immersion des Selbstgefühls in reiner Vibration in der Technomusik nahelegen.[5]

Die allgegenwärtige Sexualisierung führt Erhebungen zufolge nicht etwa zu einer Steigerung des objektbezogenen Geschlechtslebens (vgl. Reiche, 2000), sondern des Autoerotismus, des »Self-Sex« (Sigusch, 2000). In einer Art bildschirmgestützter Masturbationskultur verbleibt die blanke Erregung, nicht einmal das Selbst, als Schatten des Objektes. Schließlich muss angesichts des Gewaltproblemes auch die Realitätsvernichtung durch virtuelle Gewalt erwähnt werden, wenn scheinbar folgenlose Wrestlinggriffe und Kickboxen aus Erlebnishunger vom Bildschirm auf den Schulhof wandern. In meiner Sicht entspricht das sensorische Bombardement einer Überschwemmung mit Beta-Elementen, die gar nicht mehr sinnvoll

5 Hierher gehören auch exzessive, gefährliche Sportarten, die Grenzerfahrungen bieten. – Wer heute die Kinoreklame vor einem beliebigen Film erlebt hat, versteht, was Chasseguet-Smirgel (1988c, S. 159) mit »sound and fury« meinte.

verstoffwechselt, symbolisiert werden, sondern nur ins Somatische abgedrängt[6] oder aber ausagiert werden können – wobei ein Abreißen des Reizstromes in tödliche Langeweile führt, die nach neuen, manchmal tödlichen konkreten Exzitationen schreit.

Verneinung und Verklebung

Freuds kurze Arbeit »Die Verneinung« (1925h) ist an dieser Stelle für uns aufschlussreich, weil die »Schöpfung des Verneinungssymbols dem Denken einen ersten Grad von Unabhängkeit [...] vom Zwang des Lustprinzips gestattet hat« (ebd., S. 15). Wenn ein Vorstellungs- oder Gedankeninhalt zum Bewusstsein durchdringen kann, »unter der Bedingung, daß er sich verneinen läßt« (ebd., S. 12), so hat das Bedeutung für die Diskrimination zwischen Halluzination und realer Wahrnehmung: »Man erkennt aber«, heißt es etwas später (ebd., S. 14), »als Bedingung für die Einsetzung der Realitätsprüfung, daß Objekte verlorengegangen sind, die einst reale Befriedigung gebracht hatten.« Natürlich dürfen wir hier die Garnrolle mitdenken und auch Bions spätere Denktheorie. Dies heißt aber, dass der Prozeß auch umgekehrt abläuft, insofern dasjenige Reale repräsentiert werden kann, das sich verneinen lässt.[7] Die ertragene Absenz der Objekte bevölkert die innere Welt mit Ideen und handlungsleitenden Fantasien.[8] Oder mit Green und Bion (vgl. Parsons, 1996): Nur die Annahme des »nothing« schützt das Ich vor Versklavung in falscher Beziehung zu einem »no-thing« und damit vor der Libidinisierung einer Leere, die andererseits durch Verlötung mit konkretistischen Dingen gestopft werden muss. Tustin (1980) hat beschrieben, wie gerade die für das Selbsterleben radikale sensorische Realpräsenz autistischer Objekte symbolische Fortschreibungen, repräsentationale Ketten verhindert. Der sensorische Kurzschluss mit dem Konkretistischen und die Zirkularität der Erregung (ebd., S. 27)

6 Der Tinnitus zum Beispiel scheint zu einem Massenleiden zu werden.

7 Den dauernuckelnden Kleinkindern unserer Fußgängerzonen mit ihren Trinkfläschchen soll offenbar die Erfahrung von Durst erspart werden. Ein solches dauerpräsentes Fläschchen ist wie eine konkrete Brust, die man zwar inkorporieren, nicht aber (symbolisch) introjizieren kann.

8 Sucht, Fetischismus, Autismus und Psychose ist der Konkretismus der Objektbeziehung gemein; alle diese großen Pathologien sind Formen des Scheiterns der Trennung, besser: der Getrenntheit vom Objekt.

treten an die Stelle von Verinnerlichung und Austausch mit Objekten. Die aufdringliche Präsenz der Bilder, Reize, Informationen und dinglichen Objekte verengt jenen Zwischenraum, den wirksame Verneinung benötigt und bewirkt dadurch eine flächendeckende Schrumpfung des Übergangsraumes, in dem ja paradoxerweise Getrenntheit und sinnhafte Bezogenheit zusammenfallen. Die sensorische Umzingelung, wo schließlich das Ich zur Benutzeroberfläche unbelebter Medien wird, begünstigt einen adhäsiven Modus der Objektbeziehung, welcher »autistic shapes« (Tustin, 1984) als containenden Zweithäuten oder »autistic objects« (Tustin, 1980) als kurzschlüssigen sensorischen statt reflexiven Selbstvergewisserungen und Ultima Ratio dessen, dass ich noch bin, ähnelt – mit angstvoll-lauernder Gewaltbereitschaft, wenn Entzug droht. Dies enthält Elemente fetischistischer und autistischer Objektbezüge insofern, als beide Modi die Möglichkeit von Getrenntheit kategorial verwerfen. Damit sinkt die »capacity to be alone« (Winnicott, 1984 [1958]): Es scheint in unserer Welt der verlorenen Abwesenheit und der besinnunglosen Gegenwart schwieriger zu werden, Getrenntheit und Bezogenheit auf die Objekte gleichzeitig zu leben. Mit den Worten der in der Werbeanzeige einer Telekommunikationsgesellschaft abgebildeten Frau (*Der Spiegel, 29*/2000, S. 149): »Meine Online-Verbindungen halten länger als meine Beziehungen.«

An dieser Stelle möchte ich mir eine Vermutung erlauben. Soweit ich sehe, nimmt unsere Kultur uralte utopische Wünsche gleichsam für bare Münze; regelrecht ausleben möchte sie ihre heimliche Zentralfantasie, dass Kultur ohne Versagung möglich sein müsse und ohne das Quantum erogenen Masochismus (vgl. Ribas, 1998, S. 53) als Leiden an der Sache, ohne das der einzelne keine schwierige Aufgabe leisten kann.[9] Ihr Signum ist eine Ethik der Ansprüche, nicht der Pflichten. Auch hat das postmoderne Kultur-Über-Ich einen Hang zur ironischen Selbstdementierung wie in meiner Stadt, in der Schnellfahrer vorab in der Zeitung darüber informiert werden, wo die Polizei messen wird. Anything goes: Es ist als hätten die supraleitend schnellen virtuellen Kapitalflüsse fusioniert – mit den innersomatischen Quellen, denen nach Freud (1915c) der »Trieb« als Grenzbegriff zwischen Seelischem und Somatischem aufsitzt.[10] Aber ist die Büchse

9 Der Neologismus »Edutainment« (aus »education« und »entertainment«) der Medienleute spiegelt sehr gut die Idee der schmerzfreien Sozialisation.

10 Louis Aragon (1975 [1926], S. 54) muss hiervon eine prophetische Vision gehabt haben: »Eines Tages vielleicht werden die Gelehrten den menschlichen Körper unter sich auf-

der Pandora erst einmal geöffnet, kommt auch die Angst: Sie erwächst aus den Entgrenzungen, die die sozialen Container sprengen, den Abhängigkeiten von kaleidoskopartigen Realitäten, den perversen Momenten mit freier Konvertibilität aller Unterschiede, der Zunahme von Komplexität und Kontingenz. Es ist eine konfusionelle Angst. Die Political Correctness hat daher den Missbrauch – weit über die sexuelle Bedeutung hinaus – zur Generalmetapher für die Grundbefindlichkeit einer Zeit erhoben, in der uns jegliche ethische Zentralperspektive dafür, welchen Gebrauch wir von der Welt, unseren Möglichkeiten und unserem Wissen machen sollen, abhandenzukommen droht. Angst gilt uns als Motor der Symptombildung. Ich möchte, bevor ich zum Ende überleite, einen kurzen Blick auf einige heterogene Phänomene werfen, die man als Symptombildungen ansehen kann. Statistische Entwarnungen wie etwa die nachgewiesene Zuwachsrate »gemeinschaftsfördernden [...] Chorsingens« (Reiche, 2000, S. 27) sind hier von zweifelhaftem Wert. Die Spektralzerlegung des kulturellen Prismas ereignet sich eben an seinen Rändern. Wie beim Mikroskopieren muss man am Rande des Ausstriches suchen, nicht in der dicken Mitte.

Als erstes erwähne ich *Grenzfälle* neuer Art, wie man sie im kinderpsychiatrischen Bereich antrifft: gewiss, *broken homes, game stations*, Videokultur, aber eben auch bestimmte kranke Kinder als randständige Avantgarde unserer zunehmend sensorisch codierten Kultur mit schlechter Bindungssicherheit. Mentalisierung, soziale Perspektivübernahme, Symbolisierung, reifere Repräsentationen, Frustrationstoleranz, Sublimierung sind kaum entwickelt bei steigender Gewaltbereitschaft in Langeweile und Versagung. Der unspezifische Affektdruck ist hoch. Mit ihrer psychischen Leblosigkeit korrespondiert ein Aufleben im Rausch erregender Gegenwart. Sie zeigen eine Armut objektbezogener Affekte wie Trauer, Schuld, Dankbarkeit, aber auch selbstreflexiver Affekte wie Stolz und Scham bei Dominanz von Angst, Ohnmacht, Wut. Hyperkinesen und autistische Barrieren sind häufig und koexistieren mit fusionären Beziehungsmodi, ohne dass die Grenze zum Psychotischen überschritten würde. Ich sage Grenzfälle, denn

teilen, um an ihm die Mäander der Lust zu studieren: [...] Sie werden Atlanten herausgeben, deren aufmerksame Lektüre man den Herren Friseuren wird empfehlen müssen. Sie werden so lernen, ihre Finger auf den Schädeln umherwandern zu lassen: sie werden lernen, sie in Höhe der Winkelnaht, wo das Wohlbehagen seinen Höhepunkt erreicht, zu verhalten, und sie dort plötzlich zur Schuppennaht hin auszuspreizen, wo unter der Einwirkung der Massage unvermittelt andere Nervengruppen zum Tanz antreten [...].«

das klassisch gewordene Borderline-Paradigma taugt als Modell deswegen nicht, weil erstens der psychische Raum nur wenig entfaltet und zweitens eine stabile Spaltung von Gut und Böse als Vorläufer der Über-Ich-Bildung gar nicht gelungen ist und sie sich noch in einem stark sensorisch verfassten Diesseits der Borderline-Persönlichkeitsorganisation zu befinden scheinen, irgendwo zwischen Sucht, Perversion, Autismus und Psychose, den großen Pathologien gescheiterter Getrenntheit. Sie kleben am Objekt, aber ohne gestaltete Beziehung mit menschlichem Gesicht. Sie klammern, aber sie lieben nicht. Sie sind einsam, aber nicht getrennt. Fragt man sich, wie denn – statt zwischen Gut und Böse – bei dieser »Schizoidie« die Spaltungslinie verläuft, so wäre eine vorläufige Antwort: zwischen bedeutungsloser Anwesenheit und abwesender Bedeutsamkeit, zwischen sinnleerer Fülle und bedeutungsvoller Leere. Ich vermute, dass diese Kinder mit einiger Latenz auch in unseren Praxen ankommen und unsere bisherigen Krankheits- und Behandlungskonzepte auf eine harte Probe stellen werden.

Als Zweites nenne ich die *Theatralisierung der Haut* besonders in weiten Bereichen der Jugendkultur. Die Grafitti haben sich inzwischen von den Mauern auf die eigene Körperoberfläche ausgedehnt. Die Qualität selbsterfundener Initiationen und Rituale, die früher die Transition zum Ewachsenwerden leiteten, ist unübersehbar. War es in Zeiten repressiver Sexualmoral der hysterisch sexualisierte Körper, so ist es in einer Kultur der Entgrenzung eben das Grenzorgan, das eine regressive Überbesetzung als Angstorgan erfährt, indem dort in Tattoos, farbigem Bodyspray und teils monströsem Piercing die Inkunabeln des Selbstseins, die Embleme der Differenz eingeschrieben werden: wie bei jedem Symptom unter Kompromissbildung, hier zwischen Wunde und Narbe, Durchstechung und Versuch, die Grenzkontrolle wiederherzustellen. Manchmal ist eine Dauerentzündung des Grenzorganes die Folge. Vielleicht verträgt es der Mensch – biologisch, sozial und psychisch eigentlich ein halboffenes System mit eigener Homöostase – schlecht, immer mehr in die Rolle eines total offenen Systems gedrängt zu sein. Man kann Hautmanipulationen auch als einen schmerzhaften Selbsthilfeversuch sehen, zumindest das sensorisch zu demarkieren, was als kohäsives Selbst ständig zu verschwimmen droht. Dieser Punkt geht fließend in die zunehmenden, klinisch relevanten Selbstverletzungen als autoaggressive Form selbsterhaltender Gewalt über. Die Tatsache, dass »Skinhead« ja »Hautkopf« heißt, ist mehr als ein psychoanalytisches Apercu und wäre einer eigenen Betrachtung wert.

Das dritte, gewiss komplexe Phänomen an der kulturellen Oberfläche möchte ich als *Traumakult*, der beinahe religiöse Formen anzunehmen scheint, bezeichnen. Werden einerseits die Zumutungen der Kulturversagung[11] jenseits der Knopfdruckfunktion offenbar überhaupt als traumatisch[12] empfunden, scheint sich andererseits unser Gemeinwesen in zahllose Minderheiten, allesamt mit von Leben und Gesellschaft unerfüllten Geltungsansprüchen zu zerlegen. Ein diskursiver Elektrolyseapparat scheidet unablässig Täter von Opfern, wobei um die Opfergewinne erbittert gekämpft wird. Das Wort von der globalen Viktimisierung[13] geht um (vgl. Zizek, 2000). Dabei fällt eine fundamentalistische Verschärfung auf. Beck (2000) schreibt: »Bemerkenswert ist das Postmoderne dieser Identitätskonstruktion: verbunden wird, was sich auszuschließen scheint – Relativismus und Fundamentalismus. Man unterstellt beispielsweise, dass nur die Mitglieder einer Minderheitengruppe um deren ›Wahrheit‹, also erlittene Unterdrückung, wissen können.« Das heißt, dass nur Afroamerikaner für Afroamerikaner, Homosexuelle für Homosexuelle, Frauen für Frauen sprechen und denken können. Das psychoanalytische Auge erkennt in solche Aufsplitterungen unschwer Spaltungen und Idealisierungen entlang einer scheinbar klaren Opfer-Täter-Demarkation mit hohem ethischen Pathos und steigendem Verrechtlichungsdruck. Ich möchte daher (vgl. Bolz, 2000) die These vertreten, dass die beschriebenen Prozesse von Globalisierung, Beschleunigung, Virtualisierung und Übermacht des Sensorischen in eine Konfusion mit schweren Ängsten geführt haben, die durch eine geläufige massenpsychologische Abwehr auf Spaltungsniveau notdürftig geordnet und stabilisiert wird.

Schließlich und viertens noch eine Bemerkung zur *Gewalt*, die in unserer Welt leichtgängigere und unbedingtere Formen angenommen hat, nicht nur bei vielen Kindern und Jugendlichen in der Randzone. Unter meinem Gesichtspunkt der Gewalt des Sensorischen und der sensorischen Gewalt

11 Es wäre interessant, den heute ausufernden Traumabegriff mit Chasseguet-Smirgels (1988a [1986]) Überlegungen zur »archaischen Matrix des Ödipuskomplexes«, also der Fantasie einer glatten Welt ohne Hindernisse, zu vergleichen.

12 Die überinklusive Verwendung des Traumabegriffes kritisiert Küchenhoff (2000, S. 1066): »Wenn Mobbing und Arbeitslosigkeit neben den Holocaust und die Vergewaltigung gestellt werden, verwischen sich die Konturen des Traumabegriffs.«

13 Vielfach entstehen heute sogenannte Schmerzambulanzen nicht nur für organische Kranke; vielmehr ist die Kategorie des (psychogenen) Schmerzpatienten in den letzten Jahren im diagnostischen Diskurs neu aufgetaucht. Für manche dieser Patienten scheint der Schmerz den Status eines Objektes zu haben.

halte ich eine Unterscheidung Glassers (1998) für wegweisend. Sadomasochistische Gewalt erhält das Objekt im Leiden, sie dauert, ist planvoll, hat eine Beziehung zum Objekt als Bedingung sine qua non, es gibt ein Über-Ich im Hintergund, der Täter hat keine Angst, dafür aber Vergnügen; die von Glasser so genannte »selbsterhaltende Gewalt« will Objektvernichtung auf primitivem psychischen Funktionsniveau, dauert eher kurz, ist eruptiv, ohne Beziehung zu Objekt und Über-Ich, der Täter hat latent Angst, aber kein Vergnügen. Meines Erachtens gehören viele der uns am meisten beunruhigenden Gewaltformen, besonders der Jugendgewalt, für welche die berichtenden Medien kein Motiv finden können, zur selbsterhaltenden Kategorie, wenn ein brüchiges Selbst sich für einen Moment durch aggressive Entäußerung und extremen Sinnesreiz lebendig fühlt – in der Gewalt gegen sich selbst oder andere.

Nochmals: Ektoderm

Fragen wir uns schließlich nach einem psychoanalytischen Modell, das uns die erwogenen Veränderungen eines zeitgenössischen Typus von Ich-Selbst-System und Über-Ich annäherungsweise zu beschreiben erlaubt. Ogden (1988) zufolge wird psychische Erfahrung lebenslang in einem dialektischen, balancierten Zusammenspiel des Dreiecks von schizo-paranoidem, depressivem und autistisch-kontiguösem Modus generiert. Damit hat er Bions Doppelpfeil, der das normale Schwingen zwischen schizo-paranoider und depressiver Position darstellt, einen dritten, sensorisch dominierten Pol hinzugefügt. Er begreift die Positionen nicht als Entwicklungsphasen, sondern modal als »synchrone Dimensionen der Erfahrung« (ebd., S. 17; Übers. W.B.). Generieren und Verstoffwechseln psychischer Erfahrung zirkuliert lebenslang zwischen diesen drei Polen. Einerseits die depressive Position mit ihrer Historizität, zeitlichen Kontinuität des ganzheitlichen Selbstgefühls und Objektbezuges, Reflexivität, Fähigkeit zu Empathie, Schuld und Dank; andererseits die schizo-paranoide Position mit ihrer Unmittelbarkeit, den Spaltungen, der Diskontinuität und ihrer projektiv-identifikatorischen Anverwandlung des Anderen, die immer wieder benötigt wird wie ein mephistophelisches Ferment, welches das Vertraute andaut, ja zersetzt, Flauten depressiver Gewissheit[14] aufwühlt und

14 Hier ist die Tendenz zu geschlossenen Identitäten, Sicherheit, Stagnation, festerer Gestaltwerdung im depressiven Modus der Erfahrung gemeint, wo die Dinge auf den

damit Platz für zunächst ängstigend Neues und frische Verbindungen schafft, was auf depressivem Niveau wieder schmerzlich geborgen werden muss. Dazu tritt ein dritter, ganz sensorisch geprägter Modus, aus dem die gesunde Psyche ebenfalls schöpft. Dieser zweidimensionale Modus bleibt, wenn er auch die früheste sensorische Basis der Ichentwicklung ist, zeitlebens erhalten. Er kennt kein Innen und Außen, keinen psychischen Raum, nicht Selbst und Anderen, ist durch Reizerfahrungen an sensorischen Oberflächen wie der Haut, Rhythmizität, taktile Erlebnisse, umhüllende Formen, Temperaturen und Erleben flächiger Gebundenheiten gegeben. Dichtern und Künstlern ist dieser coenästhetische Erfahrungmodus vertraut (vgl. Balzer, 1999, S. 59f.). Diese autistisch-kontiguöse Position hat ihre eigenen Ängste – wie Leckwerden, Leerlaufen, Auflösung oder schreckliches Fallen in formlose Räume. Der Bungee-Jump wäre die als Angstlust agierte, prototypische Grenzerfahrung dieser Schrecknisse: endloses Fallen, eben noch gehalten. Es gibt Anzeichen dafür, dass die vorherrschende Weise unserer Kultur, psychische Erfahrung zu generieren und zu organisieren, zum autistisch-kontiguösen Pol hin entgleist. Innen und Außen verschleifen, damit auch der psychische Raum; der Weltbezug schwankt zwischen beziehungsarmer, stimulierter Adhäsion oder entleerter Abgewandtheit. In ironischer Abwandlung eines bekannten Zitates (Horkheimer & Adorno, 1969 [1944], S. 6)[15] könnte man sagen: *schon die Oberfläche war Ich, und Ich fällt in Oberfläche zurück.* Damit aber befinden wir uns auch im Diesseits von Gut und Böse, diesseits der Borderline. Denn auf dieser Ebene können moralische Fragen aus kategorialen Gründen gar nicht mehr gestellt werden, da es ja vornehmlich um körpernahe, protomentale ästhetische Erfahrungen geht, ganz im Sinne der sinnlichen Aisthesis. Der Trend von sinnbestimmten Daseinsformen zu emblematischen Daseinsstilen hängt gewiss damit zusammen, vielleicht auch bestimmte Ästhetisierungen einer Gewalt,[16] die vor allem den sensorischen Hunger bedient und die ich Er-

Begriff gekommen zu sein scheinen. Dies ist durchaus mit dem gleichzeitigen Aushalten des Nichtwissens, der eigenen Begrenztheit in der depressiven Position vereinbar. »The depressive mode is a mode of integration, resolution and containment, and, if unopposed, leads to certainty, stagnation, closure, arrogance and deadness […]. The paranoid-schizoid mode provides the necessary splitting of linkages and opening up of the closures of the depressive position thus reestablishing the possibility of fresh linkages and fresh thoughts« (Ogden, 1988, S. 31).

15 »[…] schon der Mythos ist Aufklärung, und: Aufklärung schlägt in Mythologie zurück.«

16 Ein jetzt verfügbares blaues Getränk namens *Blue Energy* kommt in Flaschen in Form einer kassettiert-geriffelten Handgranate; der integrierte Öffner ist genau wie ein Abzug zu betätigen.

lebnisgewalt nenne. Wir sollten nicht versuchen, sie mit Instrumenten unserer erprobten Neurosentheorie, etwa dem Konzept der autoritären Persönlichkeit (Adorno et al., 1973 [1950]), zu begreifen. Das ist lange vorbei.

»Das Tiefste am Menschen ist seine Haut?« – so heißt es bei Valéry (1960, S. 38). Sein Dialog zwischen einem Schriftsteller und einem Arzt geht folgendermaßen weiter:

> »➢ Dann? Dann ist mir eingefallen, was in medizinischen Büchern über die Entwicklung des Embryos steht: eines schönen Tages bildet sich in der äußeren Hülle eine Doppelfalte, eine Furche …
>
> ➢ Das Ektoderm. Das sich dann wieder schließt …
>
> ➢ Leider! … Unser ganze Unglück rührt daher … *Chorda dorsalis!* Und die Folgen: das Rückenmark, das Gehirn, alles, was es braucht, um zu fühlen, zu leiden, zu denken …, um *tief zu sein:* Alles rührt daher …
>
> ➢ Und weiter?
>
> ➢ Es sind eben lauter Erfindungen der *Haut!* … Wir mögen graben, Doktor, so tief wir wollen: wir bleiben … ektoderm« (ebd., S. 39f.).

Gegenwärtig wissen wir nicht, welche kulturelle Prognose uns damit gestellt ist.

(2000)

2 Lust am Nichtdenken?

Zum Verhältnis von Erregung und Bedeutung in beschleunigten und entgrenzten Lebenswelten

»Wir sehen, daß in dem Maße, als, in der organischen Welt, die Reflexion dunkler und schwächer wird, die Grazie immer strahlender und herrschender hervortritt.«
Heinrich von Kleist, Über das Marionettentheater

Kürzester Weg und Umweg

Am Nullpunkt seiner Entstehung ist das Denken für die Psychoanalyse nichts als ein Umweg. Und zwar, so lesen wir bei Freud (1900a, S. 571), auf der Suche nach dem Befriedigungserlebnis, »das den inneren Reiz aufhebt.« Eine erneute Bedürfniserregung, Wunsch genannt, strebt zunächst danach, das Erinnerungsbild, die befriedigende Wahrnehmung selbst, wiederherzustellen: »[...] das Wiedererscheinen der Wahrnehmung ist die Wunscherfüllung [...]. Diese erste psychische Tätigkeit zielt also auf eine *Wahrnehmungsidentität*, nämlich die Wiederholung jener Wahrnehmung, welche mit der Befriedigung des Bedürfnisses verknüpft ist« (ebd.) Bis hierher könnte diese Passage in Zeiten der Bilderflut und des online gegangenen Reizhungers auch einem Handbuch der Werbepsychologie entnommen sein. Aber Freud fährt fort:

> »Eine bittere Lebenserfahrung muß diese primitive Denktätigkeit zu einer zweckmäßigeren, sekundären modifiziert haben [...]. All die komplizierte Denktätigkeit also, welche sich vom Erinnerungsbild bis zur Herstellung der Wahrnehmungsidentität durch die Außenwelt fortspinnt, stellt doch nur einen durch die Erfahrung notwendig gewordenen *Umweg zur Wunscherfüllung* dar. Das Denken ist doch nicht anderes als der Ersatz des halluzinatorischen Wunsches« (ebd., S. 571f.).

Und weiter beschreibt Freud: »Der Primärvorgang strebt nach Abfuhr der Erregung, um [...] eine *Wahrnehmungsidentität* herzustellen; der Sekundärvorgang hat diese Absicht verlassen und an ihrer Statt die andere aufgenommen, eine *Denkidentität* zu erzielen. Das ganze Denken ist nur ein Umweg« (ebd., S. 607). In »Formulierungen über die zwei Prinzipien des psychischen Geschehens« (Freud, 1911b, S. 233) wird er das Denken ein »Probehandeln mit kleineren Besetzungsquantitäten« nennen und hinzufügen, dass es dazu des Ertragens der »erhöhten Reizspannung während des Aufschubs der Abfuhr« sowie einer »Überführung der frei verschiebbaren Besetzungen in gebundene« bedürfe.

Die Menschwerdung ist also für die Psychoanalyse wesentlich eine Versagungsgeschichte, in der sich die denkfähigere Psyche dem Umstand verdankt, dass sie ihre Erregungswirtschaft gegen eine Bedeutungswirtschaft eingetauscht hat. Denken ist der individuell wie kollektiv überaus labile Quotient aus Wunsch gebrochen durch Versagung. Im Sekundärprozess wird die direkte Regression auf das Bildhafte, welche das Drehmoment der Traumvorgänge ist, aufgehalten und die Gewalt des unmittelbar Triebhaften gebunden; allerdings um den Preis von Hemmung, Verzögerung, Wartenmüssen, Triebzielverschiebung und Unlust – inklusive eines Quantums kulturstiftenden Masochismus, als welcher die an der Abfuhr nach außen gehinderte Aggression innen wiederauftaucht und ohne den keinerlei ernsthafte Denkarbeit verrichtet werden kann. Denken ist lustvoll, wenn es findet, aber durchaus quälend, wenn es sucht. Insofern es einen Umweg im biblischen »Schweiße deines Angesichts« darstellt und noch seine sublimsten Formen letztlich »ein Maß der Arbeitsanforderung« sind, »die dem Seelischen infolge seines Zusammenhangs mit dem Körperlichen auferlegt ist« (Freud, 1915c, S. 214), weisen viele Spuren in mancherlei geschichtsphilosophischen Entwürfen auf einen unbewussten Hass auf das Denken hin. Nicht nur, aber auch weil Denkenkönnen das Denkenmüssen des Endes impliziert. In Kleists (1962 [1810]) Allegorie vom Marionettentheater soll der Mensch im Durchgang durch die Unendlichkeit des Wissens[1] wieder aufgehoben sein in der Grazie der reinen, bewusstseinslosen Schwerkraft. Vielleicht ist der paradiesische Traum von der Abschaffung des unlustvollen Denkenmüssens der latent gewaltbereite Kern aller Utopien. Lepenies (1972 [1969], S. 191f.) hat in seiner Analyse von Utopien jedenfalls gezeigt, dass, insofern Melancholie und Reflexion Handlungshemmung sind, in Utopia nach der Vertreibung von Zeit und Langeweile im endgültig erreichten Raum ein Melancholieverbot herrscht.

1 Man könnte meinen, es habe der seherischen Fähigkeiten des blinden Schriftstellers Jorge Luis Borges bedurft, um schon in der Erzählung *Die Bibliothek von Babel* (1981 [1941]) gleichsam die Totalität des Internet vorauszuahnen.

Ob für die untraurigen, aber irgendwie ermüdeten (vgl. Groys, 1995) Menschen heutiger Lebenswelten die psychischen Konstitutionsbedingungen selbst sich ändern, ist kontrovers. Als spekulativer Psychoanalytiker riskiert man hier den Einwand, die Dialektik von Individuellem und Gesellschaftlichem zu vernachlässigen, wenn man ausgehend von prägnanten Phänomenen erst einmal nützliche Fragen erzeugen möchte. Die Trägheitstheoretiker führen ins Feld, dass uralte menschheitsgeschichtliche Bildungen sich nicht in kurzer Zeit wandeln könnten, und entdecken unter den postmodernen Kostümierungen und Erregtheiten doch immer nur wieder den alten Adam. Die Stärke dieses Argumentes liegt in seinem Bedenken gegen globalen Kulturpessimismus; hatte es doch gerade zum Beispiel bei der Hochwasserkatastrophe in Sachsen 2002 den Anschein, als hätten zahllose helfende junge Menschen geradezu auf einen Anlass zur Sinnentnahme gewartet. Seine Schwäche hängt an unseren eigenen, extrem komplexen, feinabgestimmten entwicklungspsychologischen Konzepten, die es hochunwahrscheinlich machen, dass rasante Wandlungen der Lebenswelten die Konstitutionsbedingungen des Psychischen unberührt lassen. In einer früheren Arbeit (Kapitel 1) habe ich die These vertreten, dass das Ich – selbst ursprünglich ein »Oberflächenwesen« (Freud, 1923b, S. 253) – heute im Mainstream und besonders krass in den Randgebieten klasssisch-kultureller Begüterung dazu neigt, sich in adhäsiven Verklebungen mit aufdringlichen medialen Objekten wieder in sensorische Oberflächen zu zerlegen. Türckes Buch *Erregte Gesellschaft. Philosophie der Sensation* (2002) ist eine der gründlichsten Durchdringungen dieser Thematik von philosophischer Seite.

Ein Blick auf unsere Medienwirklichkeit zeigt eine Fülle von Indizien dafür, wie sehr Lust am Nichtdenken, an der puren Sensation als Sinneserregung, am Werke zu sein scheint. So erkennt Türcke (ebd., S. 294) im »simultanen multimedialen Beschuß« ein Strohfeuer: »Solange der Reiz andauert, flammt es, sobald er aufhört, erlischt es. Tendenziell werden die Sinne zu konditionierten Reflexen zurückgebildet, verlernen, ihre Empfindungen so zu bündeln, dass sie innere Vorstellungen davon behalten.« Nicht ohne Berechtigung dürfen wir deshalb fragen, inwieweit die kurzschlüssige Verlötung mit rasch wechselnden, virtuellen und realen Objekten die Entwicklung der Denkstile affiziert, gleichsam per Knopfdruck das Bedeuten sich regressiv wieder in Erregen auflöst und dabei der kürzeste Weg die Umwege erübrigt, an deren Rand so gewichtige Meilensteine wie Gewaltbindung, Über-Ich- und Ich-Idealbildung und letztlich die Ausbildung der kulturbildenden Schuldgefühlsfähigkeit stehen.

Vertraute Grundannahmen

Die Gestaltwerdung der menschlichen Psyche aus ihrer somatischen Matrix heraus erfolgt über Medien. Medien sind Wandler. Definitionsgemäß (Hörisch, 2001, S. 68) eignet ihnen die Fähigkeit zur Speicherung, Bearbeitung und Übertragung.[2] Deshalb kann man die psychoanalytische Entwicklungspsychologie durchaus medientheoretisch lesen. Das wichtigste Medium sind – oder waren? – die Primärobjekte. Das mediale Speichern, Bearbeiten und Übertragen wird an der Relation Container-Contained (Bion, 1983 [1970], S. 72f.), der Transformation beta-elementarer Sinnesdaten in Gedanken durch die sogenannte Alpha-Funktion oder an der Entwicklung von psychischen Selbstrepräsentanzen via Verinnerlichung des im mentalen Leben der Mutter spezifisch repräsentierten Kindes im Sinne der neueren Bindungstheorie (Fonagy, 2001b) besonders sinnfällig. Denkt man an zunächst unerträgliche, archaische Angst, Ohnmacht, Schmerz, Wut, so sind die psychoanalytischen Medien von Entwicklung aber allesamt als Erregungsmilderer[3] konzipiert und ermöglichen zugunsten wachsender Denkfähigkeit eine Leistung, die Plassmann (1993, S. 278) als »semiotische Progression« zu immer reiferen Ebenen des Repräsentierens bezeichnet hat. Als drei wesentliche Ziele dieser aufsteigenden Umschriften des primär Körperlichen ins Seelische, die unterwegs miteinander verwoben sind und schließlich noch auf den Ebenen der Gedächtnissysteme und des Denkens repräsentiert werden müssen, fassen wir die Differenzierung von Innen und Außen (und zwar auf einem psychischen Niveau, nicht nur materiell, wie es das Grundproblem jedes Lebewesens darstellt), die Affektregulierung sowie das Erreichen der Getrenntheit vom Objekt bei weiterbestehender, sinnhafter Bezogenheit. Getrenntheit zwecks Fortsetzung der Verbundenheit mit anderen Mitteln, nämlich durch bedeutungsvolle

2 Ein weiteres definitorisches Merkmal lautet: »Medien sind Körperextensionen. Mit medialer Hilfe dehnen wir die Reichweite unserer Sinne und unseres Körpers weit über seine kreatürlichen Grenzen hinaus aus« (Hörisch, 2001, S. 61).

3 Türcke nennt hingegen die erregte Gesellschaft eine »soziale Großveranstaltung dessen, was die Neurophysiologie ›prozedurales Gedächtnis‹ nennt. Sie tut nämlich nichts Geringeres, als den jahrtausendealten Deeskalationsprozeß der Sensation […] im Zeitraffer rückwärts zu durchlaufen und ihn durch die Prozedur der semantischen Reeskalation zu erinnern. Dies ist kein bewusster Prozeß, aber ein buchstäblich aufschlussreicher. Er dröselt seine eigene Geschichte rückwärts auf wie Penelope abends ihr Gewebtes« (Türcke, 2002, S. 175).

Repräsentationen, ist der entscheidende Quantensprung in der psychoanalytischen Entwicklungslehre. Dieser Punkt ist besonders kritisch und von einem intakten Übergangsraum abhängig, weil hier die Symbolisierung ins Spiel kommt, die nicht in der absoluten Präsenz der Objekte gelingt, sondern nur über die ertragene Absenz – davon später mehr.

Die psychoanalytische Grundidee der Menschwerdung heißt Innerlichwerden und hängt kategorisch an der Metaphorik eines psychischen Raumes, der aber seinerseits erst durch die trophische Funktion der hinreichend guten Objekte, ja durch konstruktive *Doppelgängerprozesse* (Balzer, 2006a) zu seiner Dimensionalität aufgefaltet werden kann. Erst mit ihm kommt seelisches Wachstum oder auch Scheitern durch den lebenslangen Grenzverkehr von Projektion und Introjektion in Gang. Notieren wir schon hier am Rande, dass zum Beispiel Bicks (1968) Konzept der Funktion früher Hautbeziehungen als Urcontainer mit dem Resultat allererster Selbstkohäsion und schemenhafter Ichgrenzen zwischen innen und außen, von Anzieu (1992 [1985]) später als »Haut-Ich« ausgearbeitet, zwar mit Symbolisierung nichts zu tun hat, sehr wohl aber mit einer frühen, noch sehr sensorischen Hülle von Mentalisierung – und dass dieser Prozess nicht in der Absenz, sondern der nachdrücklichen Präsenz des guten Objektes geschieht.

Das Oberflächenwesen Ich ist auch als »anatomisches Präparat« (Freud, 1900a, S. 541) als nach innen gefaltetes embryonales Ektoderm uranfänglich eine Haut. Entwicklungspsychologisch werden durch mühselige Transformationen sensorische Oberflächen in bedeutsame innere Erfahrung und Repräsentationen (also: Erinnerbarkeiten) verwandelt. Diese Übersetzungarbeit hat einen nicht beliebig kompressiblen Zeitbedarf und benötigt stetige objektale Bezogenheit. Die beiden Grenzwesen Ich und Über-Ich, grenzgeboren und grenzerhaltend, später die Ichidentität, können aus einer somatosensorischen, propriozeptiven Matrix nur auftauchen in der Intimität mit Pflegepersonen, deren eigene innere Welt das Medium der Umformung protopsychischer Erfahrung zum Reiferen hin ist. Dazu gehört ein abgestuftes Spiel von Befriedigung und Versagung, Stimulation und Dämpfung, Offenheit und Begrenzung, Präsenz und Absenz – und eben die Zeitabhängigkeit wie bei aller Diffenzierung und jeglichem Stoffwechsel. Und wenn jede Repräsentation ein Gedächtnisphänomen ist, undenkbar ohne Wahrnehmungsfokussierung und Wiederholung, so steht dies im Einklang mit Befunden zur neuronalen Plastizität, wonach ein anfangs chaotischer Synapsenüberschuss, wo alles mit allem verbunden ist, durch Bahnungen und Netzwerke ordnend und hemmend überschrieben wird.

Mentalisierung und Symbolisierung

An dieser Stelle stolpern wir unweigerlich über die Begriffe Mentalisierung und Symbolisierung in des Teufels Küche. Hier herrscht alles andere als konzeptuelle Klarheit und Übereinkunft. Fonagys (z.B. 2000, S. 854; Übers. W.B.) auf einer der Theory of Mind aufbauende Definition von Mentalisierung lautet: »die Existenz von Gedanken und Gefühlen bei einem selbst und anderen anzunehmen und zu erkennen, dass diese mit der äußeren Realität in Verbindung stehen.« Dezidiert begreift Fonagy (2001b, S. 165) Mentalisierung als »specific symbolic function«.[4] Lecours und Bouchard (1997, S. 858) haben diesen Mentalisierungsbegriff kritisiert als Beschreibung des Resultates dessen, was als der eigentliche Mentalisierungsprozess der Untersuchung bedürfe. Sie schlagen unter Differenzierung der Skalen Repräsentation, Symbolisierung, Abstraktion, Denken, Somatisierung, Verbalisierung, Affekttoleranz, motorische Expression ein multidimensionales Modell von Mentalisierung vor, das sowohl viele Abstufungen hat als auch die Inkonsistenz heutigen Wissens widerspiegelt; ein wichtiger Versuch, die in psychoanalytischen Erörterungen häufige Unschärfe zwischen Mentalisierung, Symbolisierung, Repräsentation, Gedanke und Denken zu klären. In der Sicht dieser Autoren wäre, soweit ich erkenne, all das, was Fonagy global »Mentalisierung« nennt, tatsächlich ein spezieller Mentalisierungsgrad, auf dem symbolisch-reflexive Prozesse bereits in Funktion sind. Auch ich werde im Weiteren davon ausgehen, dass Mentalisierung die umfassendere Begriffsklasse darstellt, innerhalb derer Symbolisierung als höchstentwickelte Kategorie aufzufassen wäre. Nütz-

4 Er sieht diese symbolvermittelte Funktion im Zusammenhang mit »the universal and remarkable capacity of young children to interpret the behavior of themselves, as well as others, in terms of putative mental states« – also als hochstufiges reflexives Vermögen mit Vorstellungen über »beliefs, feelings, attitudes, desires, hopes, knowledge, imagination, pretense, plans, and so on« bei anderen (Fonagy, 2001b, S. 165). Ein solcherart auf symbolisch verfassten »mind« eingeengter Mentalisierungsbegriff wirft überdies die Frage auf, ob nicht auch basale Desomatisierungen, deren symbolische Umschrift noch in weiter Ferne ist, als Schritte oder Schrittchen im Mentalisierungsprozess zu würdigen wären.

lich für unsere Überlegungen ist in jenem Modell ein Niveau semiotischer Progression, als *»Represented, unsymbolised«* (ebd., S. 862) bezeichnet, wo basale »Trieb-Affekt-Erfahrungen« (ebd.; Übers. W.B.) zwar gleichsam piktografisch repräsentiert, aber nicht wirklich symbolisiert sind.

Die Existenz von Mentalisierungsformen ohne Symbolisierung leuchtet ein; etwa in Form unmittelbarer seelischer Einstimmung auf den Gefühlszustand eines anderen wie im raschen mimischen Austausch. Überhaupt ist ja die affektive Feinabstimmung, das *attunement* zwischen Mutter und Kind, bezogen auf das Objekt, präsentisch. Viele Aufbaustufen von Mentalisierung hängen von der präzisen Präsenz des guten Objektes ab, nicht von seiner Absenz. Letztere scheint aber beim Sprung ins Symbolische unentbehrlich zu sein. Dies wird uns an späterer Stelle helfen, bei der Unterscheidung primitiverer und reiferer Mentalisierungsformen die bekannten psychoanalytischen Absenztheoreme, von Freuds Garnrollenspiel (1920g) bis zu Bions (1962b) »negative realization« und Unterscheidung von »nothing« und »no thing« (vgl. Parsons, 1996, S. 405) zu überdenken. Es könnte sein, dass Bions »positive realization« mit Bildung der »conception« – Bott-Spillius (1994, S. 341f.) zufolge »a form of thought« (und dies könnte man sich vorstellen als noch sehr objektähnliche, quasi pikturale Repräsentation, bildhafte Erinnerung) – für manche in der Objekt*präsenz* zu erlangende Mentalisierungsebenen essenziell wäre, während das Durchstehen der »negative realization«, des Mangels, der Prüfstein für die Entfaltung des objektunähnlichen, symbolischen Repräsentierens im »potential space« (Winnicott, 1971) wäre.

Veränderte Erfahrungswelten

Werfen wir einen Blick auf unsere Alltagswirklichkeit. Die Rede von der aberwitzigen Multiplikation der Medien unserer heutigen primären und sekundären Sozialisiation ist ein Allgemeinplatz und selbst schon wieder medial ausgehöhlt. Jüngst erhielt ich die Einladung zu einer Büromöbelausstellung mit Vortrag eines Wirtschaftsprofessors zum Thema »Mobile Systeme. Das Ende der Gewissheiten« und eine Kostprobe: »Im Zeichen einer grenzenlos globalisierten Arbeitswelt, einer Verflüssigung und Deregulierung aller überkommenen Gefäße steht der moderne Mensch vor neuen Herausforderungen. Seine Schlüsselqualifikation heißt Flexibilität« (Gross, 2002). Verflüssigung aller überkommenen Gefäße, wie wahr. Man könnte es auch die Erfahrung psychosozialen Gehäutetwerdens nennen. Sicher sind mit Gefäßen auch Tabus gemeint und die angstbindenden, schwierige Passagen regulierenden Rituale, die Haas (2002 [1999], S. 115) als kulturelle »Container« bezeichnet.[5] Die psychisch stärksten Wirkfaktoren des »digitalen Evangeliums« (Enzensberger, 2002) lassen sich meines Erachtens am ehesten als Beschleunigung, Verbildlichung, Entgrenzung auf allen Ebenen und als die Idee von der Programmierbarkeit der Objektwelt fassen. Der Schonraum der Familie ist dabei, »zugunsten einer Gerätefamilie vollends abzudanken« (Eisenberg, 2000). So heißt »Objektbeziehung« für viele Kinder, in die Steckplätze multimedialer, superschneller elektronischer Bild- und Soundgeneratoren eingeloggt zu sein, die man als Präsenzmaschinen und Absenzvernichter bezeichnen kann.[6] Stille und Warten sind abgeschafft, gründliche Aufmerksamkeitszersetzung ist Programm. Unter Zerstückelung handlungslogischer Narrative zugunsten audiovisueller Schocks, die – wie bei allen Süchten – nach ständiger Dosiserhöhung rufen, wird die Bildschnitttechnik immer primärprozesshafter und unterläuft die zeitliche Apperzeptionsschwelle; Zeitintrons, auf Pause gestellte, der psychischen Verdauung nützliche Abschnitte, werden eliminiert (Millner, 1996, S. 30). Die entfesselte, permissive, häufig simulierte Visualisierung bringt die Grenze zwischen Virtualität und Realität ins Schwimmen.[7] Das mediale Grundgesetz lautet: *Verdichtung, Verschiebung, rücksichtslose Darstellbarkeit und keine Zeit für sekundäre Bearbeitung*. Aber nicht nur die Kleinen, sondern auch die Großen sind in den festen Händen der weltweit hochgerüsteten medialen Erregungsbranche. In enormer Impulsdichte brandet ein ständiger Zeichenüberschuss an, wobei es mangels psychischer Zeit infolge schneller Taktung und wegen des geschrumpften Übergangsraumes infolge hartnäckiger Präsenz der Scheinobjekte schwieriger wird, den Input zu Information zu machen, diese

---

5 Kaiser (2002) formuliert treffend: »Das einzige Tabu, das es noch gibt, ist die Unterlassung des Tabubruchs.«

6 Dass ein bekannter Modedesigner (Joop, 2001) von der »Abwesenheit von Dingen als Luxus« spricht, belegt wieder einmal Benjamins (1982, S. 112) Diktum: »Das brennendste Interesse der Mode liegt für den Philosophen in ihren außerordentlichen Antizipationen.«

7 Beland (2002, S. 22) bemerkt an den »Primitivvergnügungen des Fernsehens« ein »Unterhaltungsinteresse […] an immer weiter gehenden *Grenzverschiebungen der Einfühlung in psychotische Affekte und Konzepte*, in die Auflösung der stabilsten Gegensätze wie lebendig oder tot, real oder virtuell, zerstörbar oder unzerstörbar.«

konnotativ zu Bedeutung zu kontextualisieren und das Ganze aus dem prozeduralen Gedächtnis in semantische und autobigrafische Gedächtnissysteme zu transferieren. Für die Animation ist der Mausklick zuständig, für das Gedächtnis die Harddisk, wobei es einen Schelmenstreich der Digitalgeschichte darstellt, dass man mit heute verfügbarer Hard- und Software 30 Jahre alte Dokumentationen in amerikanischen Bibliotheken schon nicht mehr lesen kann. Offenbar ist auch das kulturelle Gedächtnis nicht ohne Weiteres an Maschinen zu delegieren. Neben der Erregung treten die videoclipartig springenden Momentanverfassungen von Subjekten und Systemen an die Stelle einer Bedeutung, deren Halbwertszeit gegen Null strebt. In den allgegenwärtigen Voyeurismen und Exhibitionismen wird die Vorlust zur Hauptlust befördert. Deregulierung heißt eben auch Deregulierung der Triebökonomie, radikale Mehrwertschöpfung durch mediale Erregungsproduktion, Vermarktung aller denkbaren Erregungsobjekte als »da«, aufrufbar, nicht »fort«, Andocken am Trieb selber, und zwar nicht nur an der Sexualität, sondern auch an der Zerstörungslust.

Betriebssysteme, Bildschirme, Tasten

Angesichts hohen Objektverbrauches mit verkümmernden Verinnerlichungsspuren möchte man von einer bulimischen Zeit sprechen, doch ist der Übergang in ein haptisches Zeitalter in vollem Gange. Tasten, Sensoren und Displays, die auf undurchschaubare Weise mit dem hermetischen Inneren eines Objektes verbunden sind und teils sein Verhalten steuern, sind unsereinem heute schon in die Wiege gelegt. Später erweitern sich diese Berührungsbeziehungen opto-akustisch durch Kassettengeräte, Videos, Playstations, Spielekonsolen, Fernseher und die PC-Tastatur als Zugang zu einer synthetischen Welt. Sogenannte Anthropotechniker optimieren in Marketingfirmen die Mensch-Maschine-Schnittstelle, etwa in Automobilen. Unsichtbare Betriebssysteme wie Windows, deren Binärcode zu einer wirklichen Universalsprache (vgl. Baier, 2000, S. 25) geworden ist, schreiben dem Denken die Pfade vor, die es überhaupt noch gehen kann. Durch die verborgenen Wenn-Dann- Schleifen der Programmiersprachen wird dem Denken die sinnhafte narrative Logik abgewöhnt (vgl. Wenz, 2002). Der Clou an den diversen Benutzeroberflächen liegt aber in einer mimetischen Doppelgängerbeziehung: Der User ist seinerseits weitgehend kongruente Benutzeroberfläche der Maschine. Das narzisstische Wohlgefühl schöpft nicht aus dem »Glanz im Auge der Mutter« (Kohut, 1971), sondern aus dem Glanz im Auge des Displays. Am Touchscreen als Welt der Objekte gibt es eine kurzgeschlossene Begegnung beiderseits sensorisch codierter Oberflächen, Erregungsflächen, die den Namen *adhesive equation* vollauf verdient. Haut-, Wärme- und Geschmackssensoren sind in Entwicklung, ebenso der *touch-suit*, über den vernetzte Partner körperliche Reizungen austauschen können sollen (Baier, 2002, S. 39). Angesichts dieses Eintauchens spricht Kittler (2002 [2000], S. 42) von »immersiven Medien«. Es scheint an der Zeit, sich an die Vorstellung eines Ich zu gewöhnen, dessen zerspieltes Selbst- und Identitätsgefühl ganz an der sensorischen Verlötung mit den Reizgeneratoren hängt, gemäß der Diagnose (Türcke, 2002, S. 73): »*Sentio ergo sum.*« Vielleicht könnten wir auch die dispersen Formen neuartiger Gewaltbereitschaft besser begreifen, wenn wir uns ihnen von dem Moment her nähern, in dem gewisse protopsychische *shortcuts* mit der Erregungsapparatur, die auch als Selbsterzeugungsmaschine fungiert, abreißen.

Einige Merkwürdigkeiten

Etliche wohlbekannte Phänomene scheinen eingebettet in eine Gesellschaft der vagabundierenden »frei verschiebbaren Besetzungen« im Sinne Freuds (1911b, S. 233), einer zumindest zonalen Überichverwilderung und einer Erregungskultur als Modus der Selbstvergewisserung. Hier ist nicht der Raum für eine genauere Betrachtung eklatanter Gewaltausbrüche, die wahrscheinlich Glassers (1998)[8] selbsterhaltenden Typus zuzuordnen sind und die ich *Erlebnisgewalt* nenne. Es ist eine üble Abfolge, wenn man die Medienkinder den Robotern überlässt, ihnen somit Einfühlung verweigert und vermittels abrufbarer Scheinobjekte vorgaukelt, dass ihnen Abwesenheit und Mangel erspart werden könnten: Wenn der Schwindel auffliegt,

8 Glasser (1998) unterscheidet sadomasochistische und selbsterhaltende Gewalt. Erstere erhält das Objekt im Leiden, sie dauert, ist planvoll, erfordert eine Beziehung zum Objekt als unverzichtbare Bedingung, es gibt ein zumindest hintergründiges Über-Ich, der Täter verspürt nicht Angst, sondern Vergnügen. Selbsterhaltende Gewalt will Objektvernichtung auf primitivem psychischem Niveau, ist eher kurzdauernd, eruptiv, ohne Beziehung zu Opfer und Über-Ich, der Täter erlebt Erleichterung seiner latenten Angst, aber kein eigentliches Vergnügen.

trifft er auf eine eruptive, schlecht mentalisierte Struktur. Kinderpsychiatrisch sieht man vermehrt sehr kranke Kinder und Jugendliche, die offenbar Getrenntheit vom Objekt und innere Verbundenheit mit ihm nur schwer vereinbaren können bei ganz prekärer »capacity to be alone« (Winnicott, 1984 [1958]) – nicht einmal typische Borderline-Fälle, aber Grenzfälle in einem wörtlichen und tieferen, wenngleich oberflächlichersensorischen Sinn. Disruptive Pathologien mit autistischen Barrieren und adhäsive mit fusionären Tendenzen scheinen zwei Seiten derselben Medaille zu sein. Epidemiologisch ist Schlaflosigkeit, also auch Traumlosigkeit, weit verbreitet. Eine selbst hyperkinetische Gesellschaft diskutiert aufgeregt die Aufmerksamkeitsdefizitsyndrome ihrer umtriebigen Kinder, die dann von Experten, die gerne hirnorganisches Substrat und psychischen Grund verwechseln, durch Stimulation mit einem chemischen Verwandten der Droge Ecstasy, mit der Jugendliche ihre Discoerregung steigern, zur relativen Ruhe gebracht werden. Letztes Jahr bot Microsoft seinen Mitarbeitern Kostenbeteiligung bei der Behandlung ihrer autistischen Kinder an (Simon, 2002). Auf irgendeinem Schulhof vereinbaren Halbwüchsige miteinander, sich in der Pause gegenseitig bis zum Eintritt der Bewusstlosigkeit zu würgen. Schüler ziehen sich beim Nachspielen eines flammenden Fernsehstunts schwere Verbrennungen zu. Die erschreckende Liste des erregten Undenkens ließe sich endlos fortsetzen.

Die Lesefähigkeit leidet offenkundig nicht nur bei den bildhungrigen Kleinen. Angesichts von Unwillen und Unvermögen bei Studenten, längere Texte und Lehrbücher durchzuarbeiten, sollen Bilder und Animationen Abhilfe schaffen (Hühn, 2002). Der kollektive Erregungspegel wird durch eine Skandalisierungswelle nach der anderen hochgehalten, wofür Imhof (2002) den schönen Ausdruck »Empörungsbewirtschaftung« geprägt hat. Da Langeweile sakrosankt ist, wird der sensorische Kick in zahllosen, proliferierenden Extremsportarten gesucht.[9] Selbsterleben wird nicht nur im Kinästhetischen nachgejagt: Die allgemeine Ästhetisierung der Bedeutungslosigkeit ist auf der Ebene der Aisthesis, wie einmal die Lehre von den niederen Körperempfindungen hieß, angelangt.

Aber im Schatten der aufgelösten Gefäße scheint auch Angst zu wachsen. Ein erregtes Leben ohne psychische und soziale Container ist ein Dauertrauma. Wenn die erfahrbaren Wirklichkeiten sich in Kaleidoskope

9 Auf einer ländlichen Ostseeinsel wurde diesen Sommer Erholungsmüden Silo-Climbing angeboten.

verwandeln, droht allenthalben Orientierungslosigkeit. Für diese Angst sprechen ethische Fundamentalismen, blühende Traumatheoreme, Opferdiskurse und eine Stimmung, in der sich ein jeder vor allem als Angehöriger einer irgendwie bedrohten Minderheit zu begreifen scheint. Neue, selbsterfundene, teils gefährliche Rituale der Angstbindung und Passage schießen aus dem Boden. Manche Selbstverletzungen stehen auf diesem Blatt. Bereits bei früherer Gelegenheit (Kapitel 1) habe ich auf die Theatralisierung der Haut als paradigmatischem Grenzorgan hingewiesen, die in Kompromissbildung von Durchstoßung und Heilung, Wunde und Narbe Tattoos unterzogen wird oder dem Piercing, das in seiner bürgerlicheren Form als Akupunktur oder Ayurveda-Ölung auch als Therapie gegen den epidemischen Tinnitus eingesetzt wird, der so etwas wie der sensorische Bodensatz des gesamtgesellschaftlichen grauen Rauschens sein könnte.

Bildersturm?

Meine schon eingangs angedeutete These möchte ich nun dahingehend präzisieren, dass in unseren audiovisuellen und taktilen Medienwelten mit der sensorischen Präsenz von Bildern, Klangbildern, Tastbildern die Ikonizität zunimmt. Nicht nur, weil Dauervideos gleichermaßen in Schweizer Dorfbussen und Berliner U-Bahnen angekommen sind. Ist also ein Bildersturm angesagt? Damit wären wir wieder in der Nähe des platonischen Ikonoklasmus angelangt.[10]

Charles Sanders Peirce unterscheidet in seiner Semiotik drei Sorten von Zeichen: Indizes, Icons und Symbole (vgl. Oehler, 1981). Alle drei Zeichenarten verkörpern die triadische Relation zwischen dem Zeichen selbst, seinem Objekt und seinem Interpretanten – vertraut für uns, die wir die Einschmelzung dieser Triade zu einem Plasma im psychotischen Konkretismus fürchten. Ikons sind Zeichen mit Ähnlichkeitsbeziehung zu fiktiven oder realen Objekten, wie Bilder und Schemata. Indizes haben keine abbildende, sondern eine reale Relation zum Objekt, wie etwa ein Wegweiser. Symbole stehen in einer interpretativen Beziehung zum Objekt ohne – und das ist wichtig – Ähnlichkeit oder physische Verbindung zu ihm. Die

10 Hörisch (2001, S. 49) zufolge war Platon der mächtigste Medienkritiker und ein Urvater des Bilderverbotes zum Schutze der eigentlichen Wahrheit (s. dort auch zur weiteren Geschichte von Bilderverbot und Bilderstreit).

Zeichenlehre von Peirce erscheint mir gerade deshalb heuristisch wertvoll, weil sie eine Diskrimination zwischen den ikonischen/ähnlichen, der Objektpräsenz beziehungsweise seiner sinnlichen Erinnerungsspur noch sehr nahen Repräsentationen und eigentlich symbolischen/unähnlichen, ausschließlich durch die Objektabsenz zu generierenden Repräsentationen erlaubt.

Wie eingangs erwähnt, würdigt die Psychoanalyse durchaus die Bedeutung der guten Präsenz, ja des Ikonischen auf verschiedenen Stufen der Mentalisierung. Die Erinnerungsspur einer »positive realization« (Bion, 1962b) des befriedigenden Objektes oder des sensorischen Tastbildes eines Hautkontaktes mit der Mutter entspricht durchaus einer – wenn auch ikonischen, nicht symbolischen – Repräsentation. Auch das Ikonische repräsentiert, ver-gegenwärtigt zumindest potenziell Abwesendes. Eine Repräsentation allerdings ohne Verneinung (Freud, 1925h) in vollem Sinne, weil bezüglich des Objektes recht ähnlich und ungetrennt und damit noch nahe an der pseudohalluzinatorischen Wahrnehmungsidentität. Sobald es aber um Kulturkritik geht, hat meines Erachtens die Psychoanalyse die Tendenz, ihre Absenztheoreme im Gefolge des Garnrollenspiels (Freud, 1920g) in einem normativen Negationsgestus als Grundlage von Denkfähigkeit überhaupt zu verabsolutieren. Ich glaube, dass es uns verwehrt wäre, die Art der Mentalisierung vieler stark medial sozialisierter Menschen erst einmal zu ermitteln, wenn wir konzeptuell Mentalisierung und Symbolisierungsfähigkeit kurzerhand gleichsetzten.

Was jedoch die symbolische Repräsentation angeht, so tritt die potenzielle Absenz des Objektes als konstitutive Bedingung in ihr volles Recht. Nur durch gebührende Objektdistanz eröffnet sich der »potential space«, der meines Erachtens gegenwärtig durch mediale Verklebungen schrumpft und in dem normalerweise Zeichen in immer größerer Unbildlichkeit, Unähnlichkeit zum Objekt und in wachsenden Freiheitsgraden von ihm erfunden werden können. Dann können langsam Umwege gegangen werden, erhält das reifende Denken Spielraum, gerade weil die Dialektik des Symbolischen *Anwesenheit des Abwesenden* und *Abwesenheit des Anwesenden* mitbedeutet. Das heißt nichts anderes als nicht nur das Vermisste sich vorstellen, sondern auch das Vorhandene wegdenken zu können. An dieser Stelle, nicht bei jeder Mentalisierung, wohl aber bei der symbolischen Repräsentierung, hat auch die Verneinbarkeit der Sachen (Freud, 1925h) einen festen Platz. Insofern die Feuerprobe der Symbolisierung im ertragenen Durchgang des Wunsches durch Trauer und Nichts besteht, meint das griechische »sema« Zeichen und Grab zugleich. Im Bezeichnen durch das »sema« wird das vergängliche »soma« zugleich bestattet wie verewigt (Hörisch, 2001, S. 49).[11]

Die Leistungen dieses Durchgangs durch die Abwesenheit sind individuell wie kollektiv unverzichtbar, nicht nur bezüglich Frustrationstoleranz und Affektintegration. Insofern das Symbolische etwas bewahrt, das vorübergegangen, *praeter itum*, ist, birgt es in sich den Keim der Temporalität als einer wesentlichen Tiefendimension des Bedeutens. Wie eine Narbe trägt es die Ahnung von der letztlichen Unerfüllbarkeit des Wunsches.[12] Wenn, metaphorisch gesehen, zum Garnrollenspiel die Identifikation mit dem Aggressor gehört, der verstößt, so kehrt die Täter-Opfer-Dynamik sich um (vgl. Haas, 2002, S. 344f.). Sofern das spielende Kind zugleich das Kind und die verstoßende Mutter ist und die Garnrolle zugleich das zuvor verstoßene Kind wie nun auch die jetzt verstoßene Mutter, und wenn beide Opfer zurückgeholt werden und wieder zusammenkommen können, kann man vermuten, dass Fragen von Schuld und Wiedergutmachung intrinsisch schon bei der Symbolbildung beteiligt sind. Es wären gleichsam Samen der Über-Ich-Bildung schon im gelungenen Symbol selber niedergelegt: als winzige Strukturen, wie Einschlüsse, die im Ikonischen fehlen.

Lust am Nichtdenken? Ich würde sagen: ja, durchaus Erregung statt Bedeutung, alles live statt Vergegenwärtigung über Trauerprozesse, Flash statt

11 Bei Proust (1973 [1913/1927]), S. 384ff.) gibt es eine sehr schöne Momentaufnahme dieses Symbolisierungsprozesses: »Ich schaute die drei Bäume an, ich sah sie deutlich vor mir, aber im Geiste spürte ich, daß sie etwas verdeckten, worüber ich keine Macht besaß, so wenig wie über Gegenstände, die zu weit entfernt sind, als daß man sie mit gerecktem Arm und ausgestreckten Fingerspitzen anders als nur einen Augenblick an der Oberfläche streifen kann […]. In ihren naiven, leidenschaftlich bewegten Gebärden glaubte ich die ohnmächtige Trauer eines geliebten Wesens zu erkennen, das den Gebrauch der Sprache verloren hat […]. Ich sah die Bäume entschwinden, sie streckten verzweifelt die Arme aus, ganz als wollten sie sagen: was du heute von uns nicht erfährst, wirst du niemals erfahren. Wenn du uns am Wege wieder in das Nichts sinken lässt, aus dem wir uns bis zu dir haben heraufheben wollen, wird ein ganzer Teil deiner selbst, den wir dir bringen konnten, für immer verloren sein.« – Der gelungene Schreibprozess beweist, dass Totalverlust nicht eintrat, gerade weil in ihm das Verlorene zugleich symbolisch aufgehoben ist.

12 In den Worten Goethes (zit. n. Türcke, 2002, S. 320): »So, daß die Idee im Bild immer unendlich wirksam und unerreichbar bleibt und, selbst in allen Sprachen ausgesprochen, doch unaussprechlich bliebe.«

Dauer, Geländegewinne[13] für das mentale Niveau *repräsentiert, unsymbolisiert*, Zunahme ikonischer Denkstile und Unlust am symbolischen Denken mit Folgen, über die wir mehr ahnen als wissen. Eine knappe Diagnose lautet, in den Worten von Michel Houellebecq (2001, S. 77):

> »Die Daten, Rückstände des Unbeständigen, sind der Bedeutung entgegengesetzt wie das Plasma dem Kristall. Eine Gesellschaft, die die Stufe der Überhitzung erreicht hat [...] erweist sich als außerstande, einen Sinn zu produzieren, da ihre gesamte Energie von der informativen Beschreibung ihrer Zufallsvariationen in Anspruch genommen wird.«

Von kommender Grazie

Worauf sollen wir uns einstellen? Gewiss nicht auf die romantische Fiktion eines traurigen Menschen, dem alles dinglich Entschwindende zum Reichtum an Bedeutung wird. Das Schrumpfen des symbolischen Vermögens hin auf einige kulturelle Reservate ist meines Erachtens ein ernster Befund. Vielleicht droht eine symbolisch verfasste Ichidentität mit guten Ichgrenzen zum Selektionsnachteil zu werden, wo flexible, eher emblematische Identitätsentwürfe dem Logo unserer Zeit und den in ihr nötigen Überlebensinstinkten entsprechen. Die unter jungen Leuten grassierenden Fantasy-Rollenspiele und die geläufigen Maskeraden beim Chat im Internet unter wechselndem Logo, wechselndem Geschlecht oder wechselnder sexueller Orientierung (vgl. Turkle, 1998 [1995], S. 12ff.) sprechen eine deutliche Sprache. Von den Objekten scheint im Übrigen vornehmlich erwartet zu werden, dass sie zuhanden sind, programmgemäß funktionieren und nicht zu viel Bedeutung erlangen. Die semiotische Progression droht in wachsenden Erfahrungsbereichen auf ikonischer Stufe, also näher an der videoclipartigen Wahrnehmungsidentität, stehenzubleiben. Auf der anderen Seite hieße aber der Grenzwert von Sinn und Bedeutung in aller und jeder Wahrnehmung: Paranoia. Zum psychischen Leben gehören auch bedeutungsarme Räume und Bedeutung, die mit dem Bilde, an dem sie klebt, erlischt. Das normale Seelenleben vollzieht sich nicht in reinen Denkidentitäten, sondern auch in Wahrnehmungsidentitäten, besonders in Freude und Lust. In Ogdens (1988) dreipoligem Schema der Generierung psy-

13 Houellebecqs Roman *Ausweitung der Kampfzone* (2000 [1994]) handelt hiervon.

chischer Erfahrung gibt es eine Zirkulation nicht nur zwischen paranoid-schizoider und depressiver, sondern auch autistisch-kontiguöser Position, allerdings mit der notwendigen Fähigkeit, coenästhetische, sensorische und schizoparanoide Elemente auf depressiver, also letztlich symbolischer Ebene zu bergen. Ich bin nach wie vor (vgl. Kapitel 1) der Auffassung, dass dieses Mobile individuell und kulturell immer mehr Schlagseite zum sensorischen Pol bekommt. Der Typus des neuen Grenzfalls wäre im Selbstgefühl sensorisch konstituiert mit bedrohlicher Leere und Sucht beim Ausfall seiner medialen Doppelgänger.

Vielleicht sollte man sich diesen Typus als *immersiven Menschen* vorstellen. Er würde behende navigieren im Ozean der Icons, Logos, Indizes, Embleme, verfügte über schnelle Reflexe und das Vermögen, taktisch und strategisch geschickt in lokalen, flüchtigen Verweisungszusammenhängen zu folgern und zu reagieren, ohne sich mit tieferen Bedeutungen zu beschweren.[14] In Kleists *Über das Marionettentheater* (1962 [1810], S. 63) heißt es über die Anmut:

> »Er versetzte, daß es dem Menschen schlechthin unmöglich wäre, den Gliedermann darin auch nur zu erreichen. Nur ein Gott könne sich auf diesem Felde mit der Materie messen; und hier sei der Punkt, wo die beiden Enden der ringförmigen Welt ineinandergriffen.«

Vermutlich wird die Grazie des immersiven Typus, wenn er der Schwerkraft einer medial ganz und gar durchdrungenen Welt folgt, nicht gottähnlich sein, sondern doch eher die des alten Gliedermannes; gewitzter gewiss, aber auch gewaltbereiter vielleicht, wenn die Bildschirme dunkel werden und nichts mehr zu tasten ist.

(2002)

14 Vielleicht wäre es zum Verständnis medialer Reflexbögen an der Zeit, die *Bedeutungslehre* Jakob von Uexkülls, *Streifzüge durch die Umwelten von Tieren und Menschen* (1983 [1909]) mit neuen Augen wiederzulesen.

3 Der Entzug des inneren Raumes

Über zeitgenössische Konstitutionsbedingungen von Subjektivität

»[...] das Gedächtnis ist gleichsam der Magen der Seele, Freude aber und Trauer wie süße und bittere Speise [...].«
Augustinus

»[...] alles ist sich gegenseitig Symptom.«
Novalis

Von Weimar nach Dessau und weiter

Insofern die Psychoanalyse Entwicklung als lebenslangen Grenzverkehr von Externalisierung und Internalisierung begreift, ist ihr die Idee eines innerseelischen Bedeutungsraumes eingeboren. Dagegen Andy Warhol, der Meister der Serigrafie: »Willst du alles über Andy Warhol wissen, so schau einfach nur auf die Oberfläche meiner Bilder und Filme und auf mich, und da bin ich. Es gibt nichts dahinter« (Inboden, 1992, S. 13). Und an anderer Stelle: »Je öfter man dasselbe sieht, desto mehr verschwindet die Bedeutung, und desto besser und leerer fühlt man sich« (zit. n. Siemons, 1994). Inzwischen sind unsere Lebenswelten selbst zur Serigrafie geworden. Während unsere Drucker die Folien immer schneller ausspeien, ähneln die alltäglichen Erfahrungshorizonte den Überblendungen eines zu schnell laufenden Filmes. Insofern der proteusartige Kulissenwechsel mit seinen medialen Doppelungen und Zerspielungen das uns mögliche Daseinstempo und seine limitierten Verinnerlichungskapazitäten selbst überholt hat, wird aus Warhols Koketterie traurige Prophetie. Während wir auf immer neue Versionen von Benutzeroberflächen gezwungen werden, ist eine innovative Rasanz erreicht, welche wohl die Anpassungsfähigkeit der meisten Lebewesen überfordern würde (vgl. dazu Uexküll, 1983 [1909]). Überall verdunstet das Vertraute in reiner Prozessualität, wo Identisches kaum noch auszumachen ist. Wir stehen gleichsam davor wie bei Warhol und haben kaum noch die Zeit, dahinter zu gelangen, um den Datenwildwuchs einer inneren Bearbeitung zuzuführen. Geradezu heimatlich klingt uns deshalb die Stimme Nietzsches (zit. n. Safranski, 1997, S. 264):

> »Dies ist das, was ich die Verinnerlichung des Menschen nenne: Damit wächst erst das an den Menschen heran, was man später seine Seele nennt. Die ganze innere Welt, ursprünglich dünn wie zwischen zwei Häute gespannt, ist in dem Maße auseinander- und aufgegangen, hat Tiefe, Breite und Höhe bekommen als die Entladung des Menschen nach außen gehemmt worden ist.«

Das Wechselgespräch von Warhol und Nietzsche könnte kontrastreicher nicht sein: bei dem einen ironische Selbstbestimmung von Subjektivität als Niemand über die unmittelbar sinnliche Erfahrung präsentischer Bilder in ihrer reinen Oberfläche, die allenfalls eine Leere deckt mit implizitem Spott über die Polarität von Manifestem und Latentem; bei dem anderen die Idee der Verinnerlichung eines bedeutungsfähigen Raumes, der sich paradoxerweise gerade einem Mangel, nämlich der Absenz von Entladung und Befriedigung verdankt und somit festhält, dass individuelle Menschwerdung und Kulturbildung auch eine Unlustgeschichte sind, die von einer sensorischen und motorischen Einschränkung handelt.

Zwar ist das Verhältnis von Oberfläche und Tiefe, manifest und latent, Sinnesreizen und Bedeutung, Erscheinung und Grund mit dem metaphorischen Konzept eines seelischen Raumes für unsere Alltagserfahrung konstitutiv. In der fortgeschrittenen Moderne aber ist die Relation von Oberfläche und Tiefe, Erscheinung und Wesen eine der progredienten Entkoppelung und Dekonstruktion. Narrationen werden, insofern sie nicht schon in sich zerstückelt und ikonisch reduziert sind,[1] nicht mehr auf Metanarrationen bezogen. In den Worten Wittgensteins (1971 [1945–49], S. 78): »Wir dürfen keinerlei Theorie aufstellen [...,] alle *Erklärung* muss fort, und nur Beschreibung an ihre Stelle treten.« Diese Bewegung findet sich in den verschiedensten Diskursen. So ist in der Kunstgeschichte zu Recht von der »Radikalisierung der Oberfläche« gesprochen worden,

1 Der computeranimierte Film *Shrek 2*, ein Digest aller möglichen Märchen, belegt dies beispielhaft im »Tumult der Gleichzeitigkeit« (Großklaus, 2004, S. 154). In bulimischem Bildergemenge treten u.a. auf: Aschenputtel, Rapunzel, Rotkäppchen, Schneewittchen, gestiefelter Kater, böser Wolf und die drei Schweinchen, Froschkönig, Hänsel und Gretel sowie Pinocchio im Tanga-Slip.

in dem zum Beispiel »die Malerei [...] in ihrer Abkehr von der Mimesis den Begriff einer *nichts als sich selbst präsentierenden Fläche* entwickelte« (Walter, 2002, S. 15; ausführlich: Schneider, 2002). Die Biologen waren erstaunt, mehr Proteine zu finden als determinierende Gene – aufgrund der Selbstorganisation in der zytoplasmatischen Peripherie. Über das genetische Gedächtnis als Tiefenstruktur hat sich die Genexpression als aktualisierte Oberfläche gelegt. In der Physik der komplexen dynamischen Systeme interessiert man sich nicht reduktionistisch, kausal und top down für die Wirkungen klassischer Naturgesetze, sondern bottom up zum Beispiel für die Kräfte, die granulare Systeme formen und für das Quasi-Gedächtnis von Sanddünen mit ihren emergenten Formwechseln (Richter & Rost, 2002). Allenthalben scheint sich Kausalität in Emergenz zu verpuppen. In psychoanalytischen Falldarstellungen ist seit mehr als zwei Jahrzehnten ein Schwinden der kausalen sowie der genetischen Deutung zu konstatieren, an deren Stelle deskriptive, kontextuelle, affektnahe Kommentare getreten sind. Konnten wir an den äußeren Strebepfeilern gotischer Kathedralen noch den Kampf mit der Schwerkraft im latenten Gewölbeschub manifest ablesen und verrät uns das Bauhaus in Weimar mit seinen dicken Mauern noch treuherzig seine Statik, so ist von der transparenten Fassade[2] des Dessauer Bauhauses gerade nicht mehr auf die verborgenen tragenden Teile zu schließen.[3] Die grafische Benutzeroberfläche der Computer schließlich dokumentiert geradezu diesen Kollaps des imaginären Raumes zwischen Oberfläche und Tiefe. Sherry Turkle (1998 [1995], S. 61) zufolge, Psychologin und Wissenschaftssoziologin am Massachusetts Institute of Technology (MIT), hat sich »der traditionelle Wunsch der Moderne, unter die Oberfläche [...] zu schauen, mehr und mehr verflüchtigt.« Dies steht im

2 Sehr in Mode – parallel zur Undurchdringlichkeit der Datenflüsse – ist der Diskurs der Transparenz, nicht nur in der gläsernen Architektur. Durchsichtigkeit ist die wahrscheinlich effizienteste Verschleierung wirklicher Machtverhältnisse. Man unternehme hierzu einen Spaziergang durch das Frankfurter Bankenviertel oder lese Samjatins futuristischen Roman *Wir* (1984 [1920]), in dem in einer absolut rationalen, gläsernen, aber nicht vernünftigen Gesellschaft (vgl. Chasseguet-Smirgel, 1988b [1986]) die archaischsten Rituale und Menschenopfer gedeihen.

3 »Das Tragsystem aus Stahl oder Stahlbeton erlaubt im Unterschied zum traditionellen Mauerwerksbau, wo raumabschließende Wände tragende Bauteile waren, die Unabhängigkeit des Grundrisses von der nur noch Witterungsschutz bietenden Außenhaut [...]. Der fließende Raum, frei von historischen Ordnungsvorstellungen, ist entstanden« (Bofinger, 1991, S. 49).

Gegensatz zu Tiefenepistemologien, die gleichsam räumlich die Relationen von manifest und latent konzeptualisieren, während Turkle (ebd., S. 1) feststellt: »Die Postmoderne dagegen ist eine Welt ohne Tiefe, eine Oberflächenwelt [...], sodass die Erkundung von Oberflächen die einzige angemessene Erkenntnisweise darstellt«, wobei diese Oberflächen nur noch wechselseitig auf sich selbst verweisen.

»Das Ich«, schrieb Freud (1923b, S. 253), »ist vor allem ein körperliches, es ist nicht nur ein Oberflächenwesen, sondern selbst die Projektion einer Oberfläche« und in einer späteren Ergänzung (Freud, 1961, S. 26): »Das heißt, das Ich leitet sich letztlich von körperlichen Gefühlen ab, hauptsächlich von solchen, die auf der Körperoberfläche entstehen.« Die Paläogenese der Oberfläche zum Raum durch die Auffaltung des embryonalen Ektoderms zu Neuralrohr und Gehirn ist eine organische Vorschau auf die kommenden psychischen Entwicklungsaufgaben, ausgehend von flächigen Erfahrungen und Ungetrenntheiten.

Ich möchte mich im Folgenden mit den heutigen Schicksalen des symbolisch elaborierten inneren Raumes befassen – dies im Hinblick auf atemberaubend beschleunigte zeitgenössische Leenswelten mit ihrer Allgegenwart elektronischer Leitmedien, taktiler Benutzeroberflächen, Verlust von Ferne[4] und Absenz zugunsten artifizieller Präsenz, sensorischer Reeskalation, Auflösung von Bedeutung in Erregung und wachsender Dominanz der Bilderfluchten über die Gedankengänge. Ich vermute, dass manch zeitgenössisches Ich eine Tendenz zeigt, sich regressiv wieder in reizoffene, sensorische, recht beliebig rekombinante Oberflächen zu zerlegen, gleichsam in adhäsiver, flächiger, zweidimensionaler Verklebung mit gewissen medialen Doppelgängern. Oder in knapper Abwandlung eines bekannten Zitates (Horkheimer & Adorno, 1969 [1944], S. 6): Schon die Oberfläche war Ich, und Ich fällt in Oberfläche zurück. Der Touchscreen als Leitfossil mag dereinst diese Geschichte erzählen. Schließlich wird der Umstand zu bedenken sein, dass die Psychoanalyse theoretisch und klinisch sich notwendig in diese Dispersion und Erosion der Identitäten verstricken muss, ihnen aber nicht anheimfallen sollte. Diskursgeschichtlich dürfen wir vermuten, dass gerade jetzt Tagungen über die innere Erfahrung von Raum und Zeit oder die Grenzen von Innen und Außen abgehalten werden, weil

4 »Das tiefgestaffelte System von Wahrnehmungshorizonten, das sich radial und abstufungsreich um die individuelle Leibzentrierung herum aufbaut, löst sich auf« (Safranski, 2003, S. 83).

man spürt, wie sehr diese Dimensionen unter zeitgenössischen Bedingungen der Konstitution von Subjektivität verschleifen.

Rückblick

Am 22. August 1938 notiert der todkranke Freud, der zuvor (1940a 1938, S. 135) durchaus von der »Innenwelt« gesprochen hatte, in seiner vorletzten Aufzeichnung: »Psyche ist ausgedehnt, weiß nichts davon« (1941f 1938), S. 152). Seine Nachfolger haben in verschiedenster Weise Konzepte des inneren Raumes erarbeitet (Hartmann, 1975 [1939]; Rapaport, 1960; Sandler & Rosenblatt, 1962; Segal, 1974; Meltzer et al., 1975; vgl. Etchegoyen, 1991, S. 573ff.; Ogden, 1985) bzw. für seine handlungstheoretische Abschaffung plädiert (Schafer, 1982 [1976]). Besonders durch die kleinianische Theorie wurde der innere Raum zur Bühne des lebenslangen projektiv-identifikatorischen Stoffwechsels des Ich mit der Welt der Objekte. Metaphorisch ist dieser Raum als Behältnis innerer Welten der Raumvorstellung Newtons nachgebildet (s. hierzu Ott, 2003, S. 125).[5] So wie in diesem metaphorischen Behältnisraum schon Zweidimensionalität nicht ohne den Abstand mindestens zweier Punkte denkbar ist, birgt er Erfahrungen von Differenz und Getrenntheit als entwicklungspsychologische Narbe unserer Geschiedenheit von den Dingen, also der abgründigen Entfremdung, »Ek-sistenz«, unserem Herausstehen aus der Welt der Sachen: »Man in-sistiert nicht mehr in der gegenständlichen Welt, sondern man ek-sistiert (nun)« (Flusser, 1988, S. 72). Die menschliche Psyche als Doppelgängerwesen beruht auf dem Umstand, dass der Mensch innere und äußere Wahrnehmungen durch Repräsentationen verschiedener Reifegrade doppeln und verräumlichen kann. Die Strukturierung des inneren Raumes verdankt sich der Repräsentierung von Grenzen. Ausgehend von Verschmolzenheiten und transmodalen Sinneserfahrungen muss der junge Mensch sensorische und semantische Differenzen, räumliche Getrenntheiten, zeitliche Intervalle repräsentieren, um seine intu-

5 Schneider (2005) hat auf die Bestimmung des Raumes durch Leibniz »als Inbegriff möglicher Lagebedingungen überhaupt« hingewiesen, wodurch der selbständige Gegenstand »Raum« zu einem Abgeleiteten aus der »Räumlichkeit der Körper« werde. Heuristisch plädiert er in der Psychoanalyse für das Aufgeben eines stets »euklidisch« vorgestellten inneren Raumes zugunsten differenzierter Modelle aus der mathematischen Topologie, um verschiedenen psychodynamischen Vorgängen konzeptuell gerecht zu werden.

itive innere Raumzeit zu entfalten: Scheidung von Innen und Außen (was das Grundproblem jedes Lebewesens ist, hier allerdings auch auf psychischer Ebene), Selbst und Anderer, fort – da, Dauer und Vergänglichkeit, Bejahung und Verneinung, böse und gut. Die vierte Dimension der Temporalität entwickelt sich über zunächst zyklische Erfahrungen und ihre Rupturen, sofern sie ertragen und verinnerlicht werden. Wahrscheinlich ist entwicklungspsychologisch von einer Gleichursprünglichkeit der inneren Raum- und Zeiterfahrung auszugehen. Die Qualität des inneren Raumes ist abhängig von der semiotischen Elaborierung der beteiligten Gedächtnissysteme und dort codiert. Gewiss ist dieser innere Raum nicht nur von symbolischen Repräsentationen bevölkert. Er hat auch Platz für ikonische oder sensorische Erinnerungsspuren, für ein Wechselspiel von Wahrnehmungsidentitäten und Denkidentitäten, Sachvorstellungen und Wortvorstellungen. Allerdings kann er sich selbst nur symbolisch verfasst zur Anschauung bringen.

Die merkwürdige Erfahrung inneren Erlebens ist dem Menschen wohl seit uralten Zeiten eigentümlich. Elaborierte Konzepte des inneren Raumes sind aber späteren Datums (Übersicht bei Ott, 2003). Noch Augustinus wunderte sich über den Bischof Ambrosius, der stumm, also innerlich zu lesen pflegte, während es wohl noch üblich war, im lauten Lesen gleichsam die Stimme des Autors von außen wahrzunehmen (Macho, 2004, S. 8). Augustinus (2002 [397], S. 509) pries sein Inneres, »so weit und grenzenlos [...] in seiner ganzen Tiefe«, und fragte sich in einer frühen Theorie der Verinnerlichung, wie die »sinnlich empfangenen Bilder« (ebd., S. 505) zu Bildern im Inneren geworden sind, was er der Arbeit im »ungeheueren Raume meines Gedächtnisses« (ebd., S. 507) zuschrieb, wobei er das Zeiterleben als »distensio animi« (vgl. ebd., S. 654), als Ausdehnung der Seele bestimmte.

Giottos Versuche der Erzeugung der Illusion räumliche Tiefe auf einer flachen Bildebene (Gombrich, 1996, S. 202) und vollends die Mathematisierung der in der Antike nicht korrekt verfügbaren Zentralperspektive markieren eine sich verändernde Raumerfahrung im Sinne einer Einheitlichkeit (Hauser, 1969 [1953], S. 293),[6] der Kontinuität der Ausdehnung und des darin Enthaltenen.[7] Als mächtige Individualisierungsbewegung inthronisiert die Renaissance das je eigene Subjekt mit seinem distinkten

6 Der Bildraum wurde mit den Worten Panofskys (zit. n. Hauser, 1969 [1953], S. 336) vom »Aggregatraum« zum »Systemraum«.

7 Der Maler Ucello soll mit dem Ausruf »Was für ein Wunderding ist doch die Perspektive!« zu Bett gegangen sein (Gombrich, 1996, S. 254).

Blickwinkel und Fluchtpunkt der Anschauung[8]. Öffnete sie den Raum für den persönlichen Blick in der Außenperspektive, so gilt Ähnliches für die Aufklärung mit ihren Geboten der Selbstreflexion und schließlich besonders für die Romantik mit ihrer Erfindung der Psychologie bezüglich der Innenperspektive. Plötzlich bestimmt sich der Mensch aus seiner Geschichte, äußerlich wie innerlich, kollektiv wie individuell. An die Seite der Welterfahrung trat die Selbsterfahrung[9] (ebd., S. 703), Sinnverborgenheit und Selbstverborgenheit mischten sich zum Gefühl einer allgemeinen Weltverrätselung, der alle möglichen Tatsachen als eine Geheimschrift erschienen mit einer Semiotik des Spurenlesens von E. T. A. Hoffmann bis E. A. Poe und später schließlich zu A. C. Doyle. »Alles Äußere ist ein in Geheimniszustand versetztes Inneres« (Novalis; zit. n. Alewyn, 1982, S. 357). So schuldet die psychoanalytische Abwehrpsychologie der Romantik nichts Geringeres als die Erfindung des Gegensatzes von Manifestem und Latentem, psychischer Oberfläche und abgründiger Tiefe als Urspalt des Bedeutens, aber auch die Entdeckung der Doppelungsnatur des Psychischen in Genese und Funktion, des Ich als ein Anderer, welcher in vielen Texten der Romantik als Doppelgänger umgeht. Indem Brentano (1963 [1801]), S. 258f.) »das Romantische« definiert als »ein Perspektiv«, als »die Bestimmung des Gegenstandes durch die Form des Glases«, ist die Idee der projektiven Genese der subjektiven Realität vorweggenommen.[10] In Selbstverdoppelung, Entdeckung des Unbewussten und der Irrationalität der im Inneren hausenden Gestalten ist der romantische Dichter unser deutender Vorfahre, sodass Hauser (ebd., S. 701) von ihm sagen kann: »[…] kurz, er entdeckt die Grundtatsachen der Psychoanalyse.«

Vom Kubismus wurde der zentralperspektivische Bildraum der Renaissance wieder gestaucht und mehr noch gesprengt zugunsten einer relativistischen Simultaneität (McLuhan, 2002 [1968], S. 141), sodass in den Worten des ahnungsvollen Novalis »alles […] sich gegenseitig Symptom«, also Zeichen ist in einem »vielgestaltigen Relationsraum« (Ott, 2003,

8 »Erst mit der Linearperspektive hörten die Bilder auf, Gott und seine Heiligen auf Erden zu symbolisieren. Sie begannen stattdessen, Ausschnitte einer Natur, wie das Malersubjekt sie eben wahrnahm, Käufern, und das hieß Subjekten der Malerei, identisch zu vermitteln« (Kittler, 2002 [2000], S. 94).

9 »Wir träumen von Reisen durch das Weltall – Ist denn das Weltall nicht *in uns?*« (Novalis, 1798; zit. n. Ott, 2003, S. 130).

10 E.T.A Hoffmann (1999 [1817]) hat dies mit der Augengeschichte in *Der Sandmann* ausgeführt und nebenbei eine mit Bion zu lesende Theorie der Psychose mitgeliefert.

S. 134). Foucault (2001 [1968], S. 21f.) unterschied einen mittelalterlichen Ortungsraum, wo die Dinge ihren festen Platz hatten, von einem unendlich offenen Raum der Ausdehnung, der sich mit Galileis Studien aufgetan habe und wo der Ort einer Sache nur mehr ein Punkt in ihrer Bewegung sei. Heute sei die Platzierung an die Stelle der Ausdehnung getreten, als Nachbarschaftsbeziehung zwischen Punkten oder Elementen, beschreibbar als Reihen, Bäume, Gitter. Tatsächlich erhielt ich neulich die Geburtstagseinladung eines erfolgreichen Businessman, die mit der nicht ironisch gemeinten Angabe schloss: »Meine Koordinaten«. Es folgten Telefonnummer, Mobiltelefonnummer, Faxnummer, E-Mail-Adresse. Könnte es sein, dass moderne Menschen bereits in ihre eigene Verwandlung vom Subjekt zum Individuum und von dort zu nulldimensionalen Koordinaten im Datenraum eingewilligt haben?

Transformierende Doppelungen, Erregungsmilderung

Wenn Medien Wandler, Transformatoren sind, denen die Fähigkeit zur Speicherung, Bearbeitung und Übertragung eignet (Hörisch, 2001, S. 8), dürfen wir uns den inneren Raum mit seinen Agenten selbst als Medium vorstellen. Denn einerseits vermittelt er die ertragene Absenz, unsere Getrenntheit von realpräsenten Objekten, die in der Entwicklung erst langsam zur schmerzlichen Gewissheit wird, mit ihrer Wiederfindung durch Repräsentationen. Repräsentierte Verbundenheit mit dem Getrennten ist der entscheidende Meilenstein in der psychoanalytischen Entwicklungslehre. Andererseits ist er zwischen Reiz und Reaktion, Erregung und Abfuhr, Rezeptoren und Effektoren eingelassen und ermöglicht so Erregungsmilderung und Hemmung sofortiger Entladung. Poetische Überbrückung des Mangels und Mäßigung des Triebhaften gehen hier Hand in Hand. Aus unbedingter Erregungswirtschaft wird aufschiebende Bedeutungswirtschaft. Nichts anderes meinte Freud (1900a, S. 571, S. 607), als er das Denken als einen Umweg zur Wunscherfüllung bezeichnete, indem die unlustvolle Denkidentität die lustbetonte Wahrnehmungsidentität ablöst, was später (Freud, 1923b, S. 300) Verknüpfung der Sachvorstellungen mit den Wortvorstellungen heißen wird.

Der Mensch ist also das Wesen mit dem Vermögen, innere und äußere Wahrnehmungen und vor allem Abwesendes zu doppeln, zu re-präsentieren, wieder-vorzustellen. Diese Fähigkeit ist allerdings nur durch die Umschriften, Transformationen genügend einfühlsamer primärer Objekte zu erlangen. Also durch gutartige Doppelgängerprozesse (Balzer, 2006a), die aber nicht völlig symmetrisch sein dürfen, damit es nicht zu einer affektiven Resonanzkatastrophe kommt wie bei der Borderline-Störung und auch nicht uneinfühlsam asymmetrisch wie bei der Entwicklung eines »falschen Selbst« (vgl. Fonagy, 2001a), wo das Primärobjekt die kindlichen Entäußerungen mit einem falschen Inhalt überschreibt. Die psychoanalytischen Entwicklungspsychologien nach Freud würdigen allesamt diesen mutativen Doppelungsprozesses, von Lacans (1949) Spiegelstadium über Winnicotts (1967) mütterliche Spiegelfunktion, wo das Baby sich so verinnerlicht, wie es sich im Antlitz der Mutter gesehen sieht, zu Bions Metaphorik des Containment (1983 [1970]) bis hin zu Bollas (1987) Konzept des »transformational object«, den mimischen Austausch (Krause, 1998), die Affektabstimmung (Stern, 1992 [1985]). Das Urbild aller Doppelgänger in ihrer potenziellen Zweischneidigkeit ist die Mutter. Die Tatsache, dass in der großen Literatur so viele unheimliche Doppelgänger in malignen Doppelgängerprozessen ihr Unwesen treiben, wo gleichsam die Entgiftung der kindlichen Projektionen gescheitert ist, belegt, dass dieses traumatische Misslingen auch in der Kulturarbeit immer neue Abarbeitung erheischt.

Die Auffaltung des psychischen Raumes aus einer zunächst somato-sensorischen Matrix erfolgt also durch die Transkription des inneren Raumes genügend guter Primärobjekte, Entwicklungsmedien, die wir bisher mit den Eltern gleichsetzten. Die seelischen Wachstumsbewegungen des Ich vollziehen sich in einer Dialektik von Abgrenzung und Gehaltensein, Gewähren und Grenze – und vor allem Anwesenheit und Abwesenheit, Bewahren und Betrauern. Hierher gehört Bicks (1968) sehr präsentisches Konzept der Funktion früher Hautbeziehungen als Urcontainer einer schemenhaften Selbstkohäsion und einer Andeutung von Ich-Grenzen zwischen innen und außen, später von Anzieu (1992 [1985]) als »Haut-Ich« ausgearbeitet; gleichfalls Bions Modell der Relation Container-Contained zur Transformation beta-elementarer Sinnesdaten in Gedanken durch die Alpha-Funktion der Mutter. Das präsentische Befriedigungserlebnis erzeugt ein gutes inneres Nachbild, ertragene Frustration jedoch das Denken von Absenz und böser Grenze. Indem die Primärobjekte projizierte wilde Affekte, schwere Ängste aufnehmen und vorverdauen, können diese dem Kind als seelische Nahrung zur Verinnerlichung rückerstattet werden. Wegmarken beruhigten Innerlichwerdens sind die Demarkation von innen und außen, die Affektregulierung sowie die Akzeptanz der Getrenntheit vom Objekt und seine innere Neuerschaffung in Verbundenheit. Diese Prozesse bedürfen einer stabilen mentalen Bindung, des Reizschutzes, der Affektabstimmung und haben wie alle Stoffwechselvorgänge einen nicht beliebig zu raffenden Zeitbedarf. Außerdem ist die Wiederholung ein Kulturstifter nicht nur im Kollektiven, sondern auch im Kinderzimmer. Nur durch die stetige Objektbeziehung kann sich aus der anfänglich flächigen Begegnung mit Dominanz des Taktilen und Akustischen ein innerer Raum mit Repräsentanzen entwickeln. Die rohen Sinnesdaten protopsychischer Erfahrung, viszeral, akustisch, visuell, taktil, können nur durch mildernde und umformende Doppelung im stabilen Objekt auf immer komplexere Stufen von Repräsentation mentalisiert werden, was als semiotische Progression (Plassmann, 1993, S. 278; dazu ausführlich: Fabregat, 2004) bezeichnet worden ist. Sowohl der kulturelle Raum als auch der individuelle psychische Raum sind die Frucht einer affektiven Deseskalation und Desomatisierung, wodurch das *Unmittelbare* zunächst *mittelbar* und schließlich *mitteilbar* gemacht wird. Kultur ist nicht zuletzt Gestaltung von Abwesenheit im »potential space.«

Zeichen, Bilder, Symbole und die Verneinbarkeit der Dinge

Angesichts semiotischer Regressionen in unserer Kultur der überhitzten Zeichenproduktion muss man sich über einige Begriffe verständigen. Ich folge hier nicht Fonagys (2001b, S. 165) bereits dezidiert symbolischem Mentalisierungsbegriff, sondern einer abgestuften Sicht des Mentalisierungsprozesses (Lecours & Bouchard, 1997) mit Skalen wie Repräsentationsgrad, Symbolisierung, Somatisierung, Verbalisierung, Affekttoleranz und motorische Expression. Heuristisch wertvoll bleibt uns auch – statt der heute üblichen Gleichsetzung von Zeichen und Symbol (Wiesing, 2005, S. 8) – die Semiotik von Peirce, weil sie psychoanalytisch die Scheidung von eher präsentischen, ikonischen Sachvorstellungen von eigentlich symbolischen, absenzvermittelten Repräsentanzen gestattet. Alles kann als Zeichen funktionieren: »A sign is an object which stands for another to some mind« (Peirce, 1986 [1873], S. 66).[11] Er unterscheidet drei Klassen von Zeichen – Indizes, Icons und Symbole –, die alle eine triadische

11 »Nothing is a sign unless it is interpreted as a sign« (Peirce, 1932; zit. n. Wiesing, 2005, S. 38).

Relation verkörpern: Zeichen selbst, bezeichnetes Objekt, mentaler Interpretant. Sie unterscheiden sich jedoch wesentlich bezüglich des Abstandes vom Bezeichneten. Indizes bilden nicht ab, sondern haben eine reale Verbindung zum Bezeichneten: Wegweiser, Rauch als Hinweis auf Feuer, ein Schweißausbruch als buchstäbliche Verkörperung eines Angstaffektes. Icons haben eine *Ähnlichkeitsbeziehung* zu realen oder fiktiven Objekten, wie Bilder, Lautbilder, Tastbilder. Symbole dagegen haben eine interpretative Relation zur repräsentierten Sache ohne physische Verbindung, aber mit der entscheidenden Fähigkeit besonders der sprachlichen Symbole, ihr ganz *unähnlich* zu sein. Dadurch eröffnen sie den Übergangsraum (Winnicott, 1971), den »potential space« (vgl. Ogden, 1985), der somit gleichsam der Zwilling des Abstandes vom symbolischen Zeichen zur Sache ist. In diesem psychischen Raum können symbolische Zeichen in immer größerer Unbildlichkeit, Unähnlichkeit zum Objekt erfunden werden.

Freilich müssen nicht alle Bilder Zeichen sein, so wie es andererseits objektähnliche, bildliche Symbole gibt. Raumbildend ist jedoch die permutative Fähigkeit gerade der Wortvorstellungen, der bezeichneten Sache unähnlich zu sein. Der entscheidende Quantensprung in der Genese des psychischen Raumes ist das Innerlichwerden (wörtlich: Er-innerung) der ertragenen Kluft zwischen abwesenden Objekt und seiner Benennung im Kinderkopf: von der deiktischen Gegebenheit der benannten Sache zwischen Mutter und Kind zur pikturalen Erinnerungsspur und von dort zur freien Verfügbarkeit auch des unbildlichen Zeichens in Abwesenheit aller Dinge. Zwar können Repräsentationen auch ikonisch sein, so wie es ein Denken in Bildern gibt, das aber dem ungemilderten Primärprozess näher steht.[12] Ist aber einerseits das Verneinungssymbol in der individuellen Entwicklung ein Wendepunkt, so wird durch die Funktion der Verneinung (Freud, 1925h) der symbolische Raum gleichsam enzymatisch aufgeschlossen, weil sie »dem Denken einen ersten Grad von Unabhängigkeit vom Zwang des Lustprinzips gestattet hat« (ebd., S. 15). Nur was ich verneinen kann, kann ich mir vorstellen, ohne zu halluzinieren, oder kann es mir wegdenken, obwohl es mir vor Augen ist. In Bions Sicht erzeugt die präsentische positive Realisierung einen unreifen, pikturalen Gedanken (vgl. Bott-Spillius, 1994, S. 342), während die ausgehaltene negative Realisierung zur

12 »Das Denken in Bildern ist also ein nur sehr unvollkommenes Bewusstwerden. Es steht auch irgendwie den unbewussten Vorgängen näher als das Denken in Worten und ist unzweifelhaft onto- wie phylogenetisch älter als dieses« (Freud, 1923b, S. 248).

Symbolisierung des Objektes in Absenz führt. Das »nothing« wird zum Gedanken, anstelle einer Versklavung an das »no thing«, also einer Erfahrung ganz gegenständlicher Leere, die entweder als unerträgliche projektiv ausgestoßen oder aber, wenn sie libidinisiert ist, süchtig mit sehr konkreten Dingen plombiert werden muss (vgl. Bion, 1983 [1970], S. 16f.).

Der symbolische Spielraum mit der Verknüpfung von Sach- und Wortvorstellungen und seiner Dialektik von Anwesenheit des Abwesenden, Abwesenheit des Anwesenden ist also Frucht einer Versagungs- und Verlustgeschichte. Die Narbe des Symbolischen ist die Ahnung von der letztlichen Unerfüllbarkeit des Wunsches, von Grenze und schließlich Tod. Indem es auch das Vorübergegangene, *praeter itum*, ist, enthält es den Keim der Temporalität als einer wesentlichen Dimension des Innerseelischen. Das Symbolische leistet auch wesentliches für die Über-Ich-Bildung (vgl. Kapitel 2, S. 52), denn insofern es Verlassenes oder Zerstörtes wiedererschafft, zeigt es das Kainsmal der Schuld und Ansätze zur Wiedergutmachung zugleich. Es besiegelt unsere Getrenntheit von den Objekten und überbrückt diese tröstlich in Zeit und Raum auf unstoffliche Weise. Hilfsweise schlichtet es den Abgrund, der uns von den Dingen trennt, wie die Dichtung zeigt. Durch das Symbol sind wir getrennt und im psychischen Übergangsraum bedeutsam wieder verbunden. Deswegen gibt es keine wirkliche Beziehung ohne Getrenntheit, die im Symbolischen aufgehoben ist. Außerdem leistet das Symbolische eine Verschiebung des Triebzieles mit dem Ergebnis von Sublimation, Aufschub anstelle von sofortiger Abfuhr, Bindung freier Energie anstelle von Erregungserzeugung und damit die Eröffnung von Denkmöglichkeiten anstelle von Handlungszwängen.

Es gibt in unserer Kultur, die als »Erlebnisgesellschaft« (Schulze, 1993), »Multioptionsgesellschaft« (Gross, 1994) oder »erregte Gesellschaft« (Türcke, 2002) bezeichnet worden ist, untrügliche Anzeichen für ein mediales Absaugen des symbolisch entfalteten inneren Raumes, für Mentalisierungsstopps auf der Ebene ikonischer Sachvorstellungen: irgendwie *repräsentiert, aber unsymbolisiert*. Das Wegbrechen bedeutsamer Repräsentation als Er-Innerung korreliert mit dem Grad der Medienverwahrlosung und der zunehmenden Ikonizität der Lebenswelten. Mancherlei zeitgenössische Idolatrien muten an wie eine Rückkehr zum magischen Bild, in dem Darstellung und Sache noch eins waren.

> »Die im nach-mythischen Bewusstsein vollzogene ›Trennung von Bild und Sache‹ (Cassirer), die Scheidung [...] des unmittelbaren Seins und [...] der

> Bedeutung scheint damit in der elektronischen Inszenierung wieder rückgängig gemacht zu sein. Im elektronischen Abbild verlöre sich der Zeichen-Charakter und damit Distanz, symbolischer Zwischenraum« (Großklaus, 2004, S. 131).[13]

Dies gilt für eine Flut asemiotischer Bilder, die auf nichts mehr verweisen als sich selbst oder, besser gesagt, die direkt andocken am Triebwunsch, an der Suche nach erregten Wahrnehmungsidentitäten, am online gegangenen Reizhunger. Der psychische Raum entweicht im reflektorischen Kurzschluss zwischen Reiz und körpernaher Reaktion. Insofern sich Bedeutung wieder in Erregung auflöst, kann man von einer Lust am Nichtdenken (vgl. Kapitel 2) sprechen. Es ist die Unmittelbarkeit dieser Bilder, »deren Chok im Betrachter den Assoziationsmechanismus zum Stehen bringt« (Benjamin, 1969 [1931], S. 93). Die Semiose, die sensorische Kontaktflächen zum psychischen Raum expandiert und diesen strukturiert, kommt zum Erliegen.

Zersetzungen des Symbolischen

In unseren elektronischen Lebenswelten sind mächtige antisymbolische Kräfte am Werke. Vor allem: die aufdringliche, omnipräsente Ikonizität, Selbstmächtigkeit von Bildern, Klangbildern, Tastbildern; die mediale Vernichtung von Abwesenheit; der Verlust der örtlichen, zeitlichen und entwicklungsimmanenten Intervalle mit Preisgabe des Wartens, des Noch-Nicht als des wesentlichen Spannungsmomentes der Idealbildung und der Frustrationstoleranz; Beschleunigung und Scharfschaltung der beta-elementaren Impulsdichte, die in der verfügbaren Zeit seelisch gar nicht verstoffwechselt werden kann; ferner Simulation und Virtualität als Faktoren von Entwirklichung und schließlich die Auflösung alles Identischen in reine Prozessualität im manischen Takt der Innovationen. Gewiss stehen die flexible Enttraditionalisierung und der Verlust von Ritualen als sozialen Containern (vgl. Haas, 2002 [1995], S. 115f.) gleichfalls auf diesem Blatt.

Der unerbittliche Präsentismus der Objekte schmälert unseren Abstand zu den Dingen und damit den Übergangsraum, in dem die »capacity to be

13 »Das mediale Erlebnis einer unmittelbaren Augenzeugenschaft über Bilder lässt sich somit auch deuten als lustvolle Einebnung symbolischer Differenz und symbolischen Abstandes« (Großklaus, 2004, S. 180).

alone« (Winnicott, 1984 [1958]) gedeiht. Von der Wiege an werden sensorische Modalitäten medial kolonisiert. Schon die Kleinsten stehen unter opto-akustischem Dauerfeuer. Die optische, akustische und haptische Verlötung mit Bildschirmen, Displays, Play-Stations, mobilen Telefonen, Tastaturen und Touchscreens hat adhäsive Qualitäten. Referenzen auf Abwesendes können sich schwer ausbilden. Schockierende und erregende Bilder werden uns mit Sofortwirkung auf Leib und Lust geschrieben, sie gehen gleichsam direkt ins Blut. Imagination mutiert zum Imaging. Das Lebenstempo folgt der Schnelligkeit der aktuellen Prozessorgeneration und erheischt in immer kürzeren Abständen ein Update. Schon Zweijährige verbringen in den USA durchschnittlich täglich zwei Stunden vor dem Bildschirm (Spitzer, 2005, S. 6) in einer »Bildsoße« und »Klangsoße« (ebd., S. 80). Dass dies der neuroplastischen Strukturierung des kindlichen Gehirns abträglich ist, steht mittlerweile ebenso fest wie die Korrelation mit späteren Störungen der Aufmerksamkeit (ebd., S. 51f.). Im Sinne einer »Gerätesozialisation« (Eisenberg, 2000; zit. n. Baier, 2000, S. 211) bedeutet Bemutterung für viele Kinder, an die Steckplätze superschneller elektronischer Geräte praktisch körperlich angeschlossen zu sein, die in Wahrheit Präsenzgeneratoren und Absenzvernichter sind. Diese Apparate müssen auf Knopfdruck, also ohne Ermäßigung der infantilen Omnipotenz, verfügbar sein. Tendenziell tritt Download an die Stelle von Verinnerlichung, Drag & Drop heißt der Beziehungsmodus, Grenze und gar Tod werden scheinbar durch Neustart überwunden. Abstürze und Zerstörungen werden durch die Reset-Taste ungeschehen gemacht, unter der Optionen-Taste verläuft der kulturelle Hauptnervenstrang. Schon in der Grundschule wird – etwa statt Gedächtnisübung durch Gedichtlernen – am PC das Abspeichern in Mediengedächtnisse trainiert. Die Digitalkamera veräußerlicht problemlos, was ehedem Er-Innerung war. Primärbjekte als seelische Doppler und Wandler sind durch technische Medien ersetzt, die der antiken Nymphe Echo nicht unähnlich sind, indem sich computergenerierte Bilder der Fantasie radikal angleichen können – Umgebungsmütter in Gestalt von Spiegelkabinetten. Ironischerweise wird der User seinerseits zur kongruenten Benutzeroberfläche der Maschine und zum mimetischen Doppelgänger der Betriebssysteme. In diesen desorganisierten Doppelgängerprozessen sieht sich das werdende Selbst in Animationen gedoppelt und reinternalisiert sich erregt, aber tausendfach frakturiert. Innen und Außen verschwimmen. Die sensorische Intimbeziehung mit den Apparaten hat viele Züge von autistischen Objekten und autistischen Formen (Tustin, 1980, 1984), sie gleicht Meltzers Charakterisierung der post-autistischen, zweidimensionalen Psyche, wo das Objekt »reich an Oberflächenqualitäten, aber arm an Substanz«[14] ist (zit. n. Schneider, 2005). Virtualität, semantische Entgrenzung und Simulation lassen unklar, welche Realität gilt – und mit welchen Folgen. Durch die Algorithmisierung des Denkens zu Wenn-Dann-Schleifen löst sich seine narrative Logik auf, im binären Code findet es seine neue *lingua franca.*[15]

Die artifizielle Präsenz der Bilder entgeistet Repräsentation zu Sofortmentalitäten durch die »Tyrannei der Echtzeit« (Virilio; zit. n. Kittler, 2002 [1995a], S. 58). Benjamins Begriff der Aura[16] paraphrasierend könnte man sagen: *Sie sind die Erscheinung einer unmittelbaren Tiefe, so oberflächlich sie auch sei und die widerständige Präsenz gewisser Oberflächen, so tief sie auch scheinen.* Im Betriebssystem Windows ist von des Renaissancekünstlers Alberti (1435) repräsentationaler, perspektivischer Metapher des Bildraumes als Fenster auf eine Wirklichkeit nur noch Hohn und Spott übrig: Die Realität des Virtuellen behauptet sich selbst.[17] Räume verwandeln sich in Oberflächen, die Räume simulieren. Vor dem global vernetzten, in seinem Innenleben aber völlig impermeablen Bildschirm sitzt der entortete Mensch.[18] In Bezug auf den virtuellen Raum seiner medialen Objekte verhält er sich selbst entgrenzt und immersiv – dies, obgleich es schon in früheren Epochen immersive Bildwelten gegeben hat, die aber nicht so verlogen nah und total waren (vgl. Wiesing, 2005, S. 107f.).

Das mediale Grundgesetz ist gleichsam nach den Prinzipien des Primärprozesses geschneidert und verstümmeltes Plagiat der Traumarbeit:

---

14 Bei Jugendlichen beliebte Fertiggetränke und Trinkflaschen für den Sport (ohne Flasche geht man ohnehin nicht) kommen jetzt mit einem mundgerechten, versenkbaren Nippel, also einer Industriebrust, die ganz präsentisch und konkret im Sinne der oral-haptischen Ikonizität genuckelt werden kann, ohne dass die abwesende Brust noch zu einem Loch symbolisiert werden müsste, aus dem zu trinken man erst noch lernt. Das ist zwar praktisch, aber auch ein Sinnbild der semiotischen Regression. Tatsächlich: Der Trieb ist die Matrix des Objektes – und umgekehrt. (vgl. Green, 2005, S. 48, 113).

15 »Nur was schaltbar ist, ist überhaupt« (Kittler; zit. n. Bröckling et al., 2004, S. 279).

16 Aura: »Diese […] definieren wir als einmalige Erscheinung einer Ferne, so nah sie sein mag« (Benjamin, 1969 [1936], S. 18).

17 Schon Magritte dürfte repräsentationskritisch Albertis *Fenster* lustvoll zerschlagen haben. Die Verbindungslinie führt vom Bild *Der Sprachgebrauch* (1928/29) mit dem Schriftzug »Ceci n'est pas une pipe« u. a. zu *Der Schlüssel der Felder* (1933) und *Der Abend fällt* (1964).

18 »Die Möglichkeit digitaler Speicherung und Übertragung von Information erreichtet einen Wissensraum, der ebenso verteilt wie menschenlos ist« (Kittler, 2002 [1995b], S. 170).

Verdichtung, Verschiebung, rücksichtslose Darstellbarkeit und keine Zeit für sekundäre Bearbeitung. Die Erregungsapparate fungieren auch als Selbstprothese, um überhaupt ein Gefühl von Dasein und Lebendigkeit zu haben. Daher die Anfälle von Bedrohung und gewaltbereiter Leere, wenn die Bildschirme erloschen sind. Denn wo Frustrationstoleranz und Gewaltbindung mißlangen, schreien die sensorischen Exzitationen nach süchtiger Dosiserhöhung im Rahmen von Resomatisierung und Entsublimierung bis hin zur Erlebnisgewalt. Besonders beliebte gewalttätige Computerspiele werden von der amerikanische Armee zum Abtrainieren von Tötungshemmungen eingesetzt (Spitzer, 2005, S. 207f.).[19] Entladung und Ausagieren sind aber die großen Gegenspieler der Kräfte, die inneren Raum schaffen. Der Amerikaner Jaron Larnier, Pionier von Simulations- und Cyberspacetechnologien, nannte 1990 das Ziel seiner Visionen: »[I want to] make your imagination external« (zit. n. Wiesing, 2005, S. 119). Im Grenzwert bedeutet dies die Überschreibung des inneren Raumes auf Siliziumchips; im Internet expandiert er in Weltenräume und versickert zugleich.

Schließlich dürfte auch eine veränderte »kollektive Zeitorientierung« (Großklaus, 2004, S. 163f.) die Schicksale des inneren Raumes nicht unberührt lassen. Großklaus zufolge öffnete »die lineare Sukzession der Schrift überhaupt erst den Horizont der Geschichte« (ebd., S. 150) und des Nacheinanders. »Im Medium der Schriften scheint das simultane Chaos der inneren Bildwelten gezügelt und gebändigt. Die Zeitgerade diszipliniert den Tumult der Gleichzeitigkeit« (ebd., S. 154). Vermittels der präsentischen Bilder sieht er dagegen eine Gleichzeitigkeit heraufdämmern, die er in den »Raumformen des Netzes, des Mosaiks und der Oberfläche« vorstellt. Als Folge der medialen Vergleichzeitigung durch präsentische Bilder, einer »Kumulation der Anwesenheiten« (ebd., S. 163f.) schrumpfe und dehne sich die Gegenwart zugleich. »Gegenwartsschrumpfung« (Lübbe, 1991)

19 Anno 2005: Zwei Jugendliche treten in Stuttgart einen Obdachlosen zu Tode und verbreiten die Fotos ihrer blutigen Schuhe via Handy; vier Jugendliche filmen in Creußen bei Bayreuth ihre Misshandlungen eines dreizehnjährigen Schülers mit dem Handy (*Rhein-Neckar-Zeitung*, 09./10.07.2005); in England (*Süddeutsche Zeitung, 147* vom 29.06.2005, S. 11) grassiert der Zeitvertreib des »Happy Slapping«: Jugendliche schlagen Unbekannten in öffentlichen Verkehrsmitteln ins Gesicht und stellen die digitalen Fotos ins Internet. Auch angesichts der Kriege, die männliche Jugendliche an Wochenenden auf abgelegenen LAN-Partys führen und der Internet-Videos von Geiseltötungen möchte man heute manchmal statt »Der Krieg ist der Vater aller Dinge« (Heraklit) sagen: Die Medien sind die Mutter aller Kriege.

sei deshalb gleichermaßen Expansion des Gegenwärtigen. Die Kombination von Dichte und Präsenz ist ziemlich symbolisierungsresistent. »Das elektronische Prinzip von Bild, Bildschnitt und Schnittfläche löst das literarisch-narrative Prinzip von Linearität und Intervall ab.« Die Folge sei die »Einebnung aller kulturgeschichtlich eingeübten symbolischen Distanzen« (Großklaus, 2004, S. 147), eine Verflachung des »Tiefenraums der Geschichte« (ebd., S. 172) durch das mediale Verschleifen zeitlicher Intervalle.

Inferno der Möglichkeiten, Macht der Prozeduren

Das antisymbolische Milieu ist auch ein eigentümliches Gebräu aus semantischen Entgrenzungen und prozeduralen Regulierungen. Der real existierende Orwell *(Nineteen Eighty-Four)* steht auf dem Kopf: Spätestens seit der gleichnamigen Realityshow wissen wir, dass wir selbst Big Brother sind. Die semantische Reeskalation (Türcke, 2002, S. 175) verstattet uns jedwede Exhibitionismen und Voyeurismen, doch muss man sich an bestimmte Prozeduren halten, die elektronisch codiert sind und obendrein ein gutes Beispiel für Foucaults (2001 [1973]), S. 39) Ortlosigkeit der Macht. Die ortlose Macht wirkt hier über den Raub von innerem Raum und Zeit, wobei wir zwischen Zeitvernichtungsfeldern (Weyh; zit. n. Baier, 2000, S. 101) wählen dürfen. Die unbestreitbaren elektronischen Lebenserleichterungen werfen auch einen Schatten von Gewalt. Wer die elektronische Fußfessel nicht trägt, nicht eingeloggt ist, keinen Internetzugang hat, sich also nicht mit Updates, Eingabemasken, Abstürzen, fehlenden Verbindungen zum Server, Virenhygiene, Warteschleifen in Hotlines oder menschlichen Virtualgeistern, die ihm per E-Mail *troubleshooting* anbieten, abquält, wird mit Ausschluss und sozialem Tod bedroht. Ein mittlerer Manager findet nach dreitägiger Abwesenheit leicht 300 E-Mails vor. In der ausufernden Bürokratie, einem elektronischen Selbstläufer, sind wir entweder *online* oder hängen in der *Hotline*. Die Macht dieser Teilnahmeverpflichtungen ist ideologiefrei, von niemandem absichtlich erfunden, geschmacksneutral und entspricht in ihren totalitären Zügen mittlerweile dennoch einer eleganten Diktatur der reinen Prozeduren.[20] Sie raubt uns das Kostbarste was wir haben: Lebenszeit. Denn die Rückseite der Glo-

20 Eine kommende Geschichtsschreibung mag einmal von *Windowkratie* sprechen.

balisierung ist Mikronisierung. Der einzelne vor seinem Bildschirm rückt in den Brennpunkt kaum verdaulicher Datenströme. Dies geht einher mit einer partiellen Rücknahme der kulturellen Arbeitsteilung: Durch die elektronische Datenverarbeitung kann jedermann zum eigenen Bankbeamten, Reisebüro, Verwaltungsbeamten, Schriftsetzer werden. Deregulierung des Reizverbrauchs paart sich mit Überregulierung im Bereich der Arbeit: Beinahe alles unterliegt den Pflichten von Akkreditierung, Zertifizierung und Evaluation.[21] Dank der schnellen Elektronenströme können sich alle Systeme und Organisationen in immer kurzatmigeren Rückkopplungschleifen selbst vermessen, was zeitnahe Entscheidungen erlaubt, wenngleich diese häufig notwendig falsch sein müssen und nur die allgemeine Verwirrung, Komplexität und Kontingenz vermehren, weil sie auf Messdaten aus komplexen, nichtlinearen Systemen beruhen, deren entscheidungsrelevante Entwicklungstendenz erst durch Abwarten über ein genügend langes Intervall erkennbar würde. Die zeitgenössischen Steigerungsimperative (Gross, 1994, S. 70) regiert der »ethische Imperativ der Multioptionsgesellschaft«: »Handle stets so, dass weitere Möglichkeiten entstehen.« Der Einzelne wird mit Permanenz-Verboten und Performance-Geboten belegt. Er hat sich selbst als Vertriebssache im Marketing zu sehen, bei ständiger Erreichbarkeit und Realisierungsdruck auf Sendung zu gehen und dabei Selbstoptimierung zu betreiben. Während die Erwachsenen von einer Präsentation zur nächsten hetzen, wird mediengestützte Präsentation, von was auch immer, zum Schulfach. Texte, Protokolle, Rundmails, Papers überwuchern das Denken. Zum Erregungsrauschen gesellt sich ein Bedeutungsrauschen.[22] *Der flexible Mensch* (Sennett, 1998) unterliegt dem normativen Druck, keine zu feste Identität auszubilden, gerade so nicht-identisch zu bleiben, wie es eigentlich einer auf Dauer geschalteten Adoleszenz entspräche. Seine Gedanken muss er per Powerpoint kommensurabel machen, falls er möchte, dass ihm jemand zuhört. Der Begriff des Projektes ist das Zauberwort der Veräußerlichungsgebote. Erste Ideen mausern sich vor der Reife zum Projekt, ruhiges Nachdenken erregt sich zum Brainstorming, das sich in maniformem Mindmapping auf eine Fläche projizieren soll. Die

21 Vielleicht ist der Evaluationswahnsinn der letzte Rest abgesunkener Geschichtsphilosophie. Also der Versuch, doch noch ein optimales, durch und durch vernünftiges Subjekt der Geschichte zu schaffen, wie es seit der Aufklärung allen Bemühungen zum Trotz nicht ausfindig gemacht werden konnte.

22 Tinnitus und Allergien sind zwei große Leiden unserer Zeit.

zunehmende Verhexung menschlicher Arbeit in Datenproduktion, Datentransfer und kaum mögliche Datenverdauung macht auch die Eltern als Container der kindlichen Entwicklung oft unbrauchbar, weil sie selbst in den Datenausscheidungen sitzen wie in einem modernen Augias-Stall. Die elterlichen Container sind zu oft übervoll oder geschlossen.

Die ethische Frage nach dem richtigen Leben wird an den kontingenten Verlauf komplexer dynamischer Systeme gekoppelt, was auf eine Vergottung der Prozessualität, eine Heiligung der Emergenz in einem immer totaleren Präsentismus hinausläuft.[23] Es ist eine Ethik des permanenten Druckes zur Veräußerlichung, nicht des Innerlichwerdens.

Symptome

Daher scheint der Zeitgenosse entweder in seiner hyperkinetischen oder aber erschöpften Version vorzukommen. In letztgenannter erkennt Ehrenberg (*Das erschöpfte Selbst*, 2004 [1998]) in seiner diskurskritischen Analyse mit Blick auf die »Last des Möglichen« (ebd., S. 279) im modernen, projektlosen Depressiven das »genaue Negativ zu den Normen unserer Sozialisation«. Klinisch sehen wir bei Kindern immer mehr Grenzfälle ohne verlässliche Diskriminierung zwischen Innen und Außen, also noch diesseits der Borderline-Pathologie, wo zumindest die Spaltung zwischen Gut und Böse etabliert ist. Es scheint im Panoptikum schwieriger zu werden, Getrenntheit und Verbundenheit mit den Objekten zu vereinbaren. Stattdessen wundert sich eine hyperkinetische Welt über ihre hyperkinetischen Kinder, die durch Selbsterregung oder einen chemischen Verwandten von Ecstasy zur relativen Ruhe kommen. Kinder mit Aufmerksamkeitsstörungen, Sucht nach Bildern oder sensorischen Reizungen, die als Zweithäute fungieren, wo die Selbstgrenzen großporig blieben. Die Kovarianz mit einer desolaten Medienanamnese ist eine klinische Tatsache. Sie jagen befriedigenden sensorischen Wahrnehmungsidentitäten nach, statt unlustvolle Denkidentität im Symbolischen zu ertragen. Diese medienmutierte Schizoidie zeigt disruptive oder fusionäre Züge als zwei Seiten derselben Medaille: entweder ein Rückzug mit autistischen Barrieren oder aber die fusionäre Tendenz, am Objekt zu kleben, unter seine Haut zu kommen. Diese Kinder sind sehr adhäsiv, aber eigentümlich beziehungsarm. Affekte agieren sie aus mit geringer Frustrationstoleranz. Ihre

23 Gross (1994, S. 159) nennt es »panische präsenzpsychotische Mobilmachung«.

Aggressivität ist ein selbsterhaltende (vgl. Glasser, 1998) Erlebnisgewalt, eine Weise von Selbsterregung, die eine notdürftige Selbstkohäsion stiftet, wenn die Sinnesreize ausbleiben. Man darf die Prognose wagen, dass diese Kinder der elektronischen Eskalation erst noch in unseren Erwachsenenpraxen angelangen werden.

Aber auch im Gesellschaftlichen ist das zunehmende Versagen symbolischer Gewaltbindung ein Symptom des Mangels an bergenden, rituellen Räumen, die der Unersättlichkeit des Wunsches durch Grenzkontrolle eine Passage ins Symbolische erlauben könnten. Diese Container sind so zersprungen wie das kollektive Gedächtnis unverbindlich geworden ist. Deshalb erscheint die epidemische Theatralisierung der Haut in Tätowierung, Piercing und Selbstverletzung als selbsterfundenes Ritual, die Initiation einer wenigstens emblematischen Identität, die aber nicht zu ihrem Abschluss kommt, sondern in einer Dauerentzündung des Grenzorganes resultiert, weil sie immer wieder die Unmöglichkeit von Getrenntheit an der Haut selbst dramatisiert, in einer Konfusion und Abfolge von Verwundung und Narbe. Die Graffiti wandern in diesen Neoriten gleichsam im Zweidimensionalen, zwischen Haut und Wänden hin und her, man beschriftet sich und die Welt mit kryptischen Emblemen, die eigentlich eine Suche nach Identität und Namen sind. In manchen Graffiti proklamiert sich das Restich als unlesbare soziale Tapete. Die Schrift kehrt zu ihren vermutlichen Anfängen zurück: als Brandzeichen einer Stammeszugehörigkeit auf der Haut.[24] Wenn im Internet interaktiv virtuelle Identitäten in zerspielter Form ausgetauscht werden (Turkle, 1998 [1995], S. 7f.), ist ein Ende unseres klassischen Identitätsbegriffes in Sicht.

Und der innerseelische Bedeutungsraum? Nicht alles muss ja symbolische Würde erlangen, vor allem nicht in Spiel und Lust. Der Grenzwert von Bedeutung in allem und jedem läge in Paranoia. Meines Erachtens führt jedoch der mediale Entzug des Übergangsraumes tendenziell zu einer Zerlegung des Ich-Selbst-Systems in sensorische Oberflächen mit zweidimensionalem adhäsivem Modus des Kontaktes mit Objekten ohne Tiefe, was in der Sprache Ogdens

24 »Nur was nicht aufhört, wehzutun, bleibt im Gedächtnis; nur mit dem Unterschied, […] daß bei den Ägyptern bereits […] das Schmerzhafte der Erinnerung nicht mehr unmittelbar den Körpern eingebrannt, sondern ausgelagert wird in die symbolischen Formen staatlicher Institutionen und Gesetze […,] eine Symbolwelt von Merkzeichen, die an die Stelle des Körpers getreten sind und die jetzt die Erinnerung nicht mehr in die Haut, sondern ins Herz schreiben […]. Die Schrift tritt an die Stelle des Körpers« (Assmann, 2000, S. 60).

(1988) ein Entgleisen der Balance bei der Generierung seelischer Erfahrung zum autistisch-kontiguösen Pol bedeutet. Der herkömmliche Innenraum entdimensioniert sich dabei zu flüchtigen, sensorisch codierten, zirkulierenden Erregungsoberflächen. Vielleicht sind dies Merkmale eines kommenden, sensorisch entgrenzten, immersiven Menschen, der gleichsam der Schwerkraft im medialen Feld folgt, dabei aber rasch und strategisch in ephemeren, ikonischen Zeichenwelten navigieren kann, Mimesis an asemiotischen Prozeduren leistet und womöglich einen adaptativen Selektionsvorteil gegenüber dem langsamen, altmodischen Menschen mit einem symbolisch entfalteten inneren Raum hat. Unsere Lebenswelten honorieren das prozedurale, nicht das autobiografische Gedächtnis. Dieser Abschied vom langsamen Identitätsmenschen alter Tage lässt bislang nichts Gutes ahnen, vor allem nicht für Gewaltbindung und Entwicklung der kulturstiftenden Fähigkeit zum Schuldgefühl. Eine offensive psychoanalytische Medienpädagogik aber wäre ebenso nötig wie – angesichts der vereinten antisymbolischen Kräfte – vermutlich wenig wirkungsmächtig.

Quantenpsychoanalyse?

> »Zwei Gefahren bedrohen beständig die Welt, die Ordnung und die Unordnung.«
>
> *Paul Valéry*

> »Als wir das Ziel aus den Augen verloren, verdoppelten wir unsere Anstrengungen.«
>
> *Mark Twain*

Und die Psychoanalyse? Sie schwimmt selbst im Strom der Diskurse, manchmal unbemerkt.[25,26] Ihre Behandlungstechnik ist sehr präsentisch ge-

25 Beispiele solcher kultureller, diskursiver Mitbewegungen sind die Ausarbeitung der Objektbeziehungstheorie in Zeiten immer flüchtigerer Objekte und die Epoche der Narzissmustheorien; nicht zufällig lauten die Themen heute: autistische Barrieren, Haut-Ich, Zweithäute, psychische Rückzüge, pathologische Organisationen, Falschheit und Lüge, deadness and aliveness, Mentalisierung, Konkretismus, Theorie des Denkens und Renaissance einer mentalistisch reformulierten Bindungstheorie.

26 Bezüglich des impliziten Selbstverständnisses gab es die allwissende Selbstidealisierung als erratender Detektiv (verbildlicht bis zur Komik z. B. in Pabsts Film *Geheimnisse einer*

worden. Diese segensreiche, affektnahe Vertiefung der klinischen Oberfläche machte nicht neurotische Pathologien überhaupt erst der Behandlung zugänglich. Frühe Störungen sind ja immer auch Pathologien der inneren Raumbildung, der repräsentierenden Prozesse und erfordern deshalb höchste Sorgfalt gegenüber affektiven Bewegungen. Schulenübergreifend arbeiten wohl die meisten Psychoanalytiker im Gegenwartsunbewussten (Sandler & Sandler, 1987). Die Lockerung des Bandes zu Vergangenheitsunbewusstem und Lebensgeschichte wird aber bereits als »ahistorische Behandlungstechnik« (Bohleber, 2003, S. 785) infolge einer »narrativen Wende« (ebd., S. 83) beklagt (vgl. auch Kennedy, 2003). Der technische Wandel wurde von der kleinianischen Objektbeziehungstheorie äußerst verdienstvoll gefördert und von den modernen neurobiologischen Gedächtnistheorien auch untermauert. Der Zusammenhang von aktueller Oberfläche und Genese, Kontext und Grund, hat sich dadurch verkompliziert und verunklart (zur »psychischen Oberfläche« des psychoanalytischen Prozesses ausführlich: Balzer, 1995, 2014 [2000]). Er muss aber expliziert werden können, denn Übertragung ist ein Gedächtnisbegriff.

Im gelockerten Nexus zwischen klinischer Momentanoberfläche und innerer Lebensgeschichte wird aus der Funktion der Deutung die Deutung der Funktionen:[27] Von Augenblick zu Augenblick dreht sich der Prozess um die Achse Externalisierung – Internalisierung in einem digestiven, transformierenden Containermodell. Nosologie und Systematik führen eher ein Schattendasein. Skizzenhaft: Kontextualität statt Kausalität, von der Struktur zur Funktion, vom Wortlaut zum Affekt, von der Gestalt zur Relation. Unter ständiger Berücksichtigung des Angstniveaus werden die Modi vor den Repräsentanzen untersucht, wobei die Störung nach Art einer generativen Grammatik laufend Übertragungen, aber keine gestalthafte Übertragungsneurose erzeugt. Deutung wandelt sich zum affektnahen, deskriptiven Kommentar, der unaufdringlich, aber präzis durch Transformation der Affekte Bedeutungsraum schaffen soll. Zweifellos stellt dies die angemessene Technik bei mangelhafter Mentalisierung dar – mit Schäden für Selbst-

Seele, 1925), die heroische Selbstidealisierung als alles ertragendes, überlebendes und dadurch heilendes Opfer (vor allem im Rahmen der anfänglichen deutschen Rezeption des Kleinianismus). Heute deutet manches auf die Selbstästhetisierung eines hermetischen psychoanalytischen Prozesses.

27 »Die Psychoanalyse schmilzt [...] die unbewussten Zwänge in Optionen um« (Gross, 1994, S. 73).

und Objektrepräsentanzen, Denken, Affekterleben und -steuerung. Es sind Doppelgängerprozesse, in die sich der Analytiker verwickeln muss, um Entwicklung zu ermöglichen (Hinz, 2002). Dies besonders, wenn es um im prozeduralen Gedächtnis niedergelegte, nie repräsentierte und deshalb auch nie verdrängte pathologische Modi geht, die sich nur im Handlungsdialog (Klüwer, 1983) oder *enactment* verlebendigen können. Allerdings nähert sich mitunter (vgl. Fonagy, 1999) die Sicht des analytischen Prozesses einer Logik des Vergessens in dem Sinne, dass prozedural encodierte, pathologische Modi durch mutative Erfahrungen überschrieben werden. Es gibt auch die berechtigte Sorge, das Konfliktmodell werde zu Gunsten eines Defektmodells aufgegeben; dies erscheint nicht etwa als zwingende Fallgrube des Kleinianismus, sondern eher eines eklektizistischen Interaktionismus und des inflationären Gebrauchs der Container-Metapher als Passepartout. Inwieweit außerdem der Übertragungsbegriff in bedenklicher Weise überinklusiv wird, wäre ein gesondertes Thema.[28]

Die einflussreichen behandlungstechnischen Schriften von Ferro (z.B. 2003, S. 163) zeigen beispielhaft die radikale Dekonstruktion der Verbindung zwischen aktueller Narration und Lebensgeschichte. Im Rückgriff auf eine Feldtheorie der psychoanalytischen Situation (Baranger & Baranger, 1961–62) und Arbeiten von Bion begreift er, übrigens wie schon Lewin (1955), das Material des Patienten nach Art eines Wachtraumes, wobei unablässig »in Echtzeit« ein »Film[] aus Alpha-Elementen [...,] nicht erkennbaren Piktogramm[en])« (Ferro, 2003, S. 159), also ikonischen Elementen, in narrative Derivate verwandelt wird, die dem »affektiven Hologramm« (ebd., S. 163) Benennung verschaffen. Somit kann er die Psychoanalyse als die Methode definieren, »die es gestattet, Emotionen in Narrationen aufzulösen« (ebd., S. 162). Mit einer Sicht der Übertragung, die jeweils nur zu einem kleinen Teil aus der Lebensgeschichte und den Phantasmen stamme und »zum größten Teil als *Antwort* und *Reaktion* auf unsere Deutung zu sehen« (ebd., S. 156) sei, erscheint die Zirkularität der Narrationen besiegelt. Durch »ungesättigte« (Ferro, 2002a, S. 69f.) Deutungen und »microtransformations« (Ferro, 2002b, S. 597) soll der Container erweitert (vgl. Ferro, 2003, S. 164) werden: Hier schimmert jener

28 Die Frage ist, ob überhaupt noch etwas übertragen wird, wenn der Patient den Analytiker in seine prozeduralen, nicht repräsentierten Modi verwickelt und sie schlicht entfaltet, wie sie eben sind. Vielleicht wäre hier der Begriff einer unbewussten Aktualmatrix, in welcher Übertragung und Gegenübertragung verschränkt sind, angemessener.

Imperativ der Möglichkeitsvermehrung durch. Ganz gewiss sind Ferros Beiträge für viele klinische Situationen sehr wertvoll. Die Probleme beginnen aber auch hier mit der Generalisierung. Vergegenwärtigung und Transformation muss irgendwann auch Einsicht folgen. Psychoanalyse kann der Scylla und Charybdis von genetischem Trugschluss und unendlichem Prozess nicht entrinnen.

Mittlerweile schickt sich eine andere, längst latente Metapsychologie an, den scheinbaren Hiatus zwischen Behandlungstechnik, Metapsychologie und Biografie zu überbrücken: Dies ist die Theorie komplexer, dynamischer, selbstorganisierender Systeme (vgl. Richter & Rost, 2002; Quinodoz, 1997; Goldberg, 2001; Galatzer-Levy, 2004).[29] Die Genese verwandelt sich in dieser induktiven Sicht zunehmend in Epigenese, wobei in den Begriffen von Rückkoppelung, Attraktoren, Iteration, Rekursivität, Selbstähnlichkeit, Fraktal[30], nichtlinearen Differenzialgleichungen, Konnektivität (vgl. Turkle, 1995, S. 207f., 479, 490f.; Olds, 1994), Emergenz[31] gedacht wird. Tatsächlich sind ja auch schon Freuds geniale Begriffe von Überdeterminierung und Nachträglichkeit die zwei Schaltstellen der kausalen Nichtlinearität im Psychischen,[32] auch wenn seine Zeit für diese theoretische Ausarbeitung noch nicht reif war. Die Theorie der komplexen dynamischen Systeme ist der Dynamik des menschlichen Seelenlebens wahrscheinlich auch angemessen. Obwohl sie klinische Aktualität und Genese scheinbar noch mehr entkoppelt, vermag sie vielleicht den Tiefenraum der individuellen Geschichte neuartig auszuloten.

Allerdings könnte sich durch die narratologischen und die komplexdynamischen Diskurse eine Kluft ganz anderer Art öffnen: Sie verliefe zwi-

---

29 »That requires that everything can be bracketed as a local metanarrative with local rules and thus be scrutinised« (Goldberg, 2001, S. 127).

30 Eine Küstenlinie hat eine fraktale Struktur. Sie hat »der Art viele Ecken und Kanten, dass ihre Länge *de facto* nicht mehr als Länge gemessen werden kann, sondern schon mehr zu einer Fläche tendiert.« Die genaue Bestimmung ihrer Dimension tendiert von einer Linie (D=1) zu einer Fläche (D=2), ist also eine gebrochene, nicht ganzzahlige Dimension (Richter & Rost, 2002, S. 87).

31 »Selected fact« ist eine Emergenz im mentalen Prozess des Psychoanalytikers.

32 Tatsächlich macht es in einem lebendigen, selbstorganisierenden System wie der menschlichen Psyche nur Sinn, von Kausalität zu sprechen, wenn man *delta t* gegen Null streben lässt. Bei jeder Vergrößerung des Messzeitraumes verschwimmt die Kausalität aufgrund des Zusammenwirkens von Reizschwelle, mehrfacher Einwirkung (Überdeterminierung) und rückkoppelnder Nachträglichkeit.

schen wissenschaftlicher Wahrheit und psychoanalytisch-therapeutischer Pragmatik. Wir wären damit in guter Gesellschaft. Hawking (1996 [1990], S. 93f.) spricht von praktisch genügend guten »operativen Theorien«, wenn es bei makroskopischen Systemen mit enormer Teilchenzahl unmöglich ist, die eigentlich wahren, fundamentalen quantenmechanischen Gleichungen zu lösen, was nichts anderes heißt, als dass man sich beim Bau von Wasserrohren mit der klassischen Strömungsmechanik bescheidet.

Eine psychoanalytische Behandlungstechnik, die inneren Raum schlechthin nur schaffen kann, indem sie den Prozess in steigender Bildauflösung immer feiner rastert, immer mikroskopischer zoomt, quantelt und das Gestalthafte dekonstruiert, darf sich dennoch nicht in einer Proliferation deskriptiver, rekombinanter, zirkulierender, *nur lokal tiefer Oberflächen* zersetzen (zum Stichwort »psychische Oberfläche« vgl. Balzer, 1995, 2014 [2000]). Sie muss die Gefahren von Rekursivität und unendlichem Regress (vgl. Turkle, 1995, S. 89) im Auge behalten. Sonst könnte der psychoanalytische Geltungsanspruch als einer umfassenden Theorie des menschlichen Seelenlebens in einer Praxis des reinen Prozesses auf dem Spiel stehen. Sie braucht den ständigen Blickwechsel zwischen Makroskopie und Mikroskopie. Wenn die Deutungstechnik den psychischen Raum offenhält, ihm aber auch Form, Grenze und Temporalität gibt, kann das Gewebe der Narrationen und Affekte eine verinnerlichungsfähige Bedeutungstiefe erlangen.Vermutlich ist auch die Übertragung nicht immer total. Eher noch totalisiert sie sich in Abhängigkeit von bestimmten Gegebenheiten wie Regressionstiefe, Ich-Reife, Angstniveau, Mentalisierungsgrad und Qualität der Selbstgrenzen und dem davon abhängigen Ausmaß des projektiven Druckes. Nicht alles ist Spaltung oder Identitätsdiffusion. Es gibt auch heute noch Übertragungen von Repräsentanzen nach dem Modell der Verschiebung. Statt einer behandlungstechnischen Einheitsoberfläche bedürfte es deshalb der kontinuierlichen Prozessdiagnose und einer *theoretischen Ausarbeitung der technischen Differenzialindikationen.*

Wenn das psychoanalytische Denken sich in infiniter Prozessualität ohne ein Identisches außerhalb dieser auflöste, würde es selbst zu einer Maske unserer Zeit. Statt raumschaffend zu sein, bliebe es Geisel endloser Gegenwärtigkeit. Um sich auf die präsentische Explosion der Affekte, Texte und Oberflächen einzulassen, ohne angesteckt zu werden, braucht es selbst ein funktionierendes Immunsystem. Dieses besteht wesentlich im festgehaltenen, dialektischen Bezug auf auch außerhalb des Prozesses existierende Dimensionen wie Konflikt, Triebtheorie, Biografie, Nosologie und sogar soziale Realität. Denn behandlungstechnische Mikronisierung kann auch in einen endlosen Dialog münden, der eben keinen integralen Bedeutungsraum zwischen Genese und Aktualisierung formt und dem Patienten nicht zu seiner inneren Geschichte verhilft. Von den Bewegungsmustern einer Ameise auf einer kleinen Sanddüne, die dem Beobachter so verwickelt und intelligent erscheinen (vgl. Turkle, 1995, S. 433), obwohl das Tierchen nur wenige Neurone hat, nimmt man an, dass dieser intentionale Eindruck lediglich infolge einfacher, lokaler Antworten auf eine komplexe Oberfläche entsteht.

»Schau einfach nur auf die Oberfläche meiner Bilder ... Es gibt nichts dahinter«: nur eine entschieden präsentische, tief oberflächliche, mikrologische Psychoanalyse, die zugleich im Makrologischen und Vergangenen sicher verankert ist, kann dies Dahinter zu einem Bedeutungsraum weiten, ohne sich selbst zu entgrenzen, zu entgründen und zu zerstreuen. Mit einer kurzen Wechselrede möchte ich auch enden.

A: Warum diese Komödie, jeden Tag?

B: Der alte Schlendrian. Man kann nie wissen ... Diese Nacht habe ich in meine Brust geschaut. Darin war eine kleine Wunde.

A: Du hast dein Herz gesehen.

B: Nein, es lebte ... *Ängstlich.* A!

A: Ja.

B: Was geschieht eigentlich?

A: Irgendetwas geht seinen Gang.

Pause

B: A!

A: *gereizt* Was ist denn?

B: Wir sind doch nicht im Begriff, etwas zu ... zu ... bedeuten?

A: Bedeuten? Wir, etwas bedeuten? *Kurzes Lachen.* Das ist aber gut!

Die Sprecher sind Clov und Hamm in Becketts *Endspiel* (1969 [1956], S. 53).

(2005)

4 Symbolisierung als Repräsentation von Getrenntheit

Ein Auslaufmodell?

Die symbolische Dimension

Man hat den Menschen zurecht ein *animal symbolicum* genannt. Das Symbolische bedeutet unsere Welt, es legt sie aus, indem es Abwesendes re-präsentiert, wieder-vorstellt. Es ist nicht sein Abbild, keine ikonische Maske des Objektes wie oftmals das Imaginäre, Pikturale. Es hat sich weitgehend vom Gegenstand gelöst, ist nicht sein Abziehbild, sondern Bedeutung gewordener Abstand. Das Symbolische trägt wie eine Narbe die Ahnung von der Unerfüllbarkeit des Wunsches, der selbst auf Anwesenheit, Vergegenständlichung, Verkörperung und Realisierung drängt, auf »Suppenlogik mit Knödelargumenten«, wie es bei Freud (1915a 1914, S. 315) so schön heißt. Das Symbolische aber macht die Unmittelbarkeit unserer Erfahrungen und unseres Trieblebens mittelbar und mitteilbar, dadurch findet unser reizoffenes Nervensystem eine kulturelle Hülle. Es verkörpert kraft Entkörperlichung. Anders als etwa Erinnerungsbilder oder Traumbilder gehört es ins Reich der Denkidentität, nicht der Wahrnehmungsidentität, um erneut mit Freud (1900a, S. 571, 607) zu sprechen. Es besiegelt unsere Getrenntheit von den Dingen und überbrückt eben diese in Zeit und Raum auf unstoffliche Weise. Mit seinem Objekt hat es keine physische Beziehung, so wenig wie etwa die geschenkte Rose mit der Liebe selbst. Es ist dem Objekt ganz unähnlich. Das Symbolische markiert und schlichtet hilfsweise den Abgrund, der uns von den Dingen trennt, wie die Dichtung zeigt. Das Abgründige der Existenz, des Herausstehens, also die unaufhebbare Fremdheit zwischen uns und der Welt der teilnahmslosen, schweigenden Dinge.

Es leistet aber noch mehr. Im Symbolischen ist eine Verschiebung des Triebzieles gelungen, mit dem Ergebnis von Sublimation, also eine emotionale Deseskalation – wichtig für die Steuerung der Affekte und die Frustrationstoleranz. Denkmöglichkeiten treten an die Stelle von Handlungszwängen. Im Symbolischen haben wir die psychische Erregungswirtschaft gegen eine Bedeutungswirtschaft eingetauscht, erst diese Erregungsmilderung macht Kultur möglich, im Großen wie im Kinderzimmer. Das Symbolische ist triadisch organisiert: Bezeichnetes, Zeichen, mentaler Interpretant, nicht binär wie zum Beispiel ein bezwingendes affektgeladenes Erinnerungsbild, das einen Körperreiz doppelt oder heraufruft. Es hat eine Geschichte, weil es Er-Innerung ist, dadurch in sich die Zeitlichkeit birgt. Und Symbole enthalten das Präteritum, wörtlich das Vorübergegangene, das wieder da ist, ohne anwesend zu sein: Anwesenheit des Abwesenden und Abwesenheit des Anwesenden zugleich. Es ist die innere Wiedererschaffung einer Welt, von Objekten, die außen verloren gegangen sind, derer wir sensorisch gerade nicht oder nie mehr habhaft werden können. Derart sind wir von der dinglichen Welt getrennt und mit ihr bedeutsam wieder verbunden. Die Genese des Symboles ist deshalb auch eine Versagungsgeschichte. Sie hängt zutiefst mit der ertragenen Frustration, dem Vermissten und der Trauer zusammen. Einen konkreten Apfel kann ich inkorporieren, internalisieren kann ich aber nur die Repräsentation eines Apfels. Außerdem sind viele Symbolisierungen für die Über-Ich-Bildung grundlegend. Wenn ich etwas selber verstoßen habe, mich von ihm gewaltsam getrennt oder es beschädigt habe und es trauernd symbolisch neu erschaffe, trägt das Symbol ein Mal der Schuld. Prozesse von Symbolisierung hängen also auch mit der Ausbildung der kulturstiftenden Fähigkeit zu Schuldgefühlen zusammen. Das menschliche Innerlichwerden – altmodisch: Innewerden – läuft über symbolische Prozesse. Deshalb gibt es ohne Symbole keine Kultur, aber auch keine Neurose ohne Symbolisierung. Wo das Symbolische verstummt, können die toten Dinge zu wunderlichem und beängstigendem Leben erwachen: »Wenn diese schweigen werden, so werden die Steine schreien« (Lk 19,40). Bion (1956) hat über den Horror der bizarren Objekte und die semiotische Kernschmelze des Konkretismus geschrieben, wo Gedanke und Ding wieder eins werden. Fast überflüssig zu sagen, dass auch die Selbst- und Objektrepräsentanzen symbolisch kodifiziert sind. Im Sinne der alten Triebtheorie ist im Symbolischen die freie Energie in gebundene überführt, womit sich denken lässt, anstelle von Erregungserzeugung und deren Abfuhr. Die Speicherorte des Symbolischen liegen im deklarativen, episodisch-autobiografischen und semantischen Gedächtnis, nicht im prozeduralen.

Symbolgenese

Der entwicklungspsychologische Weg zum Symbolischen ist weit. Freud: »Das Ich ist vor allem eine körperliches, es ist nicht nur ein Oberflächenwesen, sondern selbst die Projektion einer Oberfläche« (1923b, S. 53). Der innere psychische Raum ist also nicht mitgeboren, er muss über den inneren Raum genügend guter Primärobjekte aufgefaltet werden. Über deren Einfühlung, ihr Verstehen, ihr Aufnehmen primitiver psychischer Inhalte, wilder Affekte, schwerer Ängste können diese entgiftet, transformiert und zu seelischer Nahrung werden, die wieder verinnerlicht wird. Dazu bedarf es einer stabilen mentalen Bindung, der Affektabstimmung, des Reizschutzes und vor allem eines sequenziellen, einigermaßen geordneten Nacheinanders, also der zeitlichen Intervalle, wie bei allen Stoffwechselprozessen. Außerdem des Repetitiven, wie ja die Wiederholung auch ein Kulturstifter ist, im Großen wie in der kindlichen Entwicklung. Nur durch diese stetige Objektbeziehung kann der innere Raum sich entwickeln. Wobei am Anfang eine flächige Begegnung steht, Berührung, Taktiles, Akustisches eine große Rolle spielen und ein Haut-Ich als eine Art von Proto-Container entsteht. Die frühe psychische Erfahrung ist vor allem durch die Wahrnehmung roher Sinnesdaten gegeben: akustisch, visuell, olfaktorisch, viszeral, propriozeptiv, senso-motorisch. Erst durch die Beziehung zum Anderen können diese Erfahrungen auf immer komplexere Stufen von Repräsentation übersetzt werden, was auch als semiotische Progression bezeichnet worden ist. Das heißt nichts anderes als fortschreitende Desomatisierung.

Man kann den Menschen auch als das Wesen mit dem Vermögen definieren, äußere und innere Wahrnehmungen zu doppeln, zu re-präsentieren, wieder-vorzustellen. Diese Fähigkeit ist jedoch nur über die Umschriften, die Transformationen der hilfreichen Primärobjekte zu erreichen. Diese Doppelungsschleife ist menscheitsgeschichtlich uralt und bleibt über das ganze individuelle Leben hin wirksam. Es handelt sich um gutartige Doppelgängerprozesse (Balzer, 2006a), die allerdings nie ganz symmetrisch sein dürfen, damit es nicht zur Resonanzkatastrophe (Borderline) kommt, aber auch nicht schief, weil dann dem Kind ein Selbstverlust droht mit Entwicklung eines falschen Selbst, indem die Pflegeperson den kindlichen Entäußerungen einen falschen Inhalt unterlegt. Das Urbild aller Doppelgänger ist die Mutter. Dass es in der großen Literatur von malignen Doppelgängern wimmelt, also gescheiterten Doppelgängerprozessen, wo gleichsam die Entgiftung der kindlichen Projektionen nicht gelungen ist, ist eine erstaunliche Tatsache. Sie zeigt an, wie traumatisch dieses Misslingen empfunden wird. So sehr, dass diese Tragödie auch in der Kulturarbeit – wie alle Traumata – immer wieder neu abgearbeitet wird.

Selbstverständlich sprechen wir hier von Mentalisierung. Allerdings nicht im Sinne von Fonagy, der sie als ein symbolisches Vermögen (Fonagy, 2001b, S. 65) begreift. Ich sehe dies als einen Grad von Mentalisierung, der bereits sehr hoch ist. Vorläufige Kohäsion eines Innen gegenüber dem Außen ist der erste Akt im Drama mentaler Selbstwerdung. So ist ja auch das Haut-Ich als erste, schemenhafte Selbstgrenze schon eine sensorische Hülle von Mentalisierung, die sich der nachdrücklichen Präsenz der Pflegeperson verdankt. Ebenso wie die mimische Abstimmung zwischen Baby und Mutter, ohne dass hier Symbolisierung sensu strictu schon im Spiel wäre. Semiotische Progression heißt, dass immer komplexere Stufen von Repräsentation erreicht werden. Etwa vom psychosomatischen, buchstäblichen Verkörpern eines Angstaffektes in einem Schweißausbruch hin zum Bildlichen; wenn zum Beispiel ein Kind in einer Sitzung unvermittelt erinnert, wie es vor Jahren beinahe von einem Hund gebissen worden wäre, so ist dies die pikturale Repräsentation eines gerade eben auflebenden Angstaffektes. Die innere Suchmaschine hat dieses Erinnerungsbild als erinnerungsfähig erkannt, um die momentane therapeutische Situation wie in einer Traumbildung vorzustellen. Durch einen zweiten, interpretativen Akt, durch den der bissige Hund wieder Geschichte wird, kann diese ikonische Erinnerung in eine sprachlich-symbolische transformiert werden: »Du hast Angst vor mir.«

Der englische Forscher Robert Peter Hobson (zit. n. Dornes, 2005, S. 77f.) hat auf eine kopernikanische Wende im Alter von neun Monaten hingewiesen. Jetzt ist das Baby in der Lage, ein drittes Objekt im gemeinsamen Gesichtsfeld mit der Mutter zu fixieren, statt nur auf Mutters Zeigefinger zu schauen. Es ist zufrieden, wenn dieses Objekt benannt wird. Dies ist sicher ein wesentlicher Schritt für die Symbolisierung. Dennoch spricht vieles dafür, dass für die Symbolbildung neben der Benennung das Verschwinden des Objektes, zum Beispiel eines Apfels, die Objektdistanz, ja die Absenz sehr wesentlich ist – für die Verwendung des sprachlichen, symbolischen Zeichens »Apfel« in Abwesenheit aller essbaren Äpfel. Getrenntheit zwecks Fortsetzung der Verbundenheit durch bedeutungsvolle Repräsentationen ist ein entscheidender Quantensprung in der psychoanalytischen Entwicklungslehre. Die Objektdistanz eröffnet einen Möglichkeitsraum, in dem Symbole für das Abwesende erfunden und in verschiedenen Permutationen und Relationen benutzt werden können.

Man kann die Doppelgängerprozesse auch medientheoretisch begreifen. Medien sind Wandler: Sie nehmen auf, wandeln und übertragen. Also: Um das Unmittelbare mittelbar und dann mitteilbar zu machen, bedarf es der guten Mittler: Medien, die auch jene giftigen Affekte aufnehmen und überleben, die auflodern, wenn es zum unvermeidlichen Entzug des begehrten Objektes kommt. Das Symbolische verdankt sich einem abgestuften Spiel von Präsenz und Absenz.

Präsenzmedialer Absenzverlust

Unsere heutigen serigrafischen Lebenswelten mit der sensorischen Omnipräsenz von kurzschlüssigen Bildern, Klangbildern, Tastbildern sind der Entwicklung von Symbolisierung und bezogener Getrenntheit nicht zuträglich. Sie nähern sich immer mehr dem primärprozesshaften Bildschnitt von Videoclips an. Sinnstrukturen, also Referenzen auf Abwesendes, können sich schlechter ausbilden. Unser Lebenstempo wird immer mehr von der Schnelligkeit der letzten Prozessorgeneration diktiert. Von der Wiege an sind die Kinder mit rasanten elektronischen Medien konfrontiert. Gerade die kulturell weniger Begüterten und Behüteten befinden sich unter opto-akustischem Dauerfeuer (vgl. Käppner, 2005). Die verschiedenen Objekte sind aufdringlich gegenwärtig im Sinne von Präsenzmaschinen und Absenzvernichtern. Die Eltern als Medien sind vielfach durch andere Medien ersetzt. Für viele Kinder heißt Objektbeziehung, an superschnelle elektronische Geräte praktisch körperlich angeschlossen und mit ihnen verklebt zu sein. Diese Doppelgänger haben etwas von der antiken Nymphe Echo, die immer nur dasselbe zurückhallt. Mehr noch: Das Echo ist den Wünschen listig antizipierend abgelauscht. Viele Kinder wachsen so mit einer proteusartigen Umgebungsmutter auf. Computergenerierte Bilder können sich den Fantasieobjekten radikal angleichen. Es sind sozusagen desorganisierte, chaotische Doppelungen, als ob man in einem Spiegelkabinett ständiger Innovationen unterwegs wäre. Zugleich findet eine Art Vergottung des Prozessualen statt, in der nur noch schwer etwas Identisches wiederzufinden ist, an dem man sich orientieren könnte. Beschleunigung, Entgrenzung, Virtualisierung (welche Realität gilt eigentlich?),

Simulation, die allgemeine totale Deregulierung der Reizkonsumption haben oft die psychische Bedeutung eines Gehäutetwerdens und führen zu einer semantischen und sensorischen Erregungsreeskalation sowie zu einer Resomatisierung, was man zum Beispiel auch an vielen sogenannten Wagnissportarten erkennen kann. Wenn die Reize ausfallen, ist Selbsterregung Trumpf, Langeweile und Mangel, wo das Symbolische zünden könnte, werden nicht gefördert und ertragen. In der elektronischen Erregungsbranche sind die Bilder allgegenwärtig, gestalthafte Handlungsnarrative (etwa wie in Märchen) finden sich nur noch in Zerstückelung – wie in dem beliebten Film *Shrek 2*, der ein Fast-Food-Mix verschiedener dekonstruierter Märchen ist. Symbolisches Denken wird wieder in atemloser Bilderlogik vergegenständlicht. Es verstärkt sich mitunter der Eindruck, dass das klassische Ich sich wieder in sensorische Oberflächen zerlegt, die in vielfältiger Weise mit immer neuen Benutzeroberflächen verlötet sind: Tastaturen, Touchscreens, Bildschirme. Das Ganze hat eine bulimische Dynamik, weil es Suchtcharakter hat und der Objektverbrauch hoch ist, aber wenig innen drin bleibt. Kairos wandelt sich zur Machbarkeit des *just in time*, eines Kennzeichens jeder Sucht. Wobei aber die Entwicklung schon in Richtung des Haptischen geht, wo Tastaturen, Benutzeroberflächen eine große Rolle spielen. Immer ist der dingliche Kontakt ein unmittelbarer, was auch keine Ermäßigung der infantilen Omnipotenz fördert, weil alles auf Knopfdruck funktionieren muss. Dabei werden die Benutzer ironischerweise zu mimetischen Doppelgängern der Maschinen und ihrer Betriebssysteme.

Der intermediäre Raum schrumpft. In diesem müsste das Kind für sich sein, in der Getrenntheit, und doch mit der Welt oder den Objekten innerlich verbunden. Stattdessen laden die modernen Geräte- und Medienumwelten zu adhäsiven Identifizierungen mit äußeren Objekten ein, deren Entzug nur noch mit Wut, Frustration oder gar dem Gefühl des Selbstverlustes beantwortet werden kann. Denn sehr häufig sind diese Apparate psychisch auch Selbstanteile, sie dienen der Selbsterregung, um überhaupt ein Gefühl des Daseins zu sichern: *»Sentio, ergo sum«* (Türcke, 2005, S. 195). Download tritt an die Stelle von Verinnerlichung, Drag & Drop an die Stelle tieferer Beziehungen, Optionen ohne Reue ersetzen verantwortliche Entscheidung und ertragenen Verzicht, garniert von der oralen Metaphorik der elektronischen Menüs mit ihrem Versprechen schier unbegrenzter Möglichkeiten; schließlich winkt anstelle von Scheitern, Trauer und gar Tod: Neustart. Das kurzgefasste ethische Betriebsgeheimnis einer solchen kulturellen Mentalität fände mühelos Platz auf der Reset-Taste. Die Objekte sollen möglichst zuverlässig und widerstandslos funktionieren, aber dennoch nicht zu viel Bedeutung erlangen.

Die Rede von der täglichen Bilderflut ist nicht falsch, leidet aber an einer gewissen ikonoklastischen Unschärfe. Überhaupt ist ja der Bildbegriff selbst in der gegenwärtigen akademischen Diskussion heiß umkämpft (vgl. Belting, 2000, 2001; Großklaus, 2004; Wiesing, 2005). Es trifft durchaus zu, dass Bilder grundsätzlich das vergleichzeitigen können, was in der Linearität der Schrift eines nach dem anderen daherkommt. Aber selbstverständlich meinen wir bezüglich der Zersetzungen des Symbolischen durch die Toxizität medialer Bilder nicht etwa ein Tafelbild Giottos, das eine symbolische Geschichte erzählt, oder gar alle bewegten Bilder insgesamt. Lars von Triers Film *Dogville* etwa zeigt paradigmatisch, wie eine minimale Kulisse eine symbolische Welt im Kopfe des Betrachters erzeugt. Die antisymbolische Zersetzungskraft medialer Bildwelten resultiert vielmehr erst aus der Summation von radikaler, historisch beispielloser Vergleichzeitigung, artifizieller Präsenz und erzwungener oder vorgetäuschter Antisemiose. Durch Letztere leugnen die Bilder, Zeichen für etwas anderes zu sein, oder lassen nicht zu, dass sie es werden. Sie gehen direkt ins Blut, stehen nur für sich selbst; sie selbst und das Nervenecho sind eins im Sinne einer »Visualität ohne Bedeutung« (Wetzel, 2004, S. 176).[1] Dies trifft besonders zu für Bilder gewalttätigen oder sexuellen Inhalts. Sie werden wieder vom *»Medium der Erinnerung«* zum *»Medium der Verkörperung«* (Belting, 2000, S. 147) in einem ganz wörtlichen Sinn: Als asemiotische Bilder, die über Affektlogik gar nicht hinauswollen, halten sie als Nichtgedanken den gebannt Zuschauenden in Mitverkörperung gefangen. Ihr somatischer Wiedererkennungswert schöpft aus der Wahrnehmungsidentität, aus dem präzisen Matching erweckungshungriger Affekte in bewegter Echtzeit. Alle Verstetigung durch Narration wird von Simultaneität aufgesaugt. Radikale Vergleichzeitigung auf allen Kanälen, Anschlüssen und Sinnen führt zur Implosion des Anderswo ins Hier, der unmittelbaren Zukunft

1 »Es geht vor allem darum, im Stichwort oder genauer gesprochen *Ideal* des Bildes eine spezifische Widerständigkeit des Künstlerischen gegen die informelle Raserei einer *bloßen Visualität ohne Bedeutung* in den elektronischen Medien und der von ihnen beeinflussten Medienkunst zu postulieren […]. Mit dem Siegeszug der Echtzeitübertragung des Aktualitätsmediums Fernsehen wird auf eine gewaltsam scheinende Weise die historische Reflexionsleistung der *Pictura* vom technischen Fortschritt abgekoppelt und das auschließliche Kriterium *Sichtbarkeit* beginnt das, was das Bild zu leisten imstande ist, von innen her auszuhöhlen« (Wetzel, 2004, S. 176).

ins Jetzt – und alles ist gleich wieder verschwunden, dem nächsten Bildschnitt oder Tastendruck zum Opfer gefallen. Begriffliches, symbolisches Denken wird auf die Stufe gesteuerter Affektlogik heruntergefahren, als Prämie winkt Affektaktualisierung. Im mal schwimmenden, mal flackernden Blick auf die präsentische, reine Visualität vertritt der Nystagmus den verlorenen Fixpunkt, den auch irrlichternde Hyperkinese nicht wiederfindet. Vergleichzeitigung in schnellen, artifiziell präsenten Bildern, die eine semiotische Ausarbeitung nicht zulassen, bedeutet, besonders in optionaler Vernetzung mit anderen offenen Kanälen – Mobiltelefone, Play-Stations, Music-Player – nichts anderes als programmierte Aufmerksamkeitszersetzung. Hingegen: »Im Medium der Schriften scheint das simultane Chaos der inneren Bildwelten gezügelt und gebändigt. Die Zeitgerade diszipliniert den Tumult der Gleichzeitigkeit« (Großklaus, 2004, S. 154).

Das eigentliche Seelenleben ist ja uranfänglich limbisches, amygdales Affektleben. Denken ist zunächst ein Bilderdenken (Freud, 1923b, S. 248), Bildlogik eine deutlich verbesserte Fassung nackter Affektlogik. Traum und Tagtraum erzählen davon, wie eine innere Suchfunktion bei eben den Bildern anhält und sie kapert, die sich zur Visualisierung des aktuellen Affektes eignen: Wahrnehmungsidentität. In einem langen phylo- und ontogentischen, zerbrechlichen Prozess legt sich darüber das begriffliche, symbolische Denken, die Denkidentität – aber nur als ein allzeit dünner Firnis, den die wilde mediale Visualität mit Leichtigkeit auflöst.

Im Echtzeitpräsentismus der medialen Welt kommt der Spielraum für die Absenz abhanden. Und damit auch für die Verneinbarkeit der Dinge, die so grundlegend für die Genese des Symbolischen ist. Denn nur was ich verneinen kann, kann ich mir auch vorstellen, ohne zu halluzinieren, und nur was ich verneinen kann, kann ich auch wegdenken, durch die Kraft meiner befreienden Vorstellung. Der neue Typus scheint mehr von einem immersiven Charakter zu sein, indem er gekonnt und gewitzt in der Flut der Daten und Medien navigiert, ohne zu tiefe Beziehungen zu entwickeln. Er folgt seinen Reflexbögen, den Kurzschlüssen zwischen der medialen Apparatur und seinem Selbst. Für Bedeutung hat er wieder Erregung eingetauscht, so wie es die allgegenwärtigen Steigerungsimperative (Gross, 1994) unserer Kultur verlangen. Wir wissen nicht, ob dieser Typus heute besser adaptiert ist als der symbolisch organisierte Mensch mit einer reichen Innenwelt. Vielleicht wird dies sogar zu einem Selektionsnachteil angesichts so vieler prozessualer Innovationen, wo man mit einem falschen Selbst oder als hyperalerter Grenzfall zunächst so schlecht nicht fährt.

Mitunter haben wir es hier mit einem Stop der Mentalisierung auf einem bestimmten Niveau zu tun; sei es, dass in weiten Bereichen sensorische Erfahrungsweisen dominant bleiben. Infolge der Allgegenwart von Bilden als montierten Affektdoppelungen gibt es aber auch einen Stop der Mentalisierung auf der Ebene: zwar bildhaft, ikonisch repräsentiert, aber unsymbolisiert (vgl. Kapitel 2, S. 45, 53); ohne sinnhaften Bezug auf einen metanarrativen Kontext, auf Temporalität, Geschichte. Damit ist auch die Getrenntheit vom Objekt nur rudimentär erlangt, es bleibt eine süchtige Abhängigkeit bestehen.

Auch die Eltern ihrerseits sind häufig überfordert. Manchmal sind sie selber medial verwahrlost. Auf der anderen Seite wird menschliche Arbeit, wie bereits festgestellt, immer mehr in Datenproduktion, Datentransfer und Verdauung von Daten verhext, sodass die elterlichen Container oftmals geschlossen oder besetzt sind, weil die Erwachsenen selber in den Daten-Ausscheidungen sitzen wie in einem modernen Augias-Stall. Die in alle Ritzen dringende Diktatur der reinen Prozeduren, von Bürokratismen, in denen sich die elektronischen Apparate selbst quicklebendig inszenieren, raubt ihnen inneren Raum und Lebenszeit. Als »flexible Menschen« (Sennett, 1998) erleben die Erwachsenen den imperativen Dauerstress von Selbstmanagement und Selbstoptimierung; sie stehen unter dem normativen Druck, eben keine zu feste Identität auszubilden, also so nichtidentisch zu bleiben, wie es eigentlich einer auf Dauer geschalteten Adoleszenz entspricht – nicht aber einer wünschenswerten elterlichen Haltung.

Grenzfälle ohne Borderline

Klinisch sehen wir auch bei Kindern immer mehr Grenzfälle, womit ich nicht Borderline-Fälle meine, die zumindest eine Spaltung zwischen Gut und Böse etabliert haben. Fast regelmäßig haben sie eine desolate Medienanamnese. Bei diesen Grenzfällen ist die primäre Aufgabe jedes Lebewesens – nämlich eine verlässliche Diskriminierung zwischen Innen und Außen, hier auf der Ebene einer psychischen Grenzziehung – noch nicht gelungen. Es scheint in der eben beschriebenen Welt schwieriger zu werden, Getrenntheit und Verbundenheit mit der Welt der Objekte miteinander zu vereinen. Stattdessen wundert sich eine hyperkinetische Welt über ihre hyperkinetischen Kinder, die durch dasselbe Psychostimulans zu relativer Ruhe kommen, das mittlerweile erfolgreich zur Behandlung Kokainsüchtiger eingesetzt wird (*Neue Zürcher Zeitung* vom 27.09.2005), über Aufmerksamkeits- und Konzentrationsstörungen, eine Sucht nach Bildern oder nach sensomotorischen Erfahrungen, auch akustischen, die die Funktion von Zweithäuten übernehmen, wo die Selbstgrenzen großporig geblieben sind. Es sind Kinder, die süchtig auf der Suche nach befriedigenden sensorischen Wahrnehmungsidentitäten sind, statt die unlustvolle Denkidentität im Symbolischen aushalten zu können. Sie zeigen häufig ein disruptives oder fusionäres Bild, was zwei Seiten derselben Medaille sind. Also entweder eher einen Rückzug mit autistischen Barrieren, oder aber die fusionäre Tendenz, am Objekt zu kleben und intrusiv in es hinein zu gelangen, weil man Getrenntheit niemals zu ertragen lernte. Diese Kinder sind ausgesprochen adhäsiv, aber eigentümlich beziehungsarm. Ihre Affekte können sie praktisch nur psychodramatisch und agierend darstellen. Ihre Frustrationstoleranz ist gering. Hierher gehört auch ein Agieren, dass ich als Erlebnisgewalt bezeichne und das eine Form von Selbsterregung ist, wenn die Reize ausbleiben und die Bildschirme erloschen sind. Ich glaube, dass viele Selbstverletzungen, die uns heute so viele Sorgen und Probleme machen, auf diesem Blatt stehen, weil viele Riten und Regeln als haltende Container, die unersättliche Wünsche durch Grenzkontrolle ins Symbolische weiterbefördern, zersprungen sind. Wie schon gesagt (Kapitel 1, S. 33; Kapitel 3, S. 74): Das Agieren mit der Haut in Tätowierung und Verletzung ist nicht selten ein selbsterfundenes Ritual; eine Initiation, die nicht zu ihrem Abschluss kommt, sondern in einer Dauerentzündung des Grenzorganes endet, weil sie immer wieder die Unmöglichkeit von Getrenntheit an der Haut selbst dramatisiert, in einer Konfusion und Abfolge von Verwundung und Narbe. Schrift, uranfänglich ein Identitätszeichen (Türcke, 2005, S. 48f.), mutiert zu Grafitti, schreit so eine vergebliche Namenssuche öffentlich auf die Wände und wandert als Durchbohrung, Schnitt, Tattoo auf den Körper, die menschheitsgeschichtlich früheste Schreibfläche, zurück: eine verzweifelte Zueignung zu idolatrischen, medialen Stammesgottheiten; wenigstens eine Spur, wenn doch alles so schnell gelöscht wird (vgl. ebd., S. 195). Angesichts der in Machart und medialer Inszenierung eskalierenden jugendlichen Gewaltakte (z.B. »Happy Slapping«, vgl. *Süddeutsche Zeitung, 147* vom 29.06.2005, S. 1) ist der Hinweis auf ihre relative Seltenheit als statistisches Randphänomen schiere Apologie. Das Prisma zerlegt sich immer vom Rande her. Eine heuristisch sinnvolle Frage darf daher nicht nur auf Häufigkeiten zielen, sondern hat sich dem Rätsel zu widmen, wie eine Kultur zuinnerst beschaffen ist, die eben solche Phänomene in ihrer Mitte erzeugt.

Behandlungstechnik

Die psychoanalytische Behandlungstechnik auch bei Kindern muss sich auf diese veränderten psychischen Organisationen einstellen und hat dies auch schon getan. Überhaupt dürften verschiedene theoretische Bewegungen der psychoanalytischen Diskurse Reflexe auf kulturelle Entwicklungen gewesen sein. Dies gilt für die Ausarbeitung der Objektbeziehungstheorie in Zeiten, wo die Objekte immer inkonstanter und flüchtiger werden, ferner die Narzissmustheorien, so wie heute nicht zufällig autistische Barrieren, Haut-Ich, Zweithäute, psychische Rückzüge, Falschheit und Lüge, Lebendigkeit und Totsein, Mentalisierung, Konkretismus, Theorie des Denkens sowie eine Renaissance der Bindungstheorie die verhandelten Themen sind.

Wir können bei diesen Kindern nicht mehr mit neurotischen Strukturen rechnen, wo ein Niveau zwar pathologischer, aber doch symbolischer Repräsentanzen erreicht ist, an deren Korrektur wir arbeiten. Vielmehr ist der ganze Prozess der Mentalisierung in verschiedenen Bereichen stehen geblieben, mit Schäden für Selbst- und Objektrepräsentanzen, Affektsteuerung und Denken. Es handelt sich um im prozeduralen Gedächtnis niedergelegte, nie repräsentierte, also auch niemals verdrängte pathologische Modi der Beziehung oder Nichtbeziehung zu sich selbst oder dem Objekt, die nur als *enactment* in der Behandlungssituation greifbar werden, in der unbewussten Aktualmatrix von Übertragung und Gegenübertragung: Tatsächlich muss sich der Analytiker hier wie ein leibhaftiges Elternteil verwickeln lassen, um durch Analyse seiner Gegenübertragung und entsprechende Interventionen Entwicklung (Hinz, 2002) zu ermöglichen. Der Analytiker sollte also gutartige Doppelgängerprozesse ermöglichen, über die dann die notwendigen Transformationen und Reifungen laufen können. Technisch geht es nicht darum, auf einer makroskopischen Ebene Inhaltsdeutungen zu geben, gar im Sinne einer Kausalität der Verbindung von Gegenwart und Vergangenem. Vielmehr wird der Kinderanalytiker deskriptive, kontextuelle, affektnahe Kommentare wählen, die auf einer mikroskopischen Ebene gleichsam von Moment zu Moment das unbewusste Geschehen affektnah benennen, so Wörter und Metaphern zur Verfügung stellen, die überhaupt erst als Nahrung für eine fortschreitende Mentalisierung tauglich sind. In der therapeutischen Situation muss der psychische Raum erst entwickelt und durch eine sowohl unaufdringliche wie sehr präzise Interventionstechnik offengehalten werden, damit er durch Internalisierung zum inneren Raum dieser Kinder aufgefaltet werden kann. Selbstverständlich finden auch hier Übersetzungen, Umschriften und Transformationen im Inneren des Therapeuten statt. Hier ist das Laboratorium, das einen Übergangsraum bereitstellt, wo sprachlich verfasste Verbindungen und Getrenntheiten sich bilden können.

Wo das Symbolische noch gar nicht etabliert ist, kann psychoanalytische Therapie zunächst nicht in der Aufhebung von Verdrängung und dem Ziel eines revidierten Erinnerns bestehen. Statt gleich Ermöglichung von Erinnern zu sein, ist sie hier paradoxerweise durchaus auch Ermöglichung von Vergessen. Und zwar eines Vergessens in folgendem Sinn: dass nicht repräsentierte, traumatische Erfahrungen und agierte Modi, Schemata gleichsam vergessen werden können zugunsten einer verinnerlichten, Wachstum ermöglichenden neuen Erfahrung.

Dies ist kein Vergessen im geläufigen Sinn, sondern einer Geschichte, die immer Gegenwart geblieben war, buchstäblich körperliche Gegenwart. Man darf aber dabei nicht vergessen, dass Übertragung ein Gedächtnisbegriff ist. Nur wenn die notwendige behandlungstechnische Mikrologik nicht ihrerseits zum Dauerbrenner freischwebender Kontextualität und rein präsentischer Prozessualität wird und dadurch in die Sackgassen unendlicher Analyse läuft, wird sie überhaupt erst zur Möglichkeitsbedingung lebensgeschichtlicher Makrologik. Nur dann formt sich eine symbolische Geschichte und mit ihr die Chance eines schmerzlichen, tröstlichen, mäßigenden Selbstverstehens sowie einer immer schon beschädigten Identität, die ihre Geburtsfehler erträgt und gestaltet.

(2005)

5 Eyes Mind Shut

Die Krise der Bildlichkeit und die Verkümmerung der symbolischen Repräsentanzen

»›Wenn es eine Sache ist, die einige Überlegung erfordert‹, bemerkte Dupin, indem er es unterließ, den Docht anzubrennen, ›dann tun wir besser daran, sie im Dunkeln zu prüfen.‹«

Edgar Allan Poe, Der entwendete Brief

Bildermachen

Äußere und innere Bilder sind *anschauliche Vergegenwärtigungen*. Als Versuch, Vergängliches zu speichern, sind sie eine menschliche Maßnahme gegen Abwesenheit, Trennung und Tod, aber gerade die hyperpräsenten Bilder unserer Alltagswelten sind selber äußerst schwindsüchtig. Zwar müssen die Bilder zunächst dem rein Somatosensorischen abgewonnen werden, doch wird das Körperliche von den audiovisuellen Bildwelten wieder angesaugt. Nicht nur gattungsgeschichtlich markiert das Bildermachen den Übergang von der tierischen, körperlichen In-Sistenz in der Welt zur Ex-Istenz, einem Zurücktreten, das bedeutsame Bildlichkeit anstelle purer Visualität zur Anschauung bringt (Flusser, 2003 [1988], S. 72)[1]. Diesen Schritt zur Ein-Bildung, zur Re-Präsentation erkennen wir schon in steinzeitlichen Höhlenzeichnungen, in Tätowierungen und Körperbemalungen, wo immer eben die Haut allererster Malgrund und Schreibfläche war (Türcke, 2005, S. 35ff., 55ff.; Assmann, 2000, S. 60). Auch das Kleinkind muss mithilfe verstehender, repräsentierender, genügend gutartiger Doppelgänger, lebendiger Medien, als welche bislang die Eltern fungierten, nackte sensorische Daten, verstörende Affekte transformieren. Es muss das Vorpsychische, was (de Bianchedi, 2005, S. 1533) mit einem glücklichen Ausdruck »sub-thalamischer Terror« (»sub-thalamic terror«) genannt

1 »Diese menschliche (mysteriöse) Fähigkeit zum Zurücktreten, zum Subjekt-Werden, zum Existieren, heißt ›Einbildungskraft‹ und sie hat Folgen. Ein Abgrund der Entfremdung öffnet sich zwischen dem Menschen und der objektiven Welt« (Flusser, 2003 [1988], S. 72).

wurde, erregungsmildernd in Vorstellungen piktografieren und weiter verstoffwechseln. Dieser uralte Metabolismus läuft lebenslang. Menschen generieren dabei psychische Erfahrung in Doppelgängerprozessen über den projektiv-introjektiven Grenzverkehr (vgl. Balzer, 2006a). Zudem gehen alle Vorstellungen als Wieder-Holungen ursprünglich auf Wahrnehmungen zurück (Freud, 1900a, S. 571). Der »sensory floor« (Ogden, 1988, S. 41) des Psychischen besteht in taktilen, auditorischen, visuellen Empfindungen, die ikonisch encodiert (Fabregat & Krause, 2008, S. 80) und zu höheren Repräsentationen transformiert werden. Und zwar nicht nur in nächtlicher, sondern auch in tagtraumartiger innerer Bildarbeit. Solche mentalen Bilderströme sind Rohmaterial symbolischen Denkens. Formallogisches Denken ist gleichsam die Magerstufe des bildlichen Wachtraumes. Primäre Ikonizität ist dem Objekt isomorph wie eine Maske; sekundäre Ikonizität verleiht dieser Maske eine in symbolischen Kontexten verkehrsfähige Bedeutung: vom Lautbild »Uhu« als phonetischer, primär ikonischer Dopplung des Vogels selbst zu dessen Bild, das in sekundärer Ikonizität beispielsweise »Weisheit« metaphorisiert (ebd., S. 79). Metaphern gehören zum Reich der sekundären Ikonizität, also der symbolischen Bilder. Schließlich: »Die sekundäre Ikonizität kann als Katalysator fungieren, der bildgesteuerte Wahrnehmungen und Affekte in Repräsentationen, die mit Worten verbunden werden können, umwandelt« (ebd.).

Bildermachen ist für die Bildung des inneren Raumes grundlegend. Doppelung der Dinge durch sensorisch-ikonische Wahrnehmung mit Gedächtnisspeicherung: das ist der Keim aller Separation. Erst die Verschränkung von Getrenntheit mit Repräsentationen führt vom Unmittelbaren des Empfindens über das Mittelbare des Wiedervorstellens zum Mitteilbaren im Sprachsymbol. Getrenntheit von der schieren Faktizität der Welt draußen, aber auch von den inneren Bildern kraft der antihalluzinatorischen Verneinungsfunktion (Freud, 1925h) – es ist nicht real, was ich innerlich sehe. Gast (2008) unterscheidet treffend innerhalb der Verneinung ein Attributionsurteil, das entlang der Skala von Lust/Unlust bzw. Einverleiben/Ausstoßen die Diskrimination von Innen und Außen fördert, von einem Existenzurteil, das bloße Vorstellungen von realen Wahrnehmungen scheidet. Dies alles ermöglicht einerseits Desomatisierung, andererseits Deeskalation des unmittelbaren sensorischen Tumultes. Es eröffnen sich Übergangsraum und kulturelle Sphäre, die ja überhaupt ein antireflektorischer Verzögerungsraum ist – oder war; mit schließlich dem Denken als Umweg, der gebremsten *Denkidentität* anstelle von lustvoller, angst- oder kampfbereiter *Wahrnehmungsidentität*

(Freud, 1900a, S. 07). Der Preis von Innerlichwerden und Entladungshemmung aber ist das Unbehagen in der Kultur (Freud, 1930a).

Bilder – wenn sie denn mehr sind als Sichtbarkeiten – re-präsentieren. Sie gestalten etwas Abwesendes, ohne es selbst zu sein. Dies gilt sogar für gegenstandslose Bilder, die ein Sujet dementieren, wenn sie im Betrachter je nach assoziativem Kontext innere Bilder auslösen. Dadurch eignet ihnen Bildlichkeit, ihrem anikonischen Charakter zum Trotz. Der Ort dieser Bildlichkeit liegt nicht in der Bildfläche, sondern im mentalen Leben. Gerade weil eigentliche Bilder gleichsam durchsichtig sind, sieht man durch sie etwas von sich selbst, das sich transformieren und fortspinnen läßt. Dadurch bilden sie Neues, diesseits oder jenseits des Gesehenen. Im bürgerlichen Begriff der Bildung hat sich das niedergeschlagen. Bildlichkeit wäre also das Vermögen – trotz ihrer kompakten Materialität – durchsichtiger Bilder, Vorstellungen, Gedanken über das zu erzeugen, was sie eben nicht zeigen. Deshalb sind die offensivsten medialen Bilder zugleich auf eine widerständige Weise undurchsichtig, antisemiotisch. Ihre Wirkung besteht gerade nicht in transformativen Bedeutungsketten, sondern in der erregten mentalen Synkope: *eyes wide, mind shut*[2]. Sie schlucken den aufgestörten Blick. Sie vergleichzeitigen das diskursive Nacheinander der schriftlichen Linearität. Wenn Bildlichkeit paradoxerweise auch in allem besteht, was an den Bildern selbst unsichtbar bleibt, so lässt sich vermuten: Je größer die nackte Visualität, desto stärker schwindet die Bildlichkeit. Damit sind wir bei unserem Zeitalter der Sichtbarkeit und einer zugleich undurchdringlichen Transparenz angelangt.

Transparenzkult

Unsichtbarkeit war eine der Eigenwilligkeiten Gottes. Sie legitimierte ihn insofern, als er andernfalls ja nicht Gott gewesen wäre. Unsere Zeit aber vergöttert die Sichtbarkeit. Unsichtbar zu sein grenzt an die soziale Höchststrafe. Der Himmel hat sich entleert und die Bildschirme haben sich bevölkert. Sie sind die Altäre dieser idolatrischen Visualisierung. Das kommune Betriebssystem heißt ins Deutsche übersetzt »Fenster«,

2 Kubricks Film *Eyes Wide Shut* beginnt mit dem traditionellen Eros der Enthüllung des verborgenen weiblichen Körpers. Er endet mit dem verbum brutum *fuck* (vgl. Danckwardt, 2007).

gemeinerweise, denn nach draußen geht es nicht. Die Aufklärung, selbst schon eine Lichtmetapher, leuchtet vom Display. Alles muss in einer Form der Visualität evident werden, zumindest als Schaubild, um sich überhaupt als wirklich zu beglaubigen. Im Siegeszug der Optik hat sich der notorisch reizoffene Mensch einer Transparenz zu verschreiben, die auch eine Verdunkelungstrategie ist. Denn der Teufel, der einem nur selten höchstselbst erschien und den die aufklärerische Geschichtsphilosophie als Besserungsanstalt zur Strecke bringen wollte, hat sich in viele Unterteufel zerlegt, die sich schwer qualitätsmanagend und qualitätssichernd austreiben lassen und die sich der Transparenz widersetzen. Daraus resultiert eine postmoderne Visualisierungswut, gekoppelt mit einem geradezu apotrophäischen Transparenzkult,[3] der immerzu in geheimnislosen Bildern gestaltete, lichtvolle Tatsachen zu sehen wünscht und dem ein lichtschneller USB2-Anschluss ersetzt, was vielleicht einmal Direktkontakt mit Gott im Gebet war. Qualitätsmanagement heißt die neue Zivilreligion, sie ist der letzte Rest vom lieben Gott und den Trümmern der Geschichtsphilosophie mit ihren säkularisierten Heilsversprechen. Dabei lässt der Evaluationswahn als Exorzismus gegen das Schlechte oft kaum noch Zeit und Raum, das Gute zu tun. Bedeutungsvolle Dunkelheit als Medium von Absenz, Nichtwissen und Langeweile soll nicht mehr einkehren. Ein nicht abreißender Strom ikonischer Sinneseindrücke, Bilder, Klangbilder, Tastbilder powert ein elektrifiziertes Lebensgefühl, das der alte Analogmensch, der auch ein Mangel- und Hungermensch war, nicht kannte. Wo Gottfried Keller (*Abendlied*, 1968 [1879]) noch dichtete, »Augen, meine lieben Fensterlein ... Lasset freundlich Bild um Bild herein«, neigen innere und äußere Welt zur Verschmelzung in einem Plasma.

Die Liste der Alltagsverbilderung ist lang. Digitale Bilder sind das Hegemonialmedium unserer Kultur des Präsentismus. Kein Mobiltelefon ohne Kamera; Webcams, Digicams, iPods, Television, Displays an allen möglichen Gebrauchgegenständen, Touchscreens, Laptops; digitale Bilderrahmen als letzter Schrei: Erinnerung wird durch diese Bildautomaten seriell veräußerlicht, präsent ohne innere Repräsentation. Die Bildschirme werden vielleicht einmal die Leitfossilien unserer Epoche sein und die zahllosen, verschiedenen Ladegeräte, die jetzt schon mit ihren krausen Kabeln die Trödelmärkte erobern, das abgesunkene kulturelle Plankton. Was nicht

3 Transparenz als radikal rationale und deshalb erschreckend archaische Staatsreligion einer Welt aus Glas wurde in Samjatins (1984 [1920]) Roman *Wir* dargestellt.

in PowerPoint visualisiert ist, kann vom Simultanmenschen kaum noch gehört werden, und sogar die beiden ehrwürdigen Tageszeitungen *Frankfurter Allgemeine Zeitung* und *Neue Zürcher Zeitung* haben mit Bildern die sogenannten Bleiwüsten ihrer Titelseiten aufgefettet.

Wahre Begebenheiten

Ein mir bekanntes deutsch-französisches Paar, dessen zweisprachig und deshalb etwas sprachverzögert aufwachsendes, 18 Monate altes Töchterchen noch kaum »Mama« und »Papa« sprach, erschrak auf einer Parisreise, als aus dem nächtlichen Dunkel ein rotgelbes Logo auftauchte und das Kind vom Rücksitz sich vernehmen ließ: »McDonald«. Ein anderer, keineswegs ungebildeter Vater installierte im Fond seiner Limousine vor der Sommerreise einen DVD-Spieler, damit der sechsjährige Sohn sich auf der Fahrt durch die Alpen nicht langweile. Eine Gruppe Jugendlicher verursacht einen apokalyptischen Frontalzusammenstoß, wunderbarerweise ohne Schwerverletzte, einer der Jungen entsteigt dem zertrümmerten Auto, zückt sein Handy und macht als erstes ein Foto vom »geilen Crash«. In Tat und Wahrheit aufmersamkeitsgestörte, hyperkinetische Mütter schieben joggend in dreirädrigen Kinderwagen ihre Babys mit Blick nach vorne, ihnen schon früh eine Abundanz von Bildern im Cinemascope-Format bietend, aber ohne aufmerksamkeitszentrierende Prädizierung der gesehenen Objekte. Ein Computerspiel übersetzt in Echtzeit die Eigenbewegungen des Spielers bei Tennis oder Boxen auf den Bildschirm. Im Wochenendkrieg der LAN-Parties bekämpfen sich Bataillone junger Männer hinter ihren Laptops. Beim »Happy Slapping« werden Unbekannte in der Öffentlichkeit geschlagen und hernach die Handyfotos verschickt oder ins Netz gestellt. Wer sich getraut, am Abend den Fernsehsender DSF einzuschalten, kann beim Wrestling etwa den Undertaker, ein zotteliges Anabolikagebirge mit Schlapphut, sehen, der mit Kniestößen, Hals- und Kopftritten zeigt, so der sachliche Kommentar des Sprechers, wie man einen Gegner fertigmacht, während um den Ring Grundschüler mit fiebrig faszinierten Gesichtern und leuchtenden Augen hocken. Gleichzeitig läuft wenige Tastensprünge weiter das Video der sogenannten Münchner U-Bahn-Schläger. Bilder als eine Regieanweisung, die auch Darsteller findet. Danach darf man auf Pro Sieben bei der pseudowissenschaftlichen Sendung *Galileo Mystery* anschauen, wie sogenannte Ingenieure die

»ideale asiatische Waffe« ermitteln, mit Wurfsternen, Ketten, Schwertern, berstenden Bambusstöcken den Kopf eines Dummys zerschmettern und die Kraft in Kilopond angeben, die man braucht, um, so der Text aus dem Off, einen Schädel zu zertrümmern. Was geschieht beim Konsum solcher im Doppelsinn kopfzerstörenden Bilder? Vergessen wollen wir hier auch nicht die längst globalisierte Ikonografie junger, angeblich zorniger und politisierter Männer, die, je nachdem, ihre Macheten oder Sturmgewehre ins Bild recken und dabei in ihren Hip-Hop-Hosen, Sneakers, Kapuzen und Pudelmützen so sonderbar glücklich und triumphal dreinschauen.

Diskursive Reflexe

Der Kopf scheint vielfach anders zu funktionieren als bisher. Am Mentalitätswandel haben die neuartigen Bilder zumindest ihren Anteil. *Human mind* wird sich entlang dekonstruktiver, erosiver Prozesse selbst problematisch. Der heißlaufende Mentalisierungsdiskurs in der Psychoanalyse, Theory of Mind als mentalisierte Bindungstheorie (Fonagy, 2001b) und das Interesse an Symbolisierung bezeugen die Sorge, die Menschen könnten das innere Repräsentieren verlernen und sind zweifellos ein Krisensymptom. In Zeiten explodierender Massenproduktion und -konsumption mit prekär werdender Objektbindung vollzog die Psychoanalyse eine objektbeziehungstheoretische Wende. Wo jetzt alle Dinge massenhaft medial gedoppelt, Bedeutung schaffende, einfühlsame Doppelgänger in der Primärsozialisation aber rar werden, manchmal zugunsten einer »Gerätesozialisation« (Eisenberg; zit. n. Baier, 2000, S. 211) gerade in sogenannten bildungsfernen Schichten, scheint Mentalisierung selbst kritisch zu werden. Containment und besonders Transformation sind zu Zentralbegriffen der psychoanalytischen Behandlungstechnik aufgestiegen, und manchmal leider auch zum Passepartout. An die Stelle des Paradigmas der Aufhebung der Verdrängung tritt die Transformation protopsychischer Inhalte, die niemals symbolisiert werden konnten und die sich durch Dringlichkeit, Konkretheit, Bedeutungsarmut, interpersonellen Manipulationsdruck, sensomotorische Handlungsnähe, prozedurale, implizite Gedächtniskodierung und einen »psychic equivalent mode« (Fonagy & Target, 2007)[4]

4 »[…] with *psychic equivalence* everything is ›for real‹. We have thought of psychic equivalence as the equation of the internal with the external. There can be no differences

zu erkennen geben, dem die äußere Welt als Blaupause der eigenen inneren Verfassung (und *vice versa*) erscheint. Herkömmliche Subjekte mit geschichtlichem Selbstverständnis und gestalthaften, wenn auch neurotisch deformierten Repräsentanzen, kommen der Psychoanalyse ebenso abhanden wie der ehrwürdige Begriff der Übertragungsneurose. Stattdessen sieht sich die psychoanalytische Klinik zunehmend mit Menschen befasst, die basale psychische Prozesse gar nicht verinnerlicht haben und deren Seelenleben in sprachloser Handlungsnähe *outlet* und prekäre Balance sucht. Hierher gehören – anstelle der rückläufigen, noch objektkonfliktiven bulimischen Störungen – die dramatisch zunehmenden Selbstverletzungen, Aufmerksamkeitsstörungen, Hyperkinesen, schizoiden Pathologien, die Theatralisierung der gequälten Haut und auch der monotone Befund einer abnehmenden Gesamtkriminalität bei starkem Anstieg der Gewaltdelikte,[5] die oftmals selbst schon die Dramaturgie eines Videos haben. Vieles spricht dafür, dass die Krise der Repräsentation, von der Malerei bis zur Physik, die Liquidierung der Identitäten und Substanzen zu reiner, nicht mehr kausal zu fassender, sondern wahrscheinlichkeitstheoretisch determinierter Prozessualität und spielerischer Zirkulation von Oberflächen die Moderne begleitet hat wie ein kybernetischer Schatten. Denn der Begriff der Moderne stammt von ephemeren Modellen ohne verbindliche Referenz zu festen metanarrativen Wahrheiten. Wahrscheinlich hat aber die in Kunst und Wissenschaft synchron vollzogene Verflüssigung des vormodernen Weltbildes (Kondylis, 2007 [1991], S. 49ff.) ihre subjektverändernde zentralnervöse Wirkung erst mit Ankunft von Informationstechnologie und audiovisuellen Medien im Alltag entfaltet. Das Nervenkostüm, ohnehin nur eine hauchdünner Niederschlag menscheitsgeschichtlicher Selbstberuhigungsversuche, wird fadenscheinig. Eine überdimensionale elektronische Schriftinstallation Jenny Holzers (*Survival*-Serie; Las Vegas 1986, San Francisco 1987) lautet denn auch konsequenterweise:

PROTECT ME FROM WHAT I WANT.

in perspective about the external world because it is isomorphic with the internal« (Fonagy & Target, 2007, S. 927).

5 Für den Zeitraum 1994 bis 2006 ist eine Zunahme der Gewaltkriminalität in der Altersgruppe der 18- bis 20-Jährigen um 84 Prozent dokumentiert (*Der Spiegel, 2* vom 07.01.2008, S. 29).

Anfänge

Für den Kunsthistoriker Hans Belting war der Tod der erste große Bildmeister. Zumindest im Erleben des Frühmenschen, denn der Verstorbene ist das Double der lebenden Person, Urform aller unheimlichen Doppelgänger und todeskundigen Spiegelbilder. »Niemand kann sich selbst ähnlich sehen. Er tut es entweder nur im Bild oder nur als Leichnam [...]. Die Menschen waren hilflos der Erfahrung ausgeliefert, dass sich das Leben, wenn es stirbt, in sein eigenes Bild verwandelt« (Belting, 2001, S. 145). Das urzeitliche Bilderschaffen begann als magisches Ungeschehenmachen von skandalöser Getrenntheit und Tod. Sogar noch in Legenden der griechischen Antike über die Schattenmalerei wurzelt das Bildermachen in der Aufhebung von Abschied und Getrenntheit, indem der Schlagschatten der scheidenden Person als Umrisszeichnung leibnah festgehalten wurde (ebd., S. 181f.). Die Bilder waren einmal »Gefäße der Verkörperung«, die den »Toten ihre verlorenen Körper ersetzten« (ebd., S. 143). Als ein solches Bildermachen versteht Belting den »Schädelkult« als den frühesten uns bekannten rituellen Umgang mit dem Todesschrecknis: Neolithische Funde aus Jericho zeigen nach abgeschlossener Verwesung vom Körper abgetrennte Schädel, die durch einen bemalten Überzug aus Kalk oder Lehm mit Augen aus Perlmutt und Muscheln ein individuelles Gesicht zurückerhielten und sichtbar aufgestellt wurden. Dadurch gab man den Toten »im Bild einen *unsterblichen Körper* [...,] mit *dem* sie resozialisiert werden, während sich ihr *sterblicher Körper* in Nichts auflöst« (ebd., S. 144). Das war leibhaftige Inkarnation, Affirmierung der körperlichen Präsenz und Negation der Abwesenheit. Noch im alten Ägypten war die Mumie »ihrerseits ein Bild, in das die Leiche verwandelt wurde« (ebd., S. 161). Erst in der griechischen Grabkultur zeigt sich mit der Entwicklung von Trauerprozessen, Besiegelung einer Abwesenheit, »die Erinnerung erst ermöglichte« (ebd., S. 168) eine veränderte Bildpraxis: Das Bild wird von einem *»Medium der Verkörperung«* zu einem *»Medium der Erinnerung«* (ebd., S. 170) und muss daher kein mimetisches Abbild mehr herstellen, sondern kann auch anikonisch, ein Steinmal sein – also unähnlich und damit im vollen Sinne symbolisch (Stähli, 2002, S. 75). Noch einmal Belting: »Am Bild macht man jetzt nur noch die Erfahrung der Abwesenheit, wie man sie vorher allein am toten Körper gemacht hatte« (Belting, 2001, S. 173). Kurz gesagt: Die Affirmierung der Absenz eröffnete den symbolischen Übergangsraum der Erinnerung, der Temporalität und der Erzählbarkeit gerade des Nichtsichtbaren.

Ich bin der Auffassung, dass die audiovisuellen Bildwelten diese Errungenschaften wieder zu Markte tragen und umkehren. Dabei (vgl. Türcke, 2002, S. 175) vollzieht sich eine kulturelle Reeskalation der Sensation; seelische Bedeutungswirtschaft rutscht in exzessive Erregungswirtschaft zurück, die aber keine rituelle Fassung mehr findet. Temporalität mündet in Vergleichzeitigung in Form einer Verräumlichung auf manipulierbaren Oberflächen. Der aufdringliche, halluzinogene Präsentismus medialer Bilder affirmiert jetzt die Abwesenheit der Negation als Raum schaffender Verneinungsmöglichkeit. Es gibt eine menschheitsgeschichtliche und entwicklungspsychologische Parallele in der Bildgenese: Bildermachen beginnt als Doppelung realer Körper, durchläuft einen progressiven Prozess von Desomatisierung, Deeskalation, in dem Bilder repräsentierende, narrative, symbolische Kraft entwickeln und den psychokulturellen Raum semantisieren helfen. Heute aber erleben wir eine regressive Resomatisierung entsymbolisierter Bilder, die zu Wiederverfleischlichung und Handlungsnähe drängen. Unter Auszehrung der repräsentierenden Subjekte kriechen Bilder mit sexueller oder aggressiver Ladung in die immer appetenten Körper zurück. Sie verkörperlichen sich im Leib und dieser verbildlicht sich in ihnen. Bild und Körper geraten dadurch in ein wechselseitiges Vermummungsverhältnis mit kulturell unklarem Ausgang.

Dickicht der Begriffe

Die Bildwissenschaftler selbst wissen nicht genau, was überhaupt ein Bild sei: »Über den Bildbegriff besteht in der heutigen Diskussion eine fortlaufende Verwirrung« (Belting, 2007, S. 15; vgl. Wiesing, 2005, S. 17ff.). Offenbar führen ontologische Definitionen des Bildes immer wieder in scholastische Aporien, die zudem nur bewusstseinspsychologische subjektive Bildakte in den Blick nehmen. Andererseits ist die Psychoanalyse in bildwissenschaftlichem Terrain zwar unsicher auf den Beinen, verfügt aber über Begriffe unbewusster Vorstellungen, also Instrumente zum Erfassen affektnaher, ja sensorischer Bildwirkungen fern von Bewusstseinsakten – bei Bildern im Diesseits der Bildlichkeit, die gewaltig affizieren, indem sie zu sein scheinen, was sie zeigen. Dies verträgt sich mit einem anthropologischen Bildbegriff, für den innere und äußere Repräsentation unzertrennlich sind und der eine kategoriale Scheidung der »mentalen und [...] physischen Bilder« (Belting, 2001, S. 20) verneint: »Natürlich ist der Mensch der *Ort der Bilder*« (ebd., S. 57). Der Bildbegriff wandelt sich so von einer Seinseigenschaft zu einer Wirk- und Gebrauchseigenschaft – was ein Bild ausmacht, bestimmt sich aus dem Gebrauch, der von einem Gebilde gemacht wird. Prinzipiell könnte so jeder Anblick zu einem Bild werden, so wie – im Grenzwert – das Bild in der Schublade nur solange ein solches bliebe, wie es auf dem Planeten noch *einen* menschlichen Geist gibt, der es zu Bildlichkeit erweckt. Ohne diesen bildkonstitutiven Akt wäre selbst die *Venus* von Botticelli eine Farbverteilung von allenfalls probabilistischem Interesse. Wittgenstein paraphrasierend möchte ich sagen, dass die Bedeutung eines Gebildes als Bild in seinem Gebrauch liegt, und möchte analog zu Sprachspielen von Bildspielen sprechen. Assmann (zit. n. Stähli, 2002, S. 68) sieht denn auch Bilder erst durch einen interaktiven, »situativen Kontext« konstituiert, soziale Praktiken, die er »Bildakte« nennt. Auch ontogenetisch konstituieren Bild und Subjekt sich gegenseitig: Ohne innere mentale Speicher gibt es keine Erinnerungsbilder äußerer Wahrnehmungen, ohne Wahrnehmung äußerer Bilder gibt es aber auch keine Elaboration von Einbildungskraft und innerer Welt. Auch der semiotische Status eines Bildes ergibt sich nicht aus der Substanz, sondern aus dem Bildgebrauch. Man kann einem Bild seinen Zeichenstatus nicht ansehen. Dasselbe Bild einer Rose kann für mich ikonisch meine ganze Leidenschaft für die Gärtnerei aufleben lassen, indexikalisch den Weg zur Rosenabteilung einer Pflanzenhandlung weisen oder, wenn ich in elegischer Stimmung bin, die Liebe selbst symbolisieren.

Sofern Bilder nun Zeichen sind (sie müssen es nicht sein), ist für die Bestimmung des Grades unserer unmittelbaren visuellen Gebanntheit der mentale Abstand zum Anblick wesentlich, also der Raum für die Verneinbarkeit der Sachen. Für diese Abstandsermittlung ist die Semiotik von Peirce noch immer heuristisch wertvoll, zumal auch die Psychoanalyse die heute geläufige Gleichsetzung von Zeichen und Symbol (Wiesing, 2005, S. 38) nicht mitvollzogen hat. Zwar fasst Fonagy jegliche gelungene Mentalisierung als symbolische Operation,[6] doch bleibt psychoanalytisch an-

6 »Mentalization is a specific symbolic function [...,] the universal and remarkable capacity of young children to interpret the behavior of themselves, as well as others, in terms of putative mental states.« Also als hochstufiges reflexives Vermögen mit Vorstellungen über »beliefs, feelings, attitudes, desires, hopes, knowledge, imagination, pretense, plans, and so on« bei anderen (Fonagy, 2001b, S. 165). Ein solcherart auf symbolisch verfassten »mind« eingeengter Mentalisierungsbegriff lässt offen, ob nicht auch basale Deso-

sonsten das Symbolische sensu strictu in einem Absenztheorem nach dem Quellcode des Fort-Da-Spiels mit der Garnrolle (Freud, 1920g) verankert. Zumindest gilt dies für den speziell kleinianisch elaborierten Symbolbegriff in der Nachfolge von *Jenseits des Lustprinzips,* wenn auch nicht für Freuds alte Sicht des Symbols in der *Traumdeutung.* Der Mentalisierungsprozess ist als semiotische Progression mit Reifung der Repräsentationen vom Körperlichen bis zum eigentlich Symbolischen zu begreifen, etwa von der Verkörperung einer Angst im Schweißausbruch bis zur bildlichen oder gar verbalen Angstdarstellung, mit nützlichen Skalen wie Affekttoleranz, motorischer Expression, prozeduraler oder deklarativer Gedächtnisspeicherung, Desomatisierung, Verbalisierung (Lecours & Bouchard, 1997).[7] Das Symbolische bleibt so aufgrund seiner potenziellen Unähnlichkeit

matisierungen, deren symbolische Umschrift noch in weiter Ferne ist, als Schritte oder Schrittchen im Mentalisierungsprozess zu würdigen wären.

7 Die Modellierung der progressiven, aufsteigenden Repräsentationen vom Somatosensorischen zum Symbolischen durch Ferro (z.B. 2005) und andere unter Rückgriff auf Bions (1962b, S. 8) von der sogenannten Alpha-Funktion betriebenen *»waking dream thought«* ist phylo- und ontogenetisch plausibel. »[R]oto-emotive sensory inputs (the Beta-elements)« (Ferro, 2005, S. 1536), werden »pictographed« (Rocha Barros, 2000, S. 1087) zum »affective pictogram« (Aulagnier, 1986), also Ikonizitäten, die als Alpha-Elemente »the unconscious« konstituieren. Ferro (1995, S. 133; zit. n. Rocha Barros, 2000) spricht auch vom *»dream-like photogram of the waking state«*, das im Behandlungszimmer als »affective hologram« die emotionale Aktualmatrix des analytischen Paares verbildern soll, eine unbewusste Protoidee, die bei Fortsetzung der Kette in einen wirklichen symbolisch verfassten Gedanken transformiert werden kann. Abgesehen vom unklaren topischen Status der Beta-Elemente (non-conscious?) kann es sich hier aber logisch schlechterdings nicht um dieselbe Traumarbeit wie in Freuds Nachttraum handeln, die, *upside down*, eben gerade regressiv vom latenten Traumgedanken zu seiner Verbilderung läuft (Freud, 1900a, S. 548ff.). Außerdem: Wenn dieses theoretische Modell zu einer behandlungstechnischen Heuristik der Mimesis an der Affektverbilderung für alle klinischen Situationen mutiert – Psychoanalyse als Methode, die es gestattet, »Emotionen in Narrationen aufzulösen« (Ferro, 2003, S. 162), die »zum größten Teil als *Antwort* und *Reaktion* auf unsere Deutung zu sehen« seien (ebd., S. 156), also nicht lebensgeschichtlich determiniert, wobei durch »microtransformations« (Ferro, 2002b, S. 597) der »Container erweitert« (Ferro, 2003, S. 164) werden soll – dann mündet der mentalisierende Rettungversuch potenziell im Untergang der Historizität als *raison d'etre* der Psychoanalyse zugunsten eines mikrozirkulatorischen, rekursiven, infiniten Prozesses: unendliche Analyse. Eine so geartete, hermetische behandlungstechnische Universalheuristik kann nämlich streng genommen die Notwendigkeit eines Endes mit eigenen Bordmitteln gar nicht mehr logisch begründen. Die Bezeichnung »Quantenpsychoanalyse« läge nahe (vgl. Kapitel 3, S. 75f.).

zwischen Sache und Zeichen das Siegel der schmerzlich errungenen Getrenntheit vom Objekt, die belohnt wird mit eben der symbolischen Währung, die im Gegensatz zu ikonischen und indexikalischen Zeichen sowohl freie Konvertierbarkeit als auch unbegrenzte Permutation von Bedeutung gestattet und zugleich eine neuartige, unstoffliche, aber sinnhafte Verbundenheit stiftet. Das absenzvermittelte Symbolische besiegelt und schlichtet, jedenfalls manchmal, unsere unaufhebbare Entzweiung von der Welt und den schweigenden Dingen. Es mildert den Skandal der Stummheit der Materie.

Bilder *können* also verschiedenartige Zeichen sein.[8] Für Peirce verkörpern die drei Klassen Icon, Index und Symbol allesamt triadische Relationen zwischen Zeichen, bezeichnetem Objekt und mentalem Interpretanten, Letzterer als die Idee, die das äußere Zeichen innerlich erzeugt. Sie unterscheiden sich jedoch sowohl im Abstand zum Bezeichnetem als auch im Grad der Unmittelbarkeit der Erfahrung. Icons, die eine bildliche, ja direkt imitative Ähnlichkeitsbeziehung zum Objekt haben, es nachäffen, eignet die *firstness* (Peirce; zit. n. Salomonsson, 2007, S. 134) einer unvermittelten, bezwingenden Erfahrung wie manchen visuellen Bildern, Lautbildern, Tastbildern; die *secondness* der Indizes, die eine nicht abbildende, reale Relation zum Objekt haben (Rauch als Hinweis auf Feuer), gründet in ihrer Verweisung auf etwas Zweites. Das Symbol schließlich eröffnet den Raum der *thirdness* durch seine interpretative Relation zur repräsentierten Sache ohne notwendige Ähnlichkeit oder physische Verbindung. Ob ein und dasselbe äußere oder innere Bild ikonischen, indexikalischen oder symbolischen Status hat, hängt ab von der Art des jeweiligen subjektiven Bildaktes.

In Freuds Denkweise gehören symbolische Bilder, also sekundäre Ikonizitäten, wie andere nichtbildliche Symbole auch, ins Reich der Denkidentität, primär ikonisch erlebte Bilder aber zur Wahrnehmungsidentität, zu der indexikalische Bilder als reflektorische Schalter drängen können. Für Freud (1900a, S. 571) strebt der Wunsch als protopsychische Arbeit nach Erfüllung durch Wieder-Holung eines befriedigenden Erinnerungsbildes in Wahrnehmungsidentität mit Abfuhr der Erregung im Primärvorgang. Anders die Denkidentität des Sekundärvorgangs, die nichts anderes sei »als der Ersatz des halluzinatorischen Wunsches«. »Alle die komplizierte

8 »Nothing is a sign unless it is interpreted as a sign« (Peirce, 1932; zit. n. Wiesing, 2005, S. 38).

Denktätigkeit aber, welche sich vom Erinnerungsbild […] fortspinnt, stellt doch nur einen durch die Erfahrung notwendig gewordenen *Umweg zur Wunscherfüllung* dar« (ebd., S. 572). Schließlich: »Das ganze Denken ist nur ein Umweg« (ebd., S. 607). Die ganze Denkgeschichte als Versagungsgeschichte hängt also von der – ertragenen – Verneinbarkeit der halluzinatorischen Wunscherfüllung ab. Der absolute Gegenpol wäre der psychotische Konkretismus, der fusionär mit Worten dingt und mit Dingen wortet. Die Verneinung (Freud, 1925h) erschließt den Übergangsraum, weil sie »dem Denken einen ersten Grad von Unabhängigkeit vom Zwang des Lustprinzips gestattet hat« (ebd., S. 15). Nur was ich verneinen kann, kann ich mir vorstellen, ohne zu halluzinieren oder aber es verwerfen, entgegen sinnlichem Augenschein. Wenn für Freud das »Denken in Bildern […] unzweifelhaft onto- wie phylogenetisch älter« als das Denken in Worten ist (Freud, 1923b, S. 248),[9] dann stellt der unreife, pikturale Gedanke (vgl. Bott-Spillius, 1994, S. 342) als repräsentierte »positive Realisierung« (Bion, 1962a, b) eine primäre Ikonizität dar, wobei natürlich auch frustrierende Erfahrungen im selben Modus codiert werden können. Die ertragene Versagung einer »negativen Realisierung« (ebd.) hingegen erzeugt die symbolische Repräsentation eines verlorenen oder zerstörten Objektes, vielleicht über die Zwischenstufe sekundärer Ikonizität, vor der sprachsymbolischen Fassung. Freilich ist diese Genese des Symbolischen ein Trauerfall – wir kommen später darauf zurück. Das »nothing« wird zum Gedanken, anstelle einer Hörigkeit gegenüber dem »no thing«, also einer Erfahrung ganz gegenständlicher Leere, die als solche projektiv ausgestoßen wird oder aber im perversen, manischen und süchtigen Modus mit sehr konkreten Dingen gestopft werden muss (vgl. Bion, 1983 [1970], S. 16ff.). Die semiotische Reifung der inneren Repräsentanzen verdankt sich jedenfalls einem störanfälligen Zusammenspiel von Präsenz und Absenz mit den Primärobjekten als detoxifizierenden, transformierenden Medien; von ikonischen Nachbildern erlebter Befriedigung einerseits und symbolisierter Versagung andererseits, von Brust und Nichtbrust: nur symbolisch kann das anwesende, frustrierende und gefährliche Partialobjekt zur guten, aber abwesenden Brust werden. Präsenz schafft die Substanz, ausgehaltene Absenz aber die Struktur.

9 »Das Denken in Bildern ist also nur ein sehr unvollkommenes Bewußtwerden. Es steht auch irgendwie den unbewußten Vorgängen näher als das Denken in Worten und ist unzweifelhaft onto- wie phylogenetisch älter als dieses« (Freud 1923b, S. 248).

Symbolischen Bildern eignet kraft ihrer Polysemie eine Bildlichkeit, welche reine Visualität zu Bedeutungsmöglichkeiten umschafft. Kultur ist deshalb wesentlich symbolisch elaborierte Abwesenheit, dinglich vollstreckte und dann im repräsentierenden Zeichen (im doppelten Sinne:) *aufgehobene* Verneinung. Der psychische Raum der Er-Innerung, des Denkens und Imaginierens ist als Dimension der ertragenen Kluft zu den abwesenden Objekten isomorph, er ist sinnfähig gewordener Objektabstand.

Insofern das Symbolische als Makler zwischen Sucht und Suchen Verlorenes oder von uns Zerstörtes nachschafft, trägt es zur Über-Ich-Bildung bei, indem es mit Verlust versöhnt oder Schuld wieder gutzumachen versucht. Da es unweigerlich ans Vorübergegangene, wörtlich: *praeter itum* erinnert, spinnt es die Fäden der Geschichtlichkeit, sodass in ihm die Temporalität selbst eingelassen ist wie die Fliege im Bernstein.

Bildpraxis als Grenzverwirrung und erregte Doppelgängerbeziehung

»Mit einer schönen Wunde kam ich auf die Welt, das war meine ganze Ausstattung.«

Franz Kafka, Ein Landarzt

Tafelbilder oder Skulpturen, etwa an romanischen Kapitellen, erzählten den Leseunkundigen in aller Stille die Geschichten von Himmel und Hölle. Unser perzeptiver Alltag ist dagegen ein im Zeitraffer laufender Film, Himmel und Hölle zugleich. Auch fehlt der Rezeptionssituation elektronischer Bilder das trianguläre Element eines musealen oder sonst wie auratischen Rahmens. Wo der Sockel war, befindet sich jetzt die Tastatur. Deshalb kann die pseudohalluzinatorische, ikonische *firstness* mit antisymbolischer Zersetzungskraft große seelische Geländegewinne verzeichnen.[10] Die neuen Bilder treiben primärprozesshafte Mimesis an der psychischen Keimschicht sensorischer Ikonizität. Sie gaukeln vor, ein wei-

10 Es gibt auch Sprachbilder von unmittelbarer, primärer Ikonizität. Bei der Musik des Berliner Rappers Massiv kann man beispielsweise zu diesen bildkräftigen Zeilen tanzen: »Mit dem Säbelschwert schneid ich euch die Zungen ab, bis die Zunge in die Lunge klappt […] komm wie stechen Waffen in die Fressen, bis die Kiefer auseinanderbrechen« (von Bullion & Temsch, 2008).

terer Repräsentationsprozess sei nicht mehr nötig und die *Lust am Nichtdenken* (Kapitel 2) vollauf gerechtfertigt. Zum alltäglichen Bilderinferno rechnen wir die gleichzeitige akustische, haptische, ebenfalls ikonische Flutung des Mentalraumes durch Klangbilder und Tastbilder hinzu. Diese Bilder wirken durch ihre geisterhafte Allgegenwart, Flüchtigkeit, semantische und sensorische Eskalation sowie ihren bezwingenden Präsentismus im Terror der Echtzeit. Sie folgen dem Digitalmenschen wie beleuchtete Schatten als Features seiner Momentanverfassung. Wenn Bildlichkeit etwas Abwesendes sinnhaft vorstellte, so verhexen diese Bilder als wahre Affektdisponenten die Anwesenden zu erregten Doppelgängern. Der Deal mit deren Seelen läuft über die bildliche Apotheose reueloser Destruktivität und entgrenzter Sexualisierung. Wie ein umgestülpter Handschuh wird die innere Welt der Bildkonsumenten links gemacht. Der Bildmodus zielt auf Absenzvernichtung, die Bildbeziehung approximiert den psychischen Raum einer Kongruenz von sensorischen Flächen. Die Ikonizität dieser Bilder doubelt, gewitzt im *attunement*, subjektive Momentanverfassungen mit flimmernden Erlebnisqualitäten, aber ohne Bedeutungstiefe. Sie tapeziert den Reizhunger passgenau bis in die letzten Winkel. An die Stelle stiller Bildlichkeit tritt die opto-akustische Erstürmung des Gesamtsensoriums. Die Rasanz der Datenströme läßt ein apperzeptives, reflexives Jenseits des Gesehenen kaum zu. Die Rede ist von »videotischen Zyklopen [...] ohne symbolische Tiefenschärfe« (Boback, 2010, S. 79). »Das Videostadium hat das Spiegelstadium abgelöst« (Baudrillard, 1995, S. 82; zit. n. Boback, 2010, S. 80). Zurecht ist von einem »Sehen ohne Blick« (Virilio; zit. n. Wetzel, 2004, S. 174) gesprochen worden:

> »Mit dem Siegeszug der Echtzeitübertragung des Aktualitätsmediums Fernsehen wird auf eine gewaltsam scheinende Weise die historische Reflexionsleistung der *Pictura* vom technischen Fortschritt abgekoppelt, und das ausschließliche Kriterium *Sichtbarkeit* beginnt das, was das Bild zu leisten imstande ist, von innen her auszuhöhlen« (ebd., S. 176).

Aus dieser semiotischen Regression resultiere eine »bloße Visualität ohne Bedeutung« (ebd.). Diese Visualitäten entdimensionieren unseren inneren Raum zu instantanen Reizflächen, in denen wir uns spiegeln dürfen, endlich der lästigen, manchmal gehassten Denkidentität enthoben. Freud sprach von unserem »Widerstand gegen die Unerbittlichkeit und Monotonie der Denkgesetze und gegen die Anforderungen der Realitätsprüfung.

Die Vernunft wird zur Feindin, die uns so viel Lust vorenthält« (Freud, 1933a, S. 35). Das pure Nervenecho selbst wird zur Kümmerform des »Interpretanten« (vgl. Peirce, 1986 [1873]). Existenz rutscht zu Insistenz im Bild zurück. Das ist nichts weniger als ein anthropologischer Kurzschluss von Seelenleben und Bildgeschehen: primäre Ikonizität als Monitor der Momentanpsyche, sofern solche Bilder nicht indexikalisch einen Wink in die Richtung geben, wo vielleicht noch mehr Bildlust einzuheimsen wäre, wo Nachschub und Dosissteigerung locken.

Dabei fällt uns auf, wie vornehm und präzis die kulturwissenschaftliche Psychoanalyse ihren Gegenstandsbereich verfehlt, wenn sie sich vorzugsweise symbolisch elaborierten Kulturphänomenen zuwendet, aber nicht würdigt, dass der allergrößte Teil der Kulturproduktion und -konsumption in den antisymbolischen Niederungen tobt, in den Videotheken und *temporary internet files* mit ihrem aggressiven und sexuellen Raubgut, weshalb es meines Wissens auch noch keine psychoanalytische Ikonografie kruder Gewaltdarstellungen oder pornografischer Inszenierungen gibt. Psychoanalytisch ist diese brisante Konterbande noch gar nicht durchgemustert.

Solche Bildakte stellen den symbolischen Sekundärpozess systematisch auf Sparflamme. Die Rückcodierung aufs Bildhafte, auf Bildgrammatik, ist ja gerade das regressive Drehmoment der primärprozesshaften Traumarbeit mit Verschiebung und Verdichtung.[11] Grenzwert der Intimbeziehung zum Screen, buchstäblich verkörperlicht im Touchscreen, ist eine *adhesive equation* (Tustin, 1986),[12] ein Verklebungsverhältnis ohne intermediären Raum, das Distanz schaffende Negation ausschließt. *Human mind* wird ironischerweise und klammheimlich zur mimetischen Benutzeroberfläche der Bildmaschinen. Imagination veräußerlicht sich durch *imaging*. Der Simulations- und Cyberspacespezialist Jaron Lanier hatte schon 1990 eine Vision: »[I want to] make your imagination external« (Larnier; zit. n. Wiesing, 2005, S. 119). Solch haargenaues Mindmapping durch Bildpräsenz unterläuft die subjektkonstitutive Verneinungsfunktion, den Dreh- und Angelpunkt der Genese symbolischer Repräsentanzen. Die »geilen« Bilder folgenloser

11 »Wir heißen es Regression, wenn sich im Traum die Vorstellung in das sinnliche Bild rückverwandelt, aus dem sie irgendeinmal hervorgegangen ist [...]. *Das Gefüge der Traumgedanken wird bei der Regression in sein Rohmaterial aufgelöst*« (Freud, 1900a, S. 548f.).

12 »Tustin (1986) prefers the term *adhesive equation* to *adhesive identification* since the individual's body is equated with the object in the most concrete, sesory way in this defensive process« (Ogden, 1988, S. 37).

Zerstörungslust und entfesselter sexueller Voyeurismen, Exhibitionismen locken aber nicht nur mit maßgeschneiderter Wahrnehmungsidentität, sondern auch mit ungebrochener Omnipotenz durch Drag & Drop und Doppelklick, einer suspendierten Zeitlichkeit ohne Irreversibilität und Tod. Schneller Vor- und Rücklauf machen den Zeitpfeil richtungslos. Auch sind unsere Präsenzgeneratoren mit den Tasten für Neustart und Reset ausgestattet, unter denen sich ein gutes Stück des untraurigen Betriebsgeheimnisses unserer Gegenwartskultur verbirgt. Haptisch und konkret wird das Gedächtnis schon der allerkleinsten User in Bildspeichermedien externalisiert und auf das Prozedurale abgerichtet, letztlich auf endlose Wenn-Dann-Schleifen, nicht auf das Semantische oder Episodische. Download erübrigt Erinnerung, digitale Bildspeicher werden zum Massengedächtnis. Grundlegende existenzielle Dimensionen entwickelter Lebewesen – da und fort, innen und außen, oben und unten – lösen sich auf in der gravitationsfreien *adäquatio intellectus* an den Bildschirm. Die Toxizität dieser Bildpraxis besteht zu einem Teil in der maniformen Beschleunigung, ganz besonders aber in der Vergleichzeitigung. Denn diese Kombination von Impulsdichte und Präsenz ist ziemlich symbolisierungsresistent. »Das elektronische Prinzip von Bild, Bildschnitt und Schnittfläche löst das literarisch-narrative Prinzip von Linearität und Intervall ab« (Großklaus, 2004, S. 179) zugunsten reiner Präsenz, Verräumlichung der Temporalität in bewegten Flächen, einer »Kumulation von Anwesenheiten« (ebd., S. 166).[13] Vergleichzeitigung durch artifiziell präsente, antisemiotische, audiovisuelle Bilder meint hier: mehr oder weniger komplexe Affektaktualisierung im Banne einer *Mitverkörperung*, während das Symbolische durch unähnliche *Entkörperlichung, Entgleichzeitigung* verkörpert.[14] Diese wilde Simultaneität erzwingt eine regressive Inkarnation des Betrachters im Bild, das nun in historisch neuartiger Weise wieder vom Medium der Erinnerung zum Medium der

13 »Mit dieser Umsetzungs-Beschleunigung bis an den Grenzwert der Lichtgeschwindigkeit kommt es zur Einebnung aller kulturgeschichtlich eingeübten symbolischen Distanzen, an die wir durch die traditionellen Mediensysteme, etwa des Buches oder des Tafelbildes, gewöhnt sind« (Großklaus, 2004, S. 147).

14 Kürzlich wurde in einer empirischen Therapiestudie mit parallelem Monitoring des affektmimischen Ausdrucks und dessen metaphorischer Benennung gezeigt, dass für die semiotische Transformation des Affektgeschehens ein gewisser Abstand nötig ist, ein optimales Zeitfenster. Simultane Prädizierung des Affektausdrucks hatte eine deutlich schlechtere mutative Wirkung in Richtung der metaphorischen Reprozessierung des affektiv Unmittelbaren (Fabregat & Krause, 2008).

Verkörperung mutiert. Die radikale Vergleichzeitigung aller Kanäle und Sinne lässt das Anderswo ins Hier, angrenzende Zukunft ins geschichtslose Jetzt stürzen. Symbolisches Denken entkleidet sich zu erweckungshungriger Affektlogik, mit geglückter Aufmerksamkeitszersetzung,[15] attentem Nystagmus und betriebsnotwendiger Hyperkinese, die eigentlich eine wütende Suche nach dem entglittenen Schwerpunkt dramatisiert. Das Seelenleben erlangt wieder seine Eigentlichkeit als amygdales Affektleben zurück, wo doch die Bildlogik Freuds schon eine verbesserte Fassung reiner Affektlogik war. Das Reizbad der präsentischen Visualität ist ein resomatisierendes Lösungsmittel, dem der dünne, onto- wie phylogenetisch mühselig abgeschiedene symbolische Überzug auf unseren blanken neuronalen Membranen kaum standhält. Sofern die Regression nicht diese limbische Tiefe erreicht, möchte ich doch einen epidemischen Mentalisierungsstopp auf dem Niveau *primär ikonisch repräsentiert, aber unsymbolisiert*, also dem der affektiven Piktogramme, vermuten, und zwar nicht nur bei den sogenannten bildungsfernen Schichten.[16] Es könnte bedeuten, dass – anstelle symbolischer Repräsentanzen – ein sorgloser, aber ermüdeter Hedonismus der primären Ikonizität als Mentalisierungsstufe und Affektvisualisierung an Boden gewinnt.[17]

---

15 In seiner Streitschrift *Die Logik der Sorge* beschreibt Stiegler (2008) den Prozess der Aufmerksamkeitsformierung als eine jeweils epochale kulturelle Konstruktion. Die knappe Ressource sei heute nicht mehr die Information, sondern die Aufmerksamkeit (ebd., S. 144). Als Folge der »Technologien der Dummheit« (ebd., S. 58), Psychomacht, Marketing und audiovisueller Aufmerksamkeitsvereinnahmung, Störung konzentrierter Aneignungsprozesse vom Babyalter an sieht er bis auf die Ebene der Synaptogenese eine Aufmerksamkeitsliqidierung mit dem Ergebnis einer *global attention deficit disorder* (ebd., S. 90), mit Bindunglosigkeit, Verlust der »Sorge«, Zunahme jugendlicher Delinquenz und »verallgemeinerte[r] Proletarisierung« (ebd., S. 148).

16 In den USA sehen 40 Prozent aller Babies im Alter von drei Monaten regelmäßig TV, DVDs und Videos, im Alter von zwei Jahren sind es rund 90 Prozent, unter einem Jahr ca. eine Stunde täglich, mit zwei Jahren sind es eineinhalb Stunden (Zimmerman et al.; zit. n. Spitzer, 2007, S. 1037). Erhebungen zufolge verbringen 5- bis 16-Jährige in Großbritannien im Schnitt fünf Stunden und 20 Minuten täglich vor einem Bildschirm (Koydl, 2008). Statistische Daten zeigen zudem, dass der Anteil der Konsumenten von Trash-TV mit Abitur oder Hochschulabschluss seit 15 Jahren stark ansteigt (Serrao, 2008).

17 Großklaus (2004, S. 180): »Das Moment der Gleichzeitigkeit des bewegten live-Abbildes und die Vorstellung, daß ›Wirklichkeit‹ über bestimmte Daten ihre ›reale‹ Spur im Bild hinterlassen hat, verleiten uns dazu, Bild und Sache ineinander übergehen zu lassen: das mediale Abbild verdeckt damit den entscheidenden Abstand zwischen Zeichen und Sache, die Differenz von Symbol und Symbolisierten. Das mediale live-Bild ›erhebt auf

Was könnte es denn nun psychoanalytisch noch heißen, wenn Traummaschinen am Körper kleben wie ehedem nur der kostbare Schatten, wenn man als Avatar im Second Life unterwegs ist, als Ego-Shooter mit der Pumpgun durch den Dschungel stürmt, hautnah den Geschlechtsakt eines fremden Paares auf dem Bildschirm miterlebt, sich am Foto des »geilen Crash« nicht sattsehen kann? Sicher auf Es-Ebene eine Triebverstärkung und auf Über-Ich-Ebene eine Erosion, nicht nur wegen der aufgehobenen Rücksicht auf Darstellbarkeit, sondern auch weil zumindest das reifere Über-Ich symbolisch organisiert ist. Auch steht wohl außer Frage, dass die mediale Mimikry am Wahrnehmungswunsch das eingeborene Suchtpotenzial unserer Gattung scharfschaltet.

Die pathologischen Formen der Verlötung mit Bildgeneratoren sind psychische Rückzüge aus der Welt lebendiger Objekte. Bei der behaupteten doppelgängerhaften Fleischwerdung der nackten Bilder und der Bildwerdung des Fleisches möchte ich einen *projektiv-identifikatorischen* und einen *adhäsiven* Modus unterscheiden. Der projektive Modus verändert die Selbstrepräsentanzen bis ins Körperliche, der adhäsive liefert eine notgeborene Hülle für das Ich selbst. Beide Modi gehen mit einer Unschärfe von Innen und Außen einher.

Natürlich gibt es auch am Bildschirm die schlichte Identifizierung mit allmächtigen Heldenfiguren und glücklichen Akteuren. Viele von uns waren schon Richard Gere oder Julia Roberts, je nachdem. Der *projektiv-identifikatorische* Stoffwechsel mit animierten Bildern verläuft aber auf der Skala Externalisierung/Internalisierung in ganz archaischer Schicht, wäre also als ein Wechselspiel der *Inkorporation* von Bildwahrnehmungen mit der *Exkorporation*[18] von körperlichen Selbstrepräsentanzen zu denken. Die Selbstrepräsentanzen werden im Bilderleben ummontiert zu einem allmächtigen Doppelpack von angeturntem Selbst und Idealselbst. Ohne Strom ist es aber aus mit dem Zauber. Augenblicklich öffnet sich ein gähnendes Loch, weil dann die im Bilde deponierten Selbstanteile fortgerissen werden und nichts als Reizhunger übrig bleibt: ein *craving* nach wiedergeholter Wahrnehmungsidentität, Bildsimulation, Reinszenierung, notfalls

besonders eindringliche Weise den Anspruch, kein Zeichen zu sein‹ (Mitchell), es ›maskiert sich als natürliche Unmittelbarkeit‹.«

18 Die Rede von Exkorporation scheint vollauf berechtigt: Schon wird daran gedacht, ganze Hirne durch Ladung ihrer Gedächtnisinhalte auf künftige Neurocomputer unsterblich zu machen (Blech, 2008, S. 135, 145).

mit der Handy-Kamera. Hier besteht eine Verbindung zu »grundlosen Angriffen« (Sohn, 2007), »self-preservative violence« (Glasser, 1998), die ich als Erlebnisgewalt[19] hinter gewissen adoleszenten Taten am Werk sehe, für welche die Gerichte mitunter kein Motiv finden.[20] Auch spricht der grassierende Wahn, den eigenen Leib chirurgisch zur idealen Collage der medialen Inkorporate umschneidern zu lassen, die Sprache der adoleszenten, nicht nur magersüchtigen Dysmorphophobie.

Beim *adhäsiven*, raumlosen Bildgebrauch, zu dem eine desolate Medienanamnese ebenso disponiert wie eine brüchige Ich-Selbst-Genese mit misslungener Separation, ist der Grenzverlust zwischen Innen und Außen noch tiefgreifender. Kein intaktes Haut-Ich (Bick, 1968; Anzieu, (1992 [1985]) sichert die Kohäsion des Selbst. Das psychische Leben ist sensorisch codiert als flächige Berührung ohne Tiefenraum in Selbst oder Objekten: Was für einen Beobachter im Draußen geschieht, ereignet sich für das Subjekt simultan in ihm, besser, *an* ihm. Der Weg zum reflektorischen Abwehrschlag ist hier nicht weit. In dieser Erlebensform wird eine repetitive, reizintensive Bildpraxis zur sensorischen Hülle mit Qualitäten von »autistic shapes« (Tustin, 1984) in Form einer »adhesive equation« (Tustin, 1986). Das Haut-Ich wächst in die Bilder ein und die Bilder in das Haut-Ich. Dieser Bildstoffwechsel wölbt eine Sphäre, die mit dem Restselbst eine kontinuierliche Fläche bildet, indem das schwache Ich sich in die Bilder wickelt, als wären sie eine Haut. Eine *Bildhaut*, nicht nur metaphorisch, sondern sehr konkret. In diesen wortwörtlichen Grenzfällen der Bildpraxis kommt das Losreißen vom Bildschirm einem Gehäutetwerden nahe. Bildverlust und Ichverlust fallen im Zerreißen der autistischen Tasche zusammen.

Die klinischen Folgen der Bildbesessenheiten sind durchaus zu ahnen, besonders für die Plastizität der sich entwickelnden Psyche. Ganz gewiss ist ein Mentalitätswandel nicht allein durch ikonische Obsessionen bedingt. Machen wir uns aber klar, dass der opto-akustische Flächenbrand

---

19 Zwar nur bei Mäusen, inzwischen gibt es aber experimentelle Hinweise, dass »aggressives Verhalten im Hirn […] dieselben dopamingesteuerten Belohnungskaskaden […] wie Sex, Essen oder Drogen« auslöst (*Der Spiegel*, 5/2008, S. 121).

20 Vier Jugendliche, darunter ein Mädchen, erschlagen und zerstückeln 2007 einen 19-Jährigen, so wie es der Haupttäter »in einem Mafiafilm gesehen« hatte. Laut Gerichtsprotokoll sagte dieser bei der Zerlegung des Toten zu seiner Freundin, ein Teil der Leiche in seiner Hand »sehe aus wie Döner«. Außer »Eifersucht« fand das Gericht »kein Motiv« (Dörries, 2008).

mit Weltverspiegelung noch nicht einmal zwei Jahrzehnte währt. Aufmerksamkeitsgestörte, hyperkinetische Kinder und monoton zunehmende Jugendgewalt sind Vorboten einer Aufheizung, die gewiss teilweise, wenn auch keineswegs ausschließlich, der kinetischen Energie der neuen Bilder geschuldet ist. Erlangung von Getrenntheit in sinnhafter Verbundenheit, der fundamentale Quantensprung in der psychoanalytischen Entwicklungslehre, ist inzwischen das paradigmatische Problem – nicht das Leiden an Triebverboten.Viele kinderpsychiatrische Patienten zeigen gleichzeitig ebenso adhäsive wie disruptive Pathologien, mit fusionären Tendenzen und autistischen Barrieren ohne »capacity to be alone« (Winnicott, 1984 [1958]). Ihre an manipulierbaren Objekten klebende Beziehungsarmut zeigt Züge einer medienmutierten Schizoidie. Sie sind Grenzfälle, nicht Borderlines, noch diesseits der psychischen Spaltungsleistung in Gut und Böse.

Halten wir fest: Mentalisierung ist eine Bildergeschichte und Bilder können *de*mentalisieren. In der audiovisuellen Bildpraxis unserer Zeit – primär ikonisch repräsentiert, aber unsymbolisiert – gibt es Hinweise auf eine *Konfusion von Körperbild und Bildkörper*. Im Extremfall fungiert die Bildhaut als plastische Deckung eines dauererregten, großporig gebliebenen Selbst, das sich Visuellem immersiv hingibt. Wir konstatieren eine Resomatisierung der Bilder unter Bedingungen der sensorischen Reeskalation und semiotischen Regression als Mitverursacher schwindender symbolischer Repräsentanzen, bloßer Affektaktualisierung und Tendenz zum reflektorischen Ausagieren. Der innere Raum schrumpft. Das in seiner embryonalen Herkunft ja ektodermale Ich, mit Freud (1923b, S. 253) »nicht nur ein Oberflächenwesen, sondern selbst die Projektion einer Oberfläche«, entdimensioniert sich wieder und wird eins mit der Bildhaut. Dies bedeutet eine Schieflage in Richtung der »autistic-contiguous position« (Ogden, 1989), anstelle der symbolisch verfassten depressiven Position mit ihrer Temporalität, Schuldfähigkeit, der Beziehung zu Ganzobjekten mit ihrem Eigenleben in Getrenntheit. Subjektivität muss sich heute mehr und mehr konstituieren in einem schwimmenden, haptisch-opto-akustischen Hochspannungsfeld präsentischer Ikonizitäten – und im Schwindel der Innovationen, also eines tagtäglichen Vergessens.[21] Vertraute Bildlichkeit dagegen war einst Element unseres heimatlichen Nahfeldes, das uns immer

21 »Die Durchsetzung des Bilds als Hauptkommunikationsmittel verfestigt die Diskontinuität des täglichen Weltbildes« (Kondylis, 2007 [1991], S. 248).

schneller über die Ohren gezogen wird. »Das tiefgestaffelte System von Wahrnehmungshorizonten, das sich radial und abstufungsreich um die individuelle Leibzentrierung aufbaut, löst sich auf« (Safranski, 2003, S. 83). Das Bedürfnis nach bergenden Hüllen ist daher nicht verwunderlich.[22]

Das Symbolische und der Negationsgestus

»Die Blätter fallen, fallen wie von weit,
[...] sie fallen mit verneinender Gebärde.«
Rainer Maria Rilke, Herbst

Nun müssen wir aber bei unserer Bildkritik noch einen Einwand bedenken. Er könnte ungefähr lauten: *Dieser* psychoanalytische Symbolbegriff sei nicht nur sehr speziell, poetisch und pathetisch, sondern, besonders in Verbindung mit der kleinianischen depressiven Position, ethisch in hohem Maß normativ. Im Gegensatz zur Gleichsetzung von Zeichen und Symbol sei ihm eine implizite, bittere Moral einbeschrieben. Er verdanke sich einem notorischen Absenztheorem, einem emphatischen Negationsgestus, der die reifsten Stufen der Subjekt- und Kulturgenese an die trauernde Transformation von Abwesenheiten in Unähnliches rückbinde, ans »Strumpfband meiner Liebeslust« (Goethe, *Faust I*).[23] Dadurch werde eine aus der Verneinung stammende melancholische Narbe des Symbolischen zum verbindlichen Maßstab der Veredelung des Menschenwesens und zur Grundlegung der psychoanalytischen Metaphysik des gereiften Subjektes mit einem doch nur metaphorischen inneren Raum. Die Spur dieser verneinenden Gebärde führe aus der griechischen Antike über christliches Opfer und Auferstehung (vgl. Haas, 2002c [1995]), Augustinus, Luther, Rousseau in den deutschen Idealismus und zur romantischen Erfindung des Ich mit seiner Innerlichkeit und letztlichen Unerfüllbarkeit

22 Diesen Markt hat längst auch das Produktdesign entdeckt, zum Beispiel bei Lampen: »Der Lichtaustritt an den Rändern verleiht *Scope* eine freundliche Anmutung. *Der schimmernde Schirm wirkt wie eine zweite Haut und zeichnet sich auch durch eine einladende Haptik aus«* (CAIRO, Designkatalog für Bürointerieur, 3/08, S. 158; Hervorh. W.B.).

23 Besonders explizit, gut hegelianisch, etwa bei Jacques Lacan: »Das Symbol stellt sich so zunächst als Mord an der Sache dar, und dieser Tod konstituiert im Subjekt die Verewigung seines Begehrens« (Lacan, 1986, S. 166).

des Wunsches.[24] Die Rationalität dieser symbolischen Münze entstamme bürgerlicher Selbstüberwindungsethik, welche – Entwicklungspsychologie als Bildungsroman – die Akkumulation eines symbolischen Kapitals gewährleisten soll, mit dem sich auch psychisch besser wirtschaften lasse. Es müsse aber doch auch eine präsentische untraurige Konstitution von Subjekten und Kultur geben. Das idiosynkratische psychoanalytische Symbolisierungsgebot sei einer modernen, flexiblen Subjektivitätskonstruktion als Koordinate in einem optionalen, ergebnisoffenen Möglichkeitsfeld nicht angemessen. Nicht mit neuen Leiden bekämen wir es zu tun, sondern mit der begrüßenswerten Befreiung aus den Kerkern der Identitätswirtschaft.

Diesem Einwand können wir aber doch nicht wirklich stattgeben. Zwar weiß gerade die Kultur der Dichter und Denker nur zu gut, dass Symbolisierung keine hinreichende Bedingung zur Verhinderung des Massenmordes ist. Ohne Lust am Nichtdenken, Kurzschluss, Erregung statt Bedeutung wäre andererseits die Gattung schon ausgestorben, denn nicht nur die Dichtung schöpft aus dem Sensorischen und der Ikonizität, sondern auch die lustvolle Fortpflanzung. Eine ganz und gar symbolisch formierte Psyche wäre ein normativer Alptraum. Bedeutungsarme Räume gehören zur seelischen Gesundheit.[25] Auch gibt es genügend sublime mentale Operationen, die auf »positive realization«, also Präsenzverinnerlichung und dann sekundär ikonisch gewordenen inneren Bildern beruhen. Wir können aber auf Absenz, Versagung und Grenze nicht verzichten, weil wir derzeit keine andere Gelenkstelle angeben können, welche die Innerlichwerdung der menschlichen Destruktivität als Quantum Kultur stiftender Leidensbereitschaft und Schuldgefühlsfähigkeit denken ließe, also eines verinnerlichten Über-Ich, wenn man nicht wieder eine konkrete Tauschlogik mit äußeren Regeln vorzöge, die da hieße: Auge um Auge, Zahn um Zahn.[26]

---

24 »Melancholy is thus the most legitimate of all the poetical tones« (Poe, 1966 [1846], S. 506).

25 Zudem gibt es neben der medialen Entsymbolisierung auch eine parallele, veranstaltungsmanische, kulturelle Bedeutungsverrauschung, die womöglich die gegenläufige Neigung gebildeter Stände zu Zen-Buddhismus, Taoismus und einer japanischen Ästhetik minimalistischer Leere verständlich macht mit Melvilles (1988 [1853]) Bartleby (»I would prefer not to«) als neuem Helden. Offenbar ein mentaldiätetischer Selbstheilungsversuch des COS *(cognitive overflow syndrome)*, das Stiegler (2008, S. 150) als Krankheit der erwachsenen Bevölkerung dem ADS der Jugend gegenüberstellt.

26 Vgl. hierzu Achebes Roman (1983 [1958]) *Okonkwo oder das Alte stürzt*. – Hier ist das kulturelle Über-Ich zunächst noch ganz und gar ein äußeres Regelsystem. Es sorgt für Genugtuung, aber ohne Schuld und Reue.

Schluss

> »[...] denn da ist keine Stelle,
> die dich nicht sieht.
> Du musst dein Leben ändern.«
>
> *Rainer Maria Rilke,* Archaischer Torso Apollos

Vielleicht ist die Arbeit der, wie ich jetzt sagen möchte, *performativen* Bilder weniger rätselhaft als äußerst konsequent. Als trickreiche Imitate unserer Augenblicksgelüste protokollieren sie unablässig, was übrig bleibt von der Welt und uns – nach der Zertrümmerung von Identitäten und Substanzen, der linearen Narrativität, der Zeitlichkeit, der Kausalität auf allen kulturellen Frequenzen und deren Ersatz durch reine Prozessualität, Relativität, Emergenz und ephemere, rekombinante Bildflächen, die um uns herum zirkulieren. Die Anrufung der Symbolisierungsfähigkeit setzt ja logisch gewisse Gestalten, Entitäten, Substanzen voraus, die bleiben, auch wenn man sie nicht sieht, einfach weil sie ein Dasein mit Konsistenz und Permanenz haben. Diese Elemente sind längst von der festen in die flüssige Phase übergegangen. Das Treiben der Bilder dokumentiert dieses Fließen ohne Ursprung und Ziel.

In einer Rezension des Filmes *Bourne Ultimatum* (Göttler, 2007) hieß es:

> »Die neue Überwachungswelt erfordert vom Einzelnen neue Multiperspektivität, in jedem Augenblick muss man die Blicke der anderen berücksichtigen, auf sie reagieren, sie selbst manipulieren [...]. Bourne ist ein Agent der Pop-Welt, die Zukunft gehört denen, die mit dem Körper denken.«

Hoffentlich nicht, denn das tun schon zu viele zu oft. Und wer dächte bei dieser bildmagischen Universalpragmatik mit gelogener Aufhebung der basalen Entfremdung nicht an eine wiedererlangte Grazie, von der Kleist (1962 [1810]) ganz gewiss nicht geträumt hat! Und an eine Welt voller Bilder als bizarrer Objekte (Bion, 1956), die uns anstarrten, nachdem wir projektiv-identifikatorisch wahrnehmende Ich-Anteile in sie sequestriert hätten.[27] Die bildkybernetische Rückverwandlung des Subjekts in ein re-

27 »[...] the ejected fragments of the perceptual apparatus continue an alienated existence as *bizarre objects*. They intrude omnipotently into an external object to form a particularly persecutory object« (Hinshelwood, 1991, S. 237). »Each particle is felt to consist of

aktionsschnelles Nervenbündel, in eine emergente Unbestimmtheit in einem sensorisch überhitzten, maniformen medialen Kraftfeld, in dessen Gravitation es immersiv navigiert (vgl. Melman, 2002), gespeist von unmittelbaren Blicken und Bildern, sei es indexikalisch-reflektorisch, sei es ikonisch-affektkongruent, wäre eine finstere Perspektive. Obwohl wir anerkennen, dass oft gerade die bedeutendsten poetischen und wissenschaftlichen Leistungen aus der sensorischen Ursuppe (vgl. Balzer, 1999) und ikonischen Sedimenten mimetisch heraufgetaucht werden. Und zwar durch die Vermummung von Selbstanteilen in Dinge oder ihre Bilder. Sonst gäbe es keine Lyrik, sonst hätte Kekulé nicht übers Traumbild der sich in den Schwanz beißenden Schlange das strukturchemische Rätsel des Benzolringes gelöst. In seiner gründlichen psychoanalytischen Monografie zum Bilderdenken berichtet Soldt (2006) von Einsteins Selbstauskunft, nicht sprachsymbolisch-diskursiv gedacht zu haben, so wie die Kreativität wahrscheinlich sehr wesentlich auf der Fähigkeit zu synästhetischen, transmodalen mentalen Akten, bildlichen Metapherntransfers unterhalb der Ebene psychoanalytischer Symbolisierung sensu strictu besteht. Aber solche Funde begabter Ichregression müssen doch sekundär symbolisch geborgen werden. Deshalb bleibt angesichts der neuartigen visuellen Intoxikationen die Fähigkeit zur Symbolisierung der Absenz unverzichtbar, aber ohne eine therapeutische Eschatologie symbolisierter Bedeutung in allem und jedem, die mit Paranoia in eins fiele. Einer meiner Analysanden brachte es in seiner Abschiedstunde auf den Punkt, oder besser auf den Krümel: »Haben Sie es mal am Strand versucht? Den Strand zu vermissen? Es geht nicht. Aber wenn man im Winter im Koffer drei Sandkrümel findet, kommen Erinnerung und Sehnsucht.« Also *Eyes shut, mind wide?* Warum nicht. Schwimmen gegen den Strom. Dann müssen wir aber auch für ein vernünftiges Dunkel sorgen, in dem die inneren Bilder die Augen aufschlagen.

(2008)

a real external object which is encapsulated in an piece of personality that has engulfed it. […] the gramophone when played is felt to be watching the patient« (Bion; zit. n. Hinshelwood, ebd.).

6 Subjekt und Synapse

Streifzüge durch die Umwelten von Menschen und Maschinen

Für Friedrich Kittler (1943–2011)

Virtualität

Neulich legte eine gebildete Frau in aufreibender Position, die mich gerade wegen Depressionen mit Schlafstörungen aufgesucht hatte, ihr iPad auf den Tisch zwischen uns, um mir ein paar Fotos ihrer Familie zu zeigen, damit ich mir »das mal vorstellen« könne. Dann ließ sie mit Zauberhand eine Buchseite des Romans, den sie gerade las, auf dem Screen erscheinen und schwärmte: »Wenn ich jetzt lese, wie der Ebro ins Meer mündet, gehe ich kurz auf Google Earth, Satellit, dann kann ich mir das vorstellen.«

Wenn wir Psychoanalytiker heute von »virtueller Realität« sprechen, ist ein säuerlicher Unterton schon inbegriffen. Eigentlich ja zu unrecht. Denn das Virtuelle ist das Menschliche schlechthin. Die Fähigkeit zum *fake*, zum Gemachten, Künstlichen also, ist keine Erfindung der elektronischen Medien, sondern das höchste Vermögen unseres Zentralnervensystems, das den Menschen ausmacht und zu dem gemacht hat, was er ist. Gemeint ist damit das Kunststück, nicht Vorhandenes, Verschwundenes, Verlorenes sich als vorhanden vorzustellen, es zu re-präsentieren, wieder zu vergegenwärtigen, von der ikonischen oder szenischen Fantasie bis hin zur Entkörperlichung im sprachlichen Symbol und dem symbolisch verfassten Denken, das sozusagen der Zirkulation von Virtualitäten die Krone aufsetzt. Der Virtualitätsgewinn unterscheidet uns vom Tier. Lügen zu können ist durchaus ein Zeichen gelungener Mentalisierung. Sich den Vorstellungen zu sehr zu überlassen, wäre allerdings eine waghalsige Angelegenheit, gäbe es da nicht gleichzeitig die Verneinungsfähigkeit, die dem Tier ebenfalls mangelt und die uns schlicht und ergreifend vor der Halluzination schützt. Es ist nicht wirklich, was ich mir ausmale. Für alle Bilder, äußere und innere, ist dieses »als ob es da wäre« kennzeichnend, ja unsere ganze innere Welt ist selbst vollkommen virtuell. All das ist uns in unserem psychischen Alltagsbetrieb so selbstverständlich, dass wir gar keinen Gedanken daran verschwenden.

Darüber hinaus haben die Menschen zu allen Zeiten die Not, aber auch die Lust verspürt, das »als ob«, den Schein, in der Außenwelt zu gestalten. Dies ist eine Quelle der Kunst.Von den steinzeitlichen Höhlenbildern über die antike Schattenmalerei, die gleichsam fotografisch den Umriss einer zu verabschiedenden Person auf die Wand bannte, bis hin zur barocken Scheinarchitektur wird eine notorische menschliche Neigung zu Augentäuschung und Selbsttäuschung, zum Fingieren sinnlich wahrnehmbarer Realitäten erkennbar. Im Grunde sind ja alle Bilder Trugbilder. Deshalb eignet sich »virtuelle Realität« begrifflich nur bedingt um zu erkunden, wie sich die flüchtigen, bildmächtigen, textspeienden elektronischen Lebenswelten unserer Zeit auf Subjektgenese, Mentalisierung, die Verfassung von Ich und Selbst auswirken. Auch wenn außer Zweifel steht, dass es seit mindestens 20 Jahren eine exponentiell wachsende, hyperindustrielle Virtualitätsproduktion gibt, die in der Menschheitsgeschichte bislang ohnegleichen ist, scheint mir das Spukhafte mit *Artifizieller Päsenz* (Wiesing, 2005) besser benannt.

Mentalisierung

Wenn ich die Fähigkeit zur Virtualität nachdrücklich als das eigentlich Menschliche in den Raum stelle, bedarf das noch einer Präzisierung hinsichtlich der Möglichkeitsbedingungen dieser spezifisch menschlichen Virtualität, die zwar phylogenetisches Erbe ist, aber doch ontogenetisch immer aufs Neue erworben sein will. Es handelt sich hierbei um logische Voraussetzungen dessen, was wir summarisch als Mentalisierung bezeichnen. Die grundlegendste Voraussetzung ist eine mentale Grenzbildung zwischen Innen und Außen, zugleich Urbedingung für das, was wir metaphorisch »inneren Raum« nennen. Sodann benötigen wir Speicher, Gedächtnissysteme, die unser Vorstellungsvermögen speisen können, sowie die schon genannte Verneinungsfähigkeit, die die Verbindung mit der äußeren Realität robust macht, und Funktionen (in der Mentalisierungstheorie von Bion läuft das unter dem sperrigen Begriff der Alpha-Funktion), die Transformationen des über verschiedene Kanäle einlaufenden Sensorischen in Ikonisches und Symbolisches erlauben, die wir als Traumfunktionen bezeichnen können. Erst wenn wir einen Nachttraum haben, fallen sie uns auf, obwohl sie in der Vorbereitung und im Ablauf der wachen Denkvorgänge vermutlich anteilsmäßig eine viel größere, wenn auch stillere Rolle spielen. Medientheoretisch gesprochen: Denken beginnt als Reiz- und Affektverfilmung. Die Transformation sensorischer Rohdaten über das rein Indexikalische und Ikonische bis hin zum Symbolischen gelingt aber nur mithilfe von Medien, Wandlern, die die Fähigkeit zum Empfangen, Verarbeiten und Senden haben: Entwicklungspsychologisch waren das altmodischerweise die selbst mental bindungsfähigen Primärobjekte, eben die Eltern, aber auch einigermaßen stabile Gewohnheiten und nicht zuletzt Rituale mit ihrer Containerfunktion. Selbstbewusstsein, Reflexivität entsteht durch abgestimmte Spiegelung in menschlichen Protokonversationen. Man kann von einer Geburt des *mind* aus dem *mind* des Anderen sprechen, indem etwa, wie Peter Fonagy einmal so schön sagte, für das Baby das Gesicht der Mutter ein Display darstellt, an dem es ablesen kann, was mit ihm selbst gerade los ist.

Als entscheidende Klippe der Subjektgenese taucht dann irgendwann die Entwicklung von Getrenntheit, Winnicotts (1984 [1958]) »capacity to be alone«, auf, die es uns erlaubt, in Gegenwart der Objekte mit uns selbst zu sein, Hand in Hand mit der Fähigkeit zum eigentlichen »use of an object« (Winnicott, 1969), dessen Eigenleben nun schmerzlich anerkannt wird. Dieser brisante, niemals frustrationsfreie Übergang hängt auf Gedeih und Verderb an einer angemessenen Verschränkung von Anwesenheiten und Abwesenheiten, Positivität und Negativität. Denn nur, was Gedächtnisspuren hinterlassen hat, kann innerlich neu erschaffen werden, indem es äußerlich verschwindet – sofern der Enttäuschungshass ausgehalten wird. Sehr plakativ und verdichtet heißt das: Die Liebe schafft die Substanz, die Versagung aber die Struktur. Denn sowohl die reife Psyche als auch die Kultur sind wesentlich ertragene und gestaltete Abwesenheit, Ausarbeitungen eines unaufhebbaren Mangels auf höherer Stufe. Im gelungenen Containment, aber auch im spielerischen Überangsraum, der sich ohne gebührenden Objektabstand gar nicht entfalten kann, geschehen Angstdämpfung, Erregungsmilderung und eine Deeskalation des sensorischen Tumultes, was zugleich auch Desomatisierung ermöglicht – anstelle des »subthalamischen Terrors«, um den starken Ausdruck de Bianchedis (2005, S. 1533) aufzugreifen. Das Kommen und Gehen von Bedürfnisspannung, Befriedigung und Objekten bildet eine erste zyklische Matrix der Zeitlichkeit, wobei um das Verschwundene, Verlorene, Vergangene – *praeter itum* – herum das Konzept von Vergangenheit sich formen kann.

Und schließlich funktioniert das alles nicht ohne Zeitdehnung, anders gesagt: nicht ohne Reflexverzögerung. Das soll nicht weniger heißen, als dass zwischen Reiz und Reaktion ein Bremsmoment eingreifen muss, damit Mentalisierung gelingt. Bremsung und Polsterung unseres Nervensystems ist eine doppelte Kulturvoraussetzung, so wie, ins Naturphilosophische rückverlängert, auch die biologische Membran, die die Zelle als diskrete Einheit von der Umgebung scheidet, Konzentrationsgradienten, also Ungleichgewichte erhält, sowohl Austausch als Konstanz ermöglicht, als Urform aller Kultur betrachtet werden kann. Ganz so, wie das Haut-Ich, embryonal und psychisch, die erste, im doppelten Sinne,Fassung aller Ichleistungen ist. Ebenso kann man sagen, dass Kultur selbst recht eigentlich einen Verzögerungsraum darstelllt.

Man kann die spezifische menschliche Virtualität einschließlich des formalen Denkens auch als Umweg zur Befriedigung begreifen, auf dem wir seelische Erregungswirtschaft gegen Bedeutungswirtschaft eingetauscht haben. Freud hat das getan, als er in der *Traumdeutung* Wahrnehmungsidentität und Denkidentität, Primärvorgang und Sekundärvorgang unterschied. Er spricht von der Suche nach einem »*Befriedigungserlebnis* […], das den inneren Reiz aufhebt« (Freud, 1900a, S. 571). Eine erneute Bedürfniserregung, Wunsch geheißen, strebt zunächst danach, das Erinnerungsbild, die befriedigende Wahrnehmung selbst, wiederherzustellen:

> »[…] das Wiedererscheinen der Wahrnehmung ist die Wunscherfüllung […]. Diese erste psychische Tätigkeit zielt also auf eine *Wahrnehmungsidentität*, nämlich die Wiederholung jener Wahrnehmung, welche mit der Befriedigung des Bedürfnisses verknüpft ist […]. Eine bittere Lebenserfahrung muß diese primitive Denktätigkeit zu einer zweckmäßigeren, sekundären modifiziert haben. […] All die komplizierte Denktätigkeit also, welche sich vom Erinnerungsbild […] fortspinnt, stellt doch nur einen durch die Erfahrung notwendig gewordenen *Umweg zur Wunscherfüllung* dar. Das Denken ist doch nicht anderes als der Ersatz des halluzinatorischen Wunsches« (ebd., S. 571f.).
>
> »Der Primärvorgang strebt nach Abfuhr der Erregung, um […] eine *Wahrnehmungsidentität* herzustellen; der Sekundärvorgang hat diese Absicht verlassen und an ihrer Statt die andere aufgenommen, eine *Denkidentität* zu erzielen. Das ganze Denken ist nur ein Umweg« (ebd., S. 607).

Man hat den Eindruck, dass heute weniger der Umweg zur Denkidentität Konjunktur hat als der Kurzschluss des primärprozesshaften Wünschens mit der Wahrnehmungsidentität. Vielleicht begünstigen allgegenwärtige Bildmaschinen, die eigentlich Präsenzgeneratoren und Absenzvernichter sind, gerade eine Schwächung der menschheitsgeschichtlich buchstäblich *er-träumten* Virtualität,[1] die wir auch als Einbildungskraft,[2] Bildlichkeit, Bedeutung bezeichnen.

Mikroelektronische Lebenswelten

Die Mentalgeschichte der letzten Jahrzehnte kann als fortschreitende mikroelektronische Verwaltung nicht nur des menschlichen Hirnes, sondern des Gesamtsensoriums erzählt werden. Meine persönliche Initiation geschah vor haargenau 30 Jahren, als ich staunend in einem italienischen Schaufenster einen nagelneuen Sony-Walkman erblickte. Mit ihm verlor die Musik auf sensationelle Weise ihre distinkten Orte und heftete sich potenziell dauerhaft an den Kopf. Natürlich besaß ich bald einen, ertrug ihn aber nur selten. Wenige Jahre später erwarb ein Freund für seine wissenschaftlichen Arbeiten den damals stärksten Apple-Computer für runde 20.000 DM; die separate Festplatte hatte die Größe zweier Schuhkartons und das sagenhafte Fassungsvermögen von 20 Megabyte. Ein ordentlicher Laptop kommt heute mit einer Festplatte von 500 Gigabyte, entsprechend 25.000 Schuhkartons. Vor 25 Jahren waren etwa 3 Prozent der weltweiten Datenmenge digital gespeichert, im Jahre 2007 wurde der verbliebene analoge Datenanteil auf gut 10 Prozent geschätzt. Sowohl die akkumulierte Datenmenge als auch die rasante Zunahme der Rechenleistung sind nur als steile Exponentialkurven darstellbar (Schrader, 2011). Das ist nun keineswegs nur ein Grund zur Klage. Auch wenn riesige Geldmengen in Elektronenform spekulativ um den Globus gejagt werden und dadurch ganze

1 »Das Denken in Bildern ist also ein nur sehr unvollkommenes Bewusstwerden. Es steht auch irgendwie den unbewussten Vorgängen näher als das Denken in Worten und ist unzweifelhaft onto- wie phylogenetisch älter als dieses« (Freud, 1923b, S. 248).

2 »Und da ist der Homo sapiens auf etwas verfallen, worüber man kaum genug staunen kann: die Entwicklung einer Einbildungskraft. Reize zu verarbeiten durch ihre Übersetzung in innere Bilder – was für ein Kunstgriff! *Im Grunde besteht der Primärvorgang in nichts als dieser Übersetzungsleistung*« (Türcke, 2010, S. 218; Hervorh. W.B.).

Volkswirtschaften an den Abgrund geraten; auch der Wert von Geldscheinen ist ja virtuell, nur sind sie träger beweglich. Ich kann über das Internet einen eiligen Text verschicken, meine Tochter in Afrika per SMS grüßen oder aus dem Hochgebirge per Handy der Pensionswirtin mitteilen, dass ich noch lebe, obwohl es schon dunkel geworden ist. Und, gewiss, über Handy oder Twitter verabreden sich junge Menschen nicht nur zu Zehntausenden für ein Massenbesäufnis in Granada, sondern auch zu wirksamen politischen Willensbekundungen wie gerade in Ägypten. Und zahllose nützliche und gute Dinge mehr.

Trotzdem hat sich für viele Menschen die mentale Verfassung zu einem apparativen Belagerungszustand entwickelt. Sie werden immer seltener ohne einen elektronischen Doppelgänger gesichtet. Aus Sicht des Subjektes bietet somit die Spätmoderne auch das Panorama einer Invasion mikroelektronisch vermittelter Anwesenheiten, die man nicht ohne soziale Sanktionen (ungelesene E-Mails!) abschütteln darf. Absenzverlust zugunsten eines Präsentismus von Bildern und Texten ist das offene Betriebsgeheimnis unserer Gegenwartskultur. Der Philosoph Han spricht in seinem Buch *Müdigkeitsgesellschaft* (2010, S. 10, 12) von einer Zeit, die »arm an Negativität« (ebd., S. 10) ist, andererseits von der neuronalen Gewalt der Positivität (ebd., S. 12). Ständig ist etwas vorhanden, das einen Reiz setzt oder eine Antwort erheischt. War Subjektivität bislang eine Sphäre, die sich zu Zeiten auch einmal halbwegs schließen konnte, so ist diese jetzt dauernd leck. Einfach mal abschalten – wenn das so leicht wäre. Zugleich entdimensioniert sich der innere Raum zu hartnäckigen Verklebungsverhältnissen, manchmal sicher adhäsiven Identifizierungen mit Bildschirmen, Touchscreens, Tastaturen, eben reagiblen Oberflächen, die den Benutzer ebenso bedienen wie er vermeint, noch der Akteur zu sein. So wie bezüglich mancher Kinder von einer »Gerätesozialisation« (Eisenberg; zit. n. Baier, 2000, S. 211) gesprochen wurde, kann man gewiss kinderpsychiatrisch eine Störung gar nicht mehr ohne Erhebung der Medienanamnese beurteilen. Das Spiel *Monopoly Revolution* ist inzwischen mit Musik-und Soundeffekten erhältlich. Schon die Kleinsten stehen unter opto-akustischem Dauerfeuer, wobei das visuelle Zeitalter in ein haptisches überzugehen scheint, ganz so als bewahrheite sich die Vision von Vilém Flusser (2005 [1989], S. 188): »Übrig bleiben von den Händen die Fingerspitzen […]. Der fingernde, handlose Mensch der Zukunft wird nicht handeln, sondern tasten.« Gameboys, Spielekonsolen, Handys, Smartphones, TV, PCs, Digitalkameras, Navis entfalten ihre Wirkung nicht einfach aufgrund der Virtualität der dargebotenen Objekte, sondern weil sie so konkret zuhanden und omnipotent zu manipulieren sind – ständige Anwesenheit, reine Positivität. Zum Objekt im Sinne Winnicotts werden sie eigentlich erst, wenn sie nicht funktionieren. Aus dem rumpelnden Walkman sind *iPod, iPhone* und *iPad* geworden, die aktuellste Dreifaltigkeit der Alltagsverbilderung, die noch durch digitale Bilderrahmen ergänzt werden kann. Aber die zunehmend schmerzende Kluft zwischen »Weltzeit und Lebenszeit« (Blumenberg, 1986), zwischen meiner begrenzten Lebensspanne und dem, was – wie mir immer eindringlicher bewusst gemacht wird – sonst noch möglich wäre in einer »Multioptionsgesellschaft« mit ihren »Steigerungsimperativen« (Gross, 1994), lässt sich mit Prozessoroptimierung und vergleichzeitigenden Bildmaschinen nicht austricksen, schon deshalb nicht, weil es bald mehr Apps als Lebenstage geben wird. Ich komme auf die Bildmaschinen später noch einmal zurück.

Viele der noch nicht einjährigen Kinder nicht nur in den USA konsumieren regelmäßig Baby-TV. Die durchschnittliche tägliche Internetnutzungsdauer liegt bei den 12 bis 19-jährigen deutschen Jugendlichen bei 134 Minuten, 90 Prozent nutzen den PC mehrmals pro Woche oder täglich (Bilke-Hentsch et al., 2010). Dazu muss man die Inkubation durch MP3-Player und Mobiltelefone rechnen. Hat man es geschafft, erwachsen zu werden und bei auch nur mittlerer beruflicher Verantwortung in die brausende Datenzirkulation eingeloggt zu sein, wird es nicht besser. An die Seite des guten alten Briefkastens sind psychosomatisch weitaus aufreibendere Schnittstellen getreten, gegen die man sich nur unter Autismusrisiko[3] immunisieren kann: Sind berufliche Telefonate, Anrufbeantworter, E-Mails, Papierpost für den Tag abgearbeitet, warten häusliche Post, E-Mails, SMS und Mobilbox auf den ermüdeten Empfänger. Oder ein Fahrkartenautomat der Deutschen Bahn. Oder die Online-Datenerhebung zu einer neuen Qualitätsstandardrichtlinie sowie die Nachricht, die Europäische Union beabsichtige die Einführung eines 24-stelligen alphanumerischen Codes für alle, auch inländischen Banküberweisungen. Oder die hartnäckige Fehlermeldung der Praxissoftware an einem sonnigen Sonntag. Wer dann auf die Idee verfällt, ein gängiges Antivirus-Programm vom Computer zu löschen, weil dieser sich inzwischen in eine Schnecke

3 Deswegen taugt Herman Melvilles (1988 [1853]) großartige Figur des Bartleby zum tragischen Helden unserer Zeit: Denn sein radikaler Versuch der Neuerschaffung verlorener Negativität (»I would prefer not to«) endet mit seinem Untergang.

verwandelt hat, wird auf eine Internetseite der Programmfirma geleitet, wo er in einem Fragebogen die Gründe für die Löschung erklären möge – andernfalls bleibt die Löschung einfach mittendrin stehen. Schon wartet der Drucker darauf, dass wichtige E-Mails ausgedruckt und – wohin mit den Textemissionen? – archiviert werden, sofern nicht gerade ein Problem mit dem Druckertreiber eine Neuinstallation erzwingt. Unsere Lebenswelt ist hyperton. Nicht nur das moderne Druckerleben, auch das Menschenleben ist inzwischen zum Standby-Modus verdammt. All das plombiert inneren Raum und nagt an der Lebenszeit. Beschleunigung, Simultaneität und Zurichtung unseres Denkens auf Wenn-Dann-Schleifen stellen eine Gewalt neuen Typs dar, die man nicht erfasst, wenn man auf die Zumutungen und Verbote der alten Disziplinargesellschaft fixiert ist. Doppelklickreflexe stärken gewiss das prozedurale Gedächtnis, nicht aber das deklarative, Selbstreflexion ermöglichende. Und man muss schon sehr genau ins scheinbar Triviale gehen, weil sich die Umwälzung des Subjektstatus zum Reagibel-Reflektorischen hin schleichend, aber kumulativ abspielt. Dabei will es die Ironie der Geschichte, dass es die »Anpassungsstörung« bis in Diagnosemanuale geschafft hat, die gleichzeitig aussagekräftige Diagnosen abgeschafft haben. »Anpassungsstörung« lautet der Deckname für einen Zustand des Gehäutetwerdens, in dem wir uns zunehmend wiederfinden, weil wir uns nicht mehr in der Mitte unseres Nahfeldes und seinen konzentrischen sozialen Schichtungen beheimaten können. Kaum ein Tier könnte es überleben, täglich in einer wildfremden Umgebung zu erwachen. Unsere Lebenswelt ist in eine schnelle Serigrafie des eben gerade noch Vertrauten verhext.

Wir sind gefasst auf die tägliche Desorientierung durch neue Gesetze, Regelungen, Vorschriften, Verbindungen, Warensortimentsanordnungen, Verpackungsänderungen, Produktwechsel und, sofern wir in einer *fast company* arbeiten, einen neuen Chef und undurchsichtige, irgendwie biomorphe Berichtslinien, nach der letzten elektronikgestützten Reorganisation der Umorganisation – alles einer Dynamik geschuldet, die erst möglich wurde, seit Innovationen nicht mehr mit der mechanischen Schreibmaschine codiert werden. Spätestens, wenn etwa wir Ärzte auf eine 150-seitige neue Kodierrichtlinie für Diagnosen eingestimmt werden, merken wir, dass wir mutiert sind zu Datensklaven, die Datenbanken füllen, damit sich die Gewalt der optimierten Prozeduren immer komplexer verpuppen kann, wofür naturgemäß noch mehr Daten und Rechenleistung erforderlich werden. Wer heute von Demokratie redet, muss die Datokratie mitdenken.

Zeitdiagnosen

Es fehlt in unserer Epoche nicht an Zeitdiagnosen und Zeitkrankheiten. Sie alle sehen den merkwürdig untraurigen Menschen unserer Tage als Simultangeschöpf mit Zeitmangel – geworfen in Beschleunigung, Entgrenzung und Überreizung. Bedeutung scheint sich wieder in Erregung zu zersetzen. Zertrümmert sind Identitäten und Substanzen, lineare Narrativität, Zeitlichkeit, ja die Kausalität auf allen kulturellen Frequenzen, unter Ersatz durch reine Prozessualität, Relativität, Emergenz und flüchtige, rekombinante Bildflächen und Texte, die um uns herum zirkulieren und uns auf den Leib rücken. Besonders die Prozessualisierung löst unser lebenswichtiges, vertrautes Nahfeld innovativ immer wieder auf. Wenn Christoph Türcke (2011) von einer sensorischen Reeskalation ausgeht und von »konzentrierter Zerstreuung« spricht, muss man mitdenken, dass der beta-elementare Input oftmals blitzschnell die Apperzeptionsschwelle unterschreitet und seine Strategien empathisch unserem träumenden Primärprozess abgelauscht hat, berechnet nicht auf Verinnerlichung und Erinnerung, sondern auf Erregungsoptimierung und zeitökonomische Rationalisierung. Das bedeutet Leben mitten im Bildschnitt eines zu schnell laufenden Filmes.

Schon Hermann Lübbe (1991) hat von der »Gegenwartsschrumpfung« gesprochen, weil sich das Zeitgefühl verändert, wenn das eben noch Neue in Windeseile Museumsreife erlangt. In Gestalt der elektronisch erzeugten Bilder hat die Vergleichzeitigung ihren Nürnberger Trichter gefunden, was aber dem geduldigen Durchdenken nicht förderlich ist. Diese überwältigende Ikonizität ist längst in alle Lebensbereiche eingesickert. Peter Boback (2011, S. 3) spricht von »persuasiven Bildern als visuellen Überwältigungsmedien«. Wenn man sich den didaktisch hochgelobten, teuren Irrsinn der Schauspielerpatienten vor Augen führt, die für Medizinstudenten eine Herzinsuffizienz oder Leberzirrhose vorspielen, aber anders atmen und riechen als echte Kranke, möchte man Baudrillards Behauptung, wir seien nur noch von »Simulacren« der Wirklichkeit umgeben, vollauf glauben. Auch wundert es uns dann nicht mehr, wenn die zeitgenössische, interventionell so großartige Modularmedizin im Handumdrehen diagnostisch nach einer Bildgebung mit CT oder MRT ruft, weil sie sich schwer damit tut, anamnestische, also geschichtliche Angaben, Laborwerte und sinnlich am Kranken erfahrbare Daten zu einer ersten Vermutung zu synthetisieren. Man kann das als Symptom einer Regression des Denkens betrachten, als eine der kurrenten Formen des *retour avant la lettre*.

Vom »erschöpften Selbst« ist viel die Rede, seit Ehrenbergs gleichnamiges Buch (2004 [1998]) eine starke Rezeption erfahren hat. In seiner originellen Argumentation, der zufolge das in den Fesseln der alten Disziplinargesellschaft gehaltene und daraus entlassene Selbst sich an Wahlfreiheit, Über-Ich-Entlastung aufreibt, weil es dafür den Zwang der Selbstoptimierung unter der Idealität des geglückten Lebens eingetauscht hat, wird die Depression zur Leit- und Zeitkankheit. Die medialen Zurüstungen der Subjekte und Zumutungen an sie kommen dabei aber gar nicht in den Blick. Gleichwohl wurde seine These zuletzt im *Spiegel* (Dettmer et al., 2011) sehr zustimmend aufgenommen und mit dem verunklarenden Begriff des Burnout verschmolzen. Das ist angenehm, weil es den Kurzschluss mit der allgegenwärtigen Opferrhetorik erlaubt, denn der vom Burnout Betroffene figuriert als ein von den Verhältnissen Missbrauchter. Angenehm, aber undialektisch, weil unsere Mittäterschaft ebenso unterschlagen wird wie die unangenehme Tatsache, dass wir alle inzwischen selbst Big Brother sind.

Nicht nur das Börsenleben zeigt manisch-depressive Züge. Aufgrund der medialen Lichtgeschwindigkeit müssen Entscheidungen hier heutzutage in Sekundenschnelle getroffen werden. Der Heidelberger Psychiater und Philosoph Thomas Fuchs (2002) hält unserer Zeit einen Spiegel vor und erkennt in ihm den »manischen Menschen«. *Wetten dass* – die fürchterlichen Folgen eines halsbrecherischen Sprunges, Dädalus im Audi, Ikarus auf Sprungstelzen, allerdings vor einem Millionenpublikum, eben Big Brother, illustrierten dies aufs Traurigste. Fuchs arbeitet in phänomenologischer Perspektive als Charakteristika seiner Zeitdiagnose neben anderem Expansivität »ohne Rücksicht auf Eigenheiten und Eigenzeiten«, Beschleunigung, Flüchtigkeit – »institutionalisierte Ideenflucht« – und Maßlosigkeit heraus. Das Eigentliche ist immer anderswo. Dafür gelingt ihm die großartige Formulierung: »Das ungeduldige Warten im Transit-Raum ist das Signum der Zeit« (ebd., S. 222).

Im Gegensatz hierzu hält etwa Martin Dornes (2011, S. 1010) der »kulturpessimistische[n] Begleitmusik« und der angeblichen Zunahme früher Störungen seine unaufgeregte, irgendwie aber doch apologetische Vorstellung von der »Modernisierung der Seele« entgegen. Die neuen medialen Wirklichkeiten blendet er letztlich aus. Die Liberalisierung, die »Mühen einer verhandlungsorientierten Erziehung« (ebd., S. 1015) machen den »modernisierte[n] psychische[n] Apparat [...] sowohl demokratischer als auch demokratiefreundlicher« durch »intrapsychische[n] kommunikative[n] Verflüssigung« (ebd., S. 1019) und mangels Autoritätshörigkeit. Diese »postheroische Persönlichkeit« weise »Flexibilität« auf und sei »kontextsensitiv« (ebd., S. 1026). Eine Zunahme seelischer Erkrankungen sei weder bei Kindern noch bei Erwachsenen solide zu belegen (ebd., S. 1027). Im allerletzten Satz räumt er ein, dass »die Lasten von Modernisierungsprozessen sowohl bei Kindern wie bei Erwachsenen schichtspezifisch zuungunsten der Unterschicht verteilt sind« (ebd.).

Tatsachen

Schauen wir noch einmal selbst hin. Die häufigste medizinische Diagnose in ambulanten Praxen im Jahre 2010 war Hypertonie (*Süddeutsche Zeitung*, 02.02.2011, S. 1). Im Februar 2011 vermeldet der DAK-Gesundheitsreport einen Anstieg der Fehltage aufgrund psychischer Erkrankungen (häufigste Diagnose: Depression) innerhalb eines Jahres um 13,5 Prozent, entsprechend einem Achtel des Krankenstandes und beinahe eine Verdoppelung im Vergleich zu 1998 (von Hardenberg, 2011). Die Inanspruchnahme logopädischer Behandlungen im Kindesalter ist seit Jahren stark im Steigen. Auch mag man sich darüber wundern, dass der Tinnitus zum Massenleiden einer Kultur avanciert ist, die die Stille nicht mehr erträgt. Bei eher sinkender Gesamtkriminalität wird konstant eine Brutalisierung von Körperverletzungen bei Delikten festgestellt, die, wenn man genauer hinschaut, oft als Erlebnisgewalt imponieren. Bei geschätzten 10–20 Prozent Tätowierungen in der Gesamtbevölkerung, angesichts von Piercings und Infibulationen erscheint es gerechtfertigt, von einer emblematischen Theatralisierung der Haut als Grenzorgan zu sprechen, quasi dauerentzündet zwischen Durchstechung und Narbe, wie ein Versuch, Grenzkontrolle wiederherzustellen. Vielleicht verträgt es der Mensch schlecht – biologisch, sozial und psychisch eigentlich ein halboffenes System mit eigener Homöostase –, immer mehr in die Rolle eines total offenen, immer ansteuerbaren Systems gedrängt zu sein. Und wer hört eigentlich den Lehrern zu, die – nicht nur an Grund- und Hauptschulen – monoton davon berichten, wie sie nur noch mühsam den täglichen Ameisenhaufen schnell gelangweilter, des Abwartens unfähiger Kinder zu Konzentration, Aufmerksamkeit und Hausaufgaben bringen können. In einer großen schwedischen Studie (Hjern et al., 2010) stellte sich heraus, dass Kinder von Sozialhilfeempfängern bzw. Müttern mit niedrigem Bildungsstatus 2,3-mal so oft wie eine große Vergleichsgruppe Psychostimulanzien zur Beruhigung erhalten hatten.

Frappant ist auch der Rückgang der Diagnosestellung ADHS im 7-Jahreszeitraum um 41 Prozent für die Altersklasse 0–5 Jahre bei nahezu exponenziellem Anstieg in allen anderen Altersgruppen (zit. n. Börner, 2010). Das passt nicht zur Annahme einer genetischen Verursachung, aber ganz gut zu meiner eigenen, inzwischen zehn Jahre alten Vermutung, dass die unruhigen Kleinen noch gar nicht in unseren Erwachsenenpraxen angekommen seien; bezüglich der Impulsteuerung, also »externalising behaviours« (Hackman et al., 2010) stimmt es auch gut überein mit dem wiederkehrenden Befund, dass elektronische Hochrüstung im Kinderzimmer positiv mit niedrigem sozioökonomischem Status, Schulversagen und Gewaltbereitschaft korreliert.[4] Aufmerksamkeit und Konzentration werden nicht mitgeboren, sondern sozial formiert bis auf die Ebene der Synaptogenese. Das organische Substrat besteht in der Verschaltung und Plastizität der zentralnervösen neuronalen Netzwerke, in denen beim Neugeborenen in einem quasi globalisierten, *vergleichzeitigten* Gehirn noch alles Mögliche miteinander verbunden ist, wie körperliche Mit- und Massivreaktionen auf einen Reiz augenfällig machen. Erst interaktionelle Wiederholungen machen den neuronalen Dschungel gleichsam durch Trampelpfade und Wegzeichen begehbar. Davon zeugt die Entstehung der *geteilten Aufmerksamkeit* zwischen Mutter und Kind im Alter von 9–12 Monaten (Hobson; zit. n. Dornes, 2005; Tomasello, 2002, S. 83ff.; 2009; Brandt, 2009, S. 46ff.), also die geteilte intentionale Bezogenheit auf etwas Drittes im impliziten Wissen um die gemeinsame Aufmerksamkeit (referenzielles Dreieck) – ein menschliches Spezifikum, das anderen Primaten nicht gelingt. Ebensowenig wie die Opposition des Daumens, welche den Pinzettengriff ermöglicht, der wunderbarerweise genau zeitgleich mit neun Monaten unter den kritischen Augen der Kinderärzte das gröbere, palmare Greifen[5] ablöst und Konzen-

4 In einer kanadischen Studie an mehr als neuntausend Kindern und Jugendlichen zwischen zehn und sechzehn Jahren zum Risikoverhalten (operationalisiert als Rauchen, Rauschtrinken, Autofahren ohne Gurt, Cannabiskonsum, illegale Drogen, ungeschützter Sex) zeigte sich eine nur schwache Korrelation mit exzessivem Fernsehen, jedoch eine starke, in der Spitze proportionale mit dem Internet-Surfen. Im Durchschnitt verbrachten die Jugendlichen täglich mehr als viereinhalb Stunden im Netz (*Frankfurter Allgemeine Zeitung, 97* vom 27.04.2011, S. N1).

5 Über die Zwischenstufe des sogenanntem Scherengriffs, bei dem das Objekt zwischen Basis von Daumen und Zeigefinger gefasst wird.

tration auf einen Gegenstand ermöglicht. Denn Aufmerksamkeit ist eine *Verzichtsleistung* – Verzicht auf all das, was zeitgleich auch noch möglich wäre. Was aber, wenn niemand da ist, der sich mit Daumen und Zeigefinger des Babys beschäftigt, neben *holding* und *handling* auch für ein adäquates *object presenting* sorgt? Es ist natürlich ein Sarkasmus, an dieser Stelle den Neurobiologen Gerald Hüther (2009) zu zitieren, der von einer Vergrößerung der Hirnregion bei Jugendlichen seit zehn Jahren, Anbruch der SMS-Epoche, berichtete, die den Daumen steuert.

In der kinderpsychiatrischen Klinik sieht man nach meiner Erfahrung vermehrt eigenartige Grenzfälle, nicht zu verwechseln mit Borderline-Pathologien mit erreichter Spaltung von Gut und Böse, sondern mit prekärer Grenzziehung in gleichzeitiger Bezogenheit. Häufig haben sie eine desolate Medienanamnese sowie eine Sucht nach sensomotorischen, auch akustischen Erfahrungen, befriedigenden Wahrnehmungsidentitäten, ohne die unlustvolle Denkidentität im Symbolischen aushalten zu können. Als zwei Seiten derselben Münze bieten sie ein disruptives oder adhäsiv-fusionäres Bild, also eine autistoide Abschottung im Wechsel mit einem seltsam beziehungsarmen Kleben am Objekt, das nicht wirklich etwas bedeutet (vgl. Kapitel 3). Wenn diese Kinder dann wahllos Erzieherinnen umarmen, die sie zu »lieben« vorgeben, wird zurecht eine Bindungsstörung diagnostiziert. Manchmal möchte man aber auch von einer medienmutierten Schizoidie sprechen.

Bild-Anthropologie

An dieser Stelle müssen wir noch einmal den Bildmaschinen ins Auge, besser: auf das *Display* und auf den *Screen*, blicken. Was soll den eigentlich so schlimm sein an den elektronisch generierten Bildern?

Zunächst: Äußere und innere Bilder sind anschauliche Vergegenwärtigungen. Ikonische Sicherungskopien gegen Vergänglichkeit, menschliche Maßnahme gegen Abwesenheit, Trennung und Tod. Deswegen war für den Bildtheoretiker Hans Belting der Tod der erste große Bildmeister. Das meint den nicht nur für den Frühmenschen ungeheuerlichen Tatbestand, dass der Verstorbene im Leichnam ins stumme Bild seiner Selbst verwandelt ist. Das urzeitliche Bilderschaffen begann als magisches Ungeschehenmachen dieses Skandals im Schädelkult: Neolithische Funde aus Jericho (die man im winzigen Nationalmusuem zu Amman bestaunen kann) zeigen nach Verwesung vom Körper abgetrennte Schädel, die durch einen bemalten Überzug aus Kalk oder Lehm mit Augen aus Perlmutt und Muscheln ein individuelles Gesicht zurückerhielten und sichtbar aufgestellt wurden. Dadurch erhielten die Toten »im Bild einen *unsterblichen Körper*« (Belting, 2001, S. 144), in leibhaftiger Inkarnation, Affirmierung der körperlichen Präsenz und Negation der Abwesenheit. Diesen Bildcharakter besitzen laut Belting auch noch die ägyptischen Mumien. Erst in der griechischen Grabkultur wird mit der Besiegelung der tatsächlichen Abwesenheit unter Entwicklung von Trauerprozessen auch Erinnerung, also Innerlich-Werden, möglich und damit in veränderter Bildpraxis das Bild von einem *Medium der Verkörperung* zu einem *Medium der Erinnerung*« (ebd., S. 170). »Am Bild macht man jetzt nur noch die Erfahrung der Abwesenheit« (ebd., S. 173). In einem Wort: Die Bekräftigung der Absenz im Bildakt (vgl. Assmann, 2000) erschloss den symbolischen Übergangsraum der Erinnerung, der Temporalität und der Erzählbarkeit des Unsichtbaren.

Die elektronisch erzeugten Bilder stülpen diese Entwicklung um. Der Bildcharakter bestimmt sich ja, wie man Wittgenstein paraphrasierend sagen möchte, durch seinen Gebrauch, durch Bildspiele. Und wir reden hier nicht von den Leistungen der alten *pictura*, Tafelbildern mit ihrer bedeutungsvollen Bildlichkeit, nicht von romanischen Kapitellen, die uns alles über Himmel und Hölle erzählen, und auch nicht von Standbildern. Die Rede ist von szenischen Computerspielen, Videos besonders mit gewalttätigen und sexuellen Inhalten – kurz, dem ganzen Gegenstandsbereich, der den Löwenanteil der kulturellen Bildproduktion und -konsumption ausmacht und um den die psychoanalytische Bildkritik bisher einen vornehmen Bogen gemacht hat. Wo einst ein auratisierender Rahmen war oder der Sockel, ist jetzt die Tastatur. Dabei ändert sich auch der Bildgebrauch. Während die traditionelle, mittelbare, mitteilbare, bedeutungsvolle Bildlichkeit ausgehöhlt wird, wird der Nutzer von diesen Bildern unmittelbar angeturnt. Sie setzen nicht potenziell innere Bedeutungsketten in Gang, fördern nicht Semiose, sondern sind antisemiotisch. Aufgrund des aufgeheizten Bilderlebens und der Handlungsimperative möchte man von *performativen Bildern* sprechen, so wie bemerkt wurde, dass die *pictura* als Fenster zur Wirklichkeit (Alberti) sich zu reinen Visualitäten (vgl. Wetzel, 2004) verflüchtigt habe. Denn die brisante Mischung von Impulsdichte und Präsentismus ist ziemlich symbolisierungsresistent. Der Bildtheoretiker Großklaus stellt fest: »Das elektronische Prinzip von Bild, Bildschnitt und Schnittfläche löst das literarisch-narrative Prinzip von

Linearität und Intervall ab« (Großklaus, 2004, S. 179) zugunsten reiner Präsenz, Verräumlichung der Temporalität in bewegten Flächen, eben einer »Kumulation von Anwesenheiten« (ebd., S. 166).

Es regiert hier die Affektlogik, weil die Vergleichzeitigung durch artifiziell präsente, audiovisuelle, antisemiotische Bilder eine Affektaktualisierung im Banne einer Mitverkörperung erzwingt, während ja das Symbolische gerade durch unähnliche Entkörperlichung, durch Entgleichzeitigung etwas »verkörpert«. Indem der betrachtende Akteur sich regressiv im Bild inkarniert, mutiert dies in historisch neuartiger Weise wieder vom Medium der Erinnerung zum Medium der Verkörperung. Geglückte Aufmerksamkeitszersetzung, flinker Nystagmus und betriebsbedingte Hyperkinese inbegriffen. Mentalisierung ist eine progressive Bildergeschichte, menschheitsgeschichtlich und individuell, und Bilder können dementaliseren, so wie das italienische *dimenticare* auf Deutsch »vergessen« heißt. Dann wird aus Mentalisierung Mentalysierung.

Konfusion von Körperbild und Bildkörper

Ich möchte bei der von mir behaupteten doppelgängerhaften Fleischwerdung der nackten Bilder und der Bildwerdung des Fleisches erstens einen projektiv identifikatorischen und zweitens einen adhäsiven Modus unterscheiden, beide mit Grenzverwischung zwischen Innen und Außen. Gleichfalls bedingen beide Weisen audiovisueller Bildakte eine *Konfusion von Körperbild und Bildkörper* (vgl. Kapitel 5, S. 111f., 113). Dies folgt aus der Resomatisierung der Bilder im Zeichen der sensorischen Reeskalation bei gleichzeitiger semiotischer Regression. Im ersten Falle verändern sich die Selbstrepräsentanzen bis ins Körperliche, der zweite Modus liefert eine imaginäre Hülle für das Ich selbst. Den projektiv-identifikatorischen Stoffwechsel mit animierten Bildern kann man sich als ein Wechselspiel der Inkorporation von Bildwahrnehmungen mit der Exkorporation von körperlichen Selbstrepräsentanzen vorstellen. Die Selbstrepräsentanzen werden im performativen Bilderleben aufgeladen zu einem tollen Doppelpack von Selbst und Idealselbst, im Bilde deponiert, aber auch von jedem Stromausfall so fortgerissen, dass nur erneuter Reizhunger nach Wahrnehmungsidentitäten übrig bleibt. In der adhäsiven Erlebensweise wird eine repetitive, reizintensive Bildpraxis zu einer sensorischen Hülle ähnlich den »autistic shapes« (Tustin, 1984) vermittels einer »adhesive equation«

(Tustin, 1986): Das Haut-Ich wächst in die Bilder ein und die Bilder ins Haut-Ich. Dieser Bildstoffwechsel wölbt eine Sphäre, die mit dem Restselbst eine kontinuierliche Fläche bildet, indem ein schwaches Ich sich in Bilder wickelt wie in eine Haut, eine konkrete Bildhaut. In diesen buchstäblichen Grenzfällen der Bildpraxis ähnelt das Losreißen vom Bildschirm einem Gehäutetwerden, bei dem die autistische Tasche zerreißt. Der Bildverlust ist dann Ichverlust. Natürlich bedeutet die Vorstellung einer Bildhaut als plastischer Deckung eines zwar dauererregten, aber porösen Ich, das immersiv ins Visuelle eintaucht, eine Schieflage in Richtung der »autistic-contiguous position« (Ogden, 1989), anstelle der symbolisch geprägten depressiven Position mit ihrer Zeitlichkeit, Schuldfähigkeit, der Beziehung zu integralen Objekten mit deren Eigenleben in Getrenntheit.

Ikonischer Mentalisierungsstopp – präsentische und absentische Symbolisierung

Was heißt das denn nun für die spezifisch menschliche Virtualität, von der ich sprach, und für die Symbolisierung im Besonderen? Weshalb denn meine Rede von der Mentalysierung? – Das Psychische ist ja wohl doch uranfänglich Physiologie, Verkörperung, *embodiment:* Triebspannung, physische Angstäquivalente, überhaupt Affektäquivalente wie Kontraktion, Sekretion, Schweißausbruch, Schutzreflexe, betaelementare Reize und Reaktionen. Mentalisierung kann man als komplexe, umfassendere Kategorie begreifen und Symbolisierung als spezifische Teilmenge in ihr; Skalen der Mentalisierung wären etwa der Reifegrad der Repräsentationen mit der Symbolisierung als höchster Stufe (nicht jede Repräsentation ist symbolisiert!), Somatisierungsgrad, Denkfähigkeit und Verbalisierung, Verständnis für die Intentionalität anderer und von sich selbst, schließlich Affekttoleranz und Tendenz zum motorischen Ausagieren. Mentalisierung heißt aufsteigende Übersetzung von Affekten. Das Bilderdenken spielt bei dieser semiotischen Progression (Plassmann, 1993, S. 278), den Stufen der Repräsentation, eine hervorragende Rolle. Dies wird, *bottom up*, anschaulich, indem die Tagtraumfunktion (vgl. Bion, 1962b) Affekte progressiv verbildert oder indem, *top down*, die Nachttraumarbeit einen Traumgedanken durch regressive Verbilderung entstellt. Dabei muss man indexikalische Verweisungen, primär ikonische Bildidentitäten und echte symbolische Objektvertretungen unterscheiden. *Indexikalisch* hieße etwa:

Wo ich das Milchfläschchen sehe, kann die Mutter nicht weit sein; *primär ikonisch* verkörpert dasselbe gefüllte Fläschchen, wie ein Abklatsch des Objektes wahrnehmungsidentisch das Befriedigungserlebnis selbst, eine *positive realization* und dann auch *conception*, mit Bott-Spillius (1994, S. 340) »a form of thought«, während das im Dachboden aufbewahrte erste Trinkfläschchen in *sekundärer Ikonizität* und damit symbolisch die gute Mutterbeziehung versinnbildlichen kann. Erst im letzten Falle ist die Gleichsetzung des Nichtgleichen, die Überbrückung der Getrenntheit vom Abwesenden über Zeit und Raum symbolisch geleistet. Das Symbolische ist schlichtweg das Identische im Nichtidentischen. Bestimmte Formen des Symbolischen, »keine Milch – ein Gedanke« (Wolfgang Loch) – erfordern für ihre Bildung ein Abstandsgebot bezüglich der Objekte, eben deren zumindest temporäre Absenz, Verlust und Versagung. Dies ist meiner Ansicht nach der Grund, weshalb der elektronische, audiovisuelle Bilderzauber einen Mentalisierungsstopp auf der Ebene affektiver Piktogramme begünstigt, die zwar primär ikonisch repräsentiert sind, aber unsymbolisiert bleiben. Und zwar, dafür spricht manches, nicht nur bei den sogenannten bildungsfernen Schichten. Vielleicht hätten wir es dann manchmal weniger mit Depression, sondern mit einem ermüdeten Hedonismus der primären Ikonizität zu tun.

Aber muss denn alles und jedes symbolisiert werden? Die Antwort lautet nein. Vermutlich wird sich niemand von uns auf symbolische Sexualität freuen. Schärfer: Der Grenzwert einer vollkommenen Denkidentität, die aber Denken nur noch karikiert, heißt Zwangsneurose. Und brauchen wir überhaupt zum Symbolisieren eine Garnrolle wie Freuds Enkel in seinem Fort-Da-Spiel?

Ja und nein. Seit *Jenseits des Lustprinzips* (Freud, 1920g) und besonders in der Kleinianischen Schule hat, so weit ich sehe, die Psychoanalyse jegliches symbolische Vermögen emphatisch mit einem Absenztheorem, mit dem Pathos eines Negationsgestus (Bions ertragene *negative realization*) verknüpft. Das Garnrollenspiel wurde zum Quellcode von Symbolisierung überhaupt. Die verzweigten geistesgeschichtlichen Wurzeln dieser Position wären gewiss ein Seminarthema, sie scheint sich auch einer normativen Selbstüberwindungsethik zu verdanken. Nur im Fegefeuer ertragener Versagung, ja der Trauer soll Symbolisches überhaupt sich bilden können, sofern es frustrationstolerant gelingt, das Nichts weder pervers zu libidinisieren, ja zu sakralisieren, noch, in phantasmatischer Verkennnung als böser Anwesenheit, abzuspalten und auszustoßen. Sondern die ausgehaltene Abwesenheit in einen Gedanken – gute Brust nicht da! – umzumünzen, mit dem sich allmählich denken lässt. Dadurch wird aber an dieses Paradigma der Symbolisierung eine ganze seelische Strukturtheorie gekoppelt, völlig zu Recht bezüglich der Erlangung von Getrenntheit, aber vielleicht nicht bezüglich des Symbolischen in umfassenderem Sinne. Anders gesagt: Dass das Symbolische im Gebrauch stets Bedeutungsträger für Unähnliches, Abwesendes ist, heißt erstens noch nicht, dass alles Symbolische auch *in absentia* erzeugt wird. Der Vorgang der Symbolerzeugung und der weitere – kontingente! – Symbolgebrauch sind nicht dasselbe.

Natürlich hängt alles am jeweiligen Symbolbegriff. Hier wäre dann zweitens zu unterscheiden zwischen unauslotbaren sinnbildlichen Symbolen wie der metaphorischen Garnrolle (entsprechend etwa Goethes Begriff vom Symbol)[6] und konventionellen Sprachsymbolen (z.B.: Papa für Papa), mit denen sich gleichwohl symbolisch mentalisieren lässt. So ist im Rahmen des Container-Contained-Modelles die sogenannte Alpha-Funktion, die symbolisiert, indem sie namenlose Affekte aufnimmt, verwandelt und benennt, völlig präsentisch. Dies gilt auch, wenn man denselben Vorgang mit Fonagy, Target, Gergely und Watson als Affektspiegelung, mit »Markierung«, »referenzieller Entkoppelung«, »referenzieller Verankerung« begreift (vgl. in guter Übersicht: Wikipedia, Stichwort »Mentalisierung«). Ich sehe auch keinen vernünftigen Grund, das Vorkommen von Symbolisierungen in Anwesenheit des Objektes zu bestreiten, von *positive realizations,* die *in actu* symbolisch benamst werden. Ein Apfel, der von Mutter und Kind in *joint attention* gesehen und gegessen und als »Apfel« benannt wird, bekommt sein Sprachsymbol, das dann – im Symbolgebrauch – in Abwesenheit aller Äpfel verbunden werden kann mit dem primär ikonischen Apfelbild und dem Befriedigungserlebnis. Das Wort »Apfel« konstituiert unzweifelhaft ein nichtidentisches, sekundär ikonisches, symbolisches Substitut für das Objekt.[7] Auch das könnte man als *präsentische Symbolisierung* im Affirmationsmodus bezeichnen.

6 »Die Symbolik verwandelt die Erscheinung in Idee, die Idee in ein Bild, und so, daß die Idee im Bild immer unendlich wirksam und unerreichbar bleibt und, selbst in allen Sprachen ausgesprochen, doch unaussprechlich bliebe« (Goethe, *Maximen und Reflexionen*, Hamburger Ausgabe, Bd. 12, 749–751).

7 Wofür »Apfel« für das jeweilige Menschenkind sonst noch im weiteren Laufe der Ereignisse stehen wird – metaphorisch, konnotativ, synästhetisch –, das bleibt kontingent. Man kann es so wenig vorhersagen wie Marcel Proust, als er seine Madeleines tatsächlich aß.

Dagegen sollte man den psychoanalytischen Idealtypus von Symbolisierung vermittels *negative realization* als Sonderfall betrachten, der aber nun tatsächlich ungeheure Bedeutung für die Entfaltung des Übergangraumes und die Gewaltbindung hat. Die Garnrollengeschichte ist ja im Grunde eine Übergangsraumgeschichte. Denn, erstens, beim Spiel mit der Garnrolle, die Mutter und Kind zugleich symbolisiert und wobei im sadomasochistischen Triumph Getrenntheit gemeistert wird, handelt es sich um eine völlige Neuschöpfung, eine Erfindung: Hier zündet in Leere und Absenz eben die menschliche Virtualität, über die Winnicott so viel geschrieben hat – im Übergangsraum, von dem aus alle kulturellen Transformationsketten ihren Ausgang nehmen. Diesen Spezialfall könnte man als *absentische Symbolisierung* bezeichnen. Diese bedeutet, zweitens, gleichsam eine Symbolisierung plus ein Stück Über-Ich-Bildung, weil in ihr ertragene Absenz, transformierte Versagung, Opfer, eigene Täterschaft, Ansätze der depressiven Position sowie die Zeitlichkeit allesamt enthalten sind. Diese absentische Symbolisierung ist die Keimzelle aller Transformationsleistungen der Kultur und unseres Unbehagens in ihr (Freud, 1930a). Gegenwärtig können wir uns kaum eine andere Gelenkstelle für die individuelle und kulturelle Gewaltbindung vorstellen. Es ist in meiner Vorstellung besonders die absentische Symbolisierung, die einer Erosion unterliegt, wenn der innere Raum durch präsentische Reize geflutet ist zum Nachteil von Getrenntheit und Übergangsraum – wenn man, um meinen Beginn aufzugreifen, die Mündung des Ebro sehen muss, um sich die Mündung des Ebro vorstellen zu können.

Sensoritärer Charakter

Ich fasse einige Funde meines Streifzuges noch einmal zusammen. Unsere tagtäglichen, elektronifizierten Umwelten werden immer präsentischer, sensorischer, insbesondere audiovisueller, haptischer, ikonischer. Der innere Raum inklusive psychischer Raumzeit schrumpft ebenso wie der Übergangsraum; Abgrenzung und Getrenntheit in gleichzeitiger sinnhafter Bezogenheit werden zu einer prekären Aufgabe. Im Lebensvollzug wird das prozedurale Gedächtnis immer wichtiger als das deklarative, vor allem autobiografische. Die Flutung und Vergleichzeitigung der Psyche durch Bildmaschinen mit ihren performativen, verkörperten Bildern begünstigt einen Mentalisationsstopp auf dem Niveau *ikonisch repräsentiert, aber nicht symbolisiert* und einen Typus, der immersiv und geschickt in den Medienwelten navigiert, ohne sich um Bedeutung allzu sehr zu scheren. Die parallele Schwächung der absentischen Symbolisierung wirft ernste Fragen bezüglich der kulturellen Transformationspotenziale und besonders der Gewaltbindung auf. Allfällige Verklebungsverhältnisse mit medialen Oberflächen bedingen Konsequenzen für das Ich-Selbst-System, als würde das Ich, selbst uranfänglich »Projektion einer Oberfläche« (Freud, 1923b, S. 253) sich wieder in zweidimensionale, ziemlich beliebig rekombinante sensorische Oberflächen zerlegen, sodass man mit Blick auf das embryonale Ektoderm und in Paraphrase von Horkheimer und Adorno (1969 [1944]) sagen möchte, schon die Oberfläche war Ich und Ich fällt in Oberfläche zurück. Wenn die Generierung und Verarbeitung seelischer Erfahrung in einem dynamischen Gleichgewicht des Dreiecks von paranoid-schizoider, depressiver und autistisch-kontiguöser Position stattfindet (Ogden, 1988), wäre von einer Schieflage zugunsten der *autistic-contiguous position* auszugehen, weshalb ich andernorts vom Auftauchen eines *sensoritären Charakters* (Balzer, 2010) gesprochen habe.

Kybernetisiertes Subjekt

Zum Schluss bin ich noch eine Erklärung zu meinem Untertitel schuldig. Man hat wohl schon bemerkt, dass er die Umformulierung eines Buchtitels des Biologen, Semiotikers und Kybernetikers Jakob Johann von Uexküll (des Vater des Psychosomatikers Thure) ist, der da lautet: *Streifzüge durch die Umwelten von Tieren und Menschen* (von Uexküll & Kriszat, 1970 [1934]). Er war der passende Pate für diese Überlegungen, die ja letztlich auch von der Kybernetisierung der spätmodernen Subjektivität handeln und darin ein Archaisierungspotenzial vermuten. Passend, weil es in von Uexkülls »Merkwelten« und »Wirkwelten« eine intime Verschränkung von Lebewesen und je eigener Umwelt mit wechselseitiger Bedingung und Zeichenaustausch gibt. Die psychische Immunitätslage der zeitgenössischen Subjekte, die dazu verdammt sind, reizoffen, immer ansteuerbar, erreichbar zu sein, ist offenporig geworden. Ständig angepeiltes Subjekt und Synapse fallen im Grenzwert ineins. Wir alle sind heutzutage wieder mit unserer ganzen Merkwelt und Wirkwelt geradezu organismisch mit dem totalen Psychosoma eingebettet in komplexe, flüchtige Umwelten, die zunehmend elektronisch gegeben sind und uns in zeichenreaktive Kontexte zwingen. Es sind erzwungene Intimverhältnisse eben nicht mit mechanischen Maschinen wie Dampfmaschine oder Elektromotor, sondern mit Automaten von anthropomorpher Logik, die in ihrer Software selbst immer sensorischer und verständiger werden. Indem es gilt, möglichst verzögerungsarm an das kulturelle Reizleitungssystem angeschlossen zu sein, das das Glasfaserkabelnetz so wundersam darstellt, machen sich bedingte Reflexe breiter als das ruhige Durchdenken. Die Technik arbeitet daran, die Signalübertragung im synaptischen Spalt zwischen Restsubjekt und Maschine noch schneller zu machen. Könnten unsere Drucker, Smartphones, Touchscreens und Tastaturen einen Traum träumen, so wäre es vermutlich der Traum von der großen Dauersynapse, von der finalen Vernetzung. Ich stelle mir die zeitgenössische Befindlichkeit deshalb weniger als große Depression vor, *sondern als maniform-gereizte Abwehrverfassung eines latenten Paranoids und deren Ermüdungskehrseite*. Denn wir waren ja schon einmal online wie die stets wachsamen wilden Tiere: als wir noch ohne Höhle und Hüllen der Kultur leben mussten, ganz buchstäblich ohne Haus und Dach, aber auch ohne bergende Rituale, verlässliche Wiederholungen, also all die Räume, in denen man das nicht geheure Draußen vergessen und ungehetzt verweilen darf. Aufpassen müssen wir auch, dass es mit uns nicht so zugeht wie mit der Ameise, von der Sherry Turkle (1998 [1995], S. 433) berichtet, die – mit nur wenigen Neuronen – auf einer kleinen Sanddüne Bewegungen vollführt, die dem Beobachter äußerst komplex erscheinen, obwohl sie tatsächlich nur eine sturzdumme Anpassung an eine komplexe äußere Oberfläche beinhalten. Wohin all das überhaupt führen wird? Das können wir nicht wissen. Es liegt nahe, bei der zunehmend reflektorischen, zeichenhaften Verschränkung des kybernetisierten Subjektes mit schnellen, proteusartig sich wandelnden Umgebungen auch mit zunehmenden psychosomatischen Störungen zu rechnen. Der beta-elementare Überschuss, das Missverhältnis zwischen sensorischem Input und möglicher seelischer Verstoffwechselung dürfte nämlich historisch neuartig sein. Eine Bemerkung Antonino Ferros scheint hier bedenkenswert (2005, S. 1541; Übers. W.B.):

> »[…] was allgemein als Todestrieb angesehen wird, könnte lediglich das Resultat der tatsächlichen Begrenzung der Kapazität unserer Spezies sein, sensorischen ›input‹ zu transformieren. Was nicht alphabetisiert werden kann, wird ausgestoßen in Halluzinationen, psychosomatische Erkrankungen, Agieren ohne jegliche gedankliche Tiefe. Dies ist die Quelle der ›madness‹ unserer Spezies, der wir allenthalben begegnen.«

Ganz gewiss winkt uns jedenfalls nicht im Durchgang durch eine elektronische Unendlichkeit die Wiedererlangung der Grazie, von der Kleist (1962 [1810]) im *Marionettentheater* gesprochen hat.

(2011)

7 Schrankenlos

Die elektronischen Präsenzmedien und der beschädigte Primärprozess

»Protect me from what I want.«

Jenny Holzer

Zeitzeugen

Mai 2015. Wir gehen in einem andalusischen Ferienhotel zum Abendessen. Durch eine riesige Lounge in der angesagten Ästhetik der transparenten Undurchdringlichkeit: Endlose Glasfronten zeigen ein schweigendes Meer; viel glatter Granit, rote Wandflächen, die zahlreichen Sitzgruppen sind von Menschen fast vollbesetzt, die allermeisten in ihre Smartphones vertieft, nur ganz vereinzelt Gespräche. Es ist, als durchquere man ein Gemälde Edward Hoppers. Am Nachbartisch eine junge Familie. Die hochschwangere Mutter isst mit ausdruckslosem Gesicht und nimmt keinen Kontakt mit ihrer seitlich sitzenden Tochter in frühem Kindergartenalter auf, die gebannt auf ein laufendes *Tablet* starrt, das neben ihrem Teller steht und auf dem in schneller Folge bunte Grafiken und Comicfiguren aufpoppen, während der durchaus zugewandte Vater ihr ab und zu den Löffel zum Mund führt. Wie auch soll man sich in diesem Set auf einen simplen Löffel konzentrieren?

Juni 2015, auf der Autobahn, im Radio die SWR-Sendung *Leute,* diesmal mit Paul Buehre, 16 Jahre, Autor des Bestsellers *Teenyleaks* (SWR 1, *Leute* vom 24.06.2015, Podcast; Transskript W.B.). Thema: Lesen.

Moderator: Aber es is nich weit verbreitet, ne?

Buehre: Na es is halt schwer, weil in so'n Buch reinzukommen dauert länger als wenn man jetzt bei diesen ganzen Serienservices, die man jetzt hat, *Netflix, Watchever* und so […]. Da gehst du einfach rein, klickst 'n Film an und schon bist du drin. Und wirst halt da abgeholt wo du bist, und bei dem Buch musst du erst mal so […], ok, wer ist jetzt der und in was für 'ner Welt spielt das hier alles. Und warum hat der jetzt das … ge … also, da muss man sich erst mal einlesen, finde ich.

Moderator: Auch andere Anforderungen an den Kopf?

Buehre: Eventuell. Ich finde, es kommt immer drauf an.

Klarer kann man den Wunsch nach immersivem, präsentischem Erleben ohne die Mühen der Repräsentation kaum ausdrücken.

Oktober 2014: Das Magazin der *Süddeutschen Zeitung* druckt ein langes Interview mit dem 22-jährigen Islamisten Erhan aus Kempten im Allgäu, der es dann wohl doch nicht nach Syrien geschafft hat.[1] Es geht um seinen Freund David, der sich bereits im sogenannten Islamischen Staat aufhält und mit dem er über Facebook »und so« Kontakt hält. Frage: »Hatten Sie das Gefühl, dass es ihm gut geht?« Erhans Antwort lautet: »Ja, klar. Man lebt da unten gut. Die haben einfach alles: Laptops, Waffen, Knabberzeugs. Voll der Luxus. Ich habe ja die Bilder von David gesehen, wie er mit anderen chillt« (Delhaes & Obermaier, 2014, S. 15). Die Elemente eines Computerkriegsspiels endlich als verheißungsvolle, unfassbar konkrete Wirklichkeit.

online-mind

Der Kopf. Er ist online. Verlinkt im Internet, oder er trägt Kopfhörer. Die Debatte über die Frage, ob er sich infolge der digitalen Revolution der letzten 20 Jahre verändert hat, hat Züge eines Kulturkampfes. Im Mai 2015 gab es in Sydney eine Diskussionsveranstaltung mit dem hübschen Titel »Give me back my pre-internet brain« (*Sydney Writer's Festival*, 23.05.2015). Kein Zweifel besteht an der Multiplikation der Datenströme, in deren Brennpunkt sich der Einzelne wiederfindet und die mitzuproduzieren er genötigt ist. Eine Apple-Festplatte Anfang der 1980er Jahre bot 20 MB Speicherplatz, die *Time Capsule* auf meinem Schreibtisch schluckt locker 3 TB, also das 150-Tausendfache. Wer nicht elektronisch vernetzt ist, gleitet in die soziale Nichtexistenz. Diese Datenmengen, gigantisch im Vergleich zum Dasein im 20. Jahrhundert mit Radio, Fernseher, Festnetztelefon und dem Briefkasten um die Ecke kommen in Textform, als Bilder, akustische Signale, haptische Erfahrungen über PCs, Smartphones, als SMS, über Whatsapp, über Youtube, sogenannte soziale Medien und E-Mails, die aufglimmen und verlöschen und allesamt Lebenszeit sowie die Zeit psychischer Verarbeitungsprozesse verschlingen. Spitzer (2014) nennt folgende Zahlen: Nach einer Studie des Herstellers Nokia gebrau-

1 Nachtrag 2019: Nach unbestätigten Berichten verschiedener Medien soll der zunächst in die Türkei abgeschobene Erhan 2016 bei Kämpfen in Syrien ums Leben gekommen sein.

chen junge Menschen im Schnitt täglich 150-mal ihr Smartphone; in einer Studie (Lepp et al., 2014; zit. n. Spitzer, ebd., S. 10f.) an 536 20-jährigen Studenten betrug die durchschnittliche tägliche Nutzungszeit des Smartphones vier Stunden und 39 Minuten bei einem im Mittel täglichen Versand von 77 SMS ohne signifikante Geschlechtsunterschiede; anhand der Nutzungsdaten von 50.000 Freiwilligen in einer deutschen Untersuchung kam heraus, dass Studenten alle zwölf Minuten ihr Smartphone checken (vgl. *Süddeutsche Zeitung, 197*, 28.08.2015, S. 17). Rund zwei Milliarden Fotos werden täglich im Netz hochgeladen, »etwa 350 Millionen davon allein bei Facebook« (*Der Spiegel, 53*/2015, S. 73).

Junge Leute sprechen heute von »meiner Serie«, also von passgenau auf kulturelle Submilieus zugeschnittene episodische Filmsequenzen, die über Streamingportale abgerufen werden und wo man eintaucht, vielleicht in dem Maße, wie ein eigenes autobiografisches Narrativ immer weniger gelingt. 60 Prozent wollen diese Dienste auch auf Auslandsreisen nicht missen, im Falle der *heavy consumers* spricht man inzwischen von *binge watching*. Schrankenlos, schamlos, schuldlos: Man kann sich des Eindrucks kaum erwehren, als wäre der von Freud über den freien Fluss der Energie mit Tendenz zur unmittelbaren Entladung und leichter Verschiebbarkeit der Energie von einem Objekt zu anderen definierte Primärvorgang maßstäblich ins World Wide Web ausgewandert. All das ist durch die Miniaturisierung in Smartphones und Tablets, die vorerst letzte Eskalationsstufe des Präsentischen, an fast jedem Ort des Planeten jederzeit buchstäblich zuhanden.

Affirmative Vision

Der Philosoph Michel Serres, Mitglied der Académie francaise, erklärt in seiner Schrift *Erfindet euch neu* (2013), einer hymnischen *Liebeserklärung an die vernetzte Generation*, den überkommenen, repräsentational organisierten Verinnerlichungsmenschen schlicht für passé und feiert den Mikrochip als Befreier von den Lasten der Innerlichkeit. Der Kopf werde frei durch Externalisierung (vgl. ebd., S. 27ff.) altmodischen Ballastes in den *extended mind* der Apparate.

> »Die Kinder haben sich also im Virtuellen eingerichtet. Wie die Kognitionswissenschaften zeigen, aktivieren die Nutzung des Internets, das Lesen

> und Schreiben von Nachrichten mit dem Daumen, der Besuch von Wikipedia und Facebook nicht die gleichen Neuronen und Hirnregionen wie der Gebrauch von Büchern, Tafeln, Heften […]. Sie haben nicht mehr den gleichen Kopf […]. Ohne dass wir dessen gewahr wurden, ist in einer kurzen Zeitspanne […] ein neuer Mensch geboren worden. Er oder sie hat nicht mehr den gleichen Körper, und nicht mehr dieselbe Lebenserwartung, kommuniziert nicht mehr auf die gleiche Weise, nimmt nicht mehr dieselbe Welt wahr, lebt nicht mehr in derselben Natur, nicht mehr im selben Raum« (ebd., S. 14f.).

Der Mikrochip als quasirevolutionäres Restsubjekt: In Summe sieht Serres einen neuen, bloggenden, kreativen, demokratischen Externalisierungsmenschen heraufdämmern.[2]

Mentalisierung/digitale »Mentalysierung«: einige Thesen

In einer Reihe von Arbeiten aus den letzten 15 Jahren habe ich bezüglich der elektronischen Medien und besonders der adhäsiven Beziehung zu Bildmaschinen einige Thesen vertreten, die ich hier kurz andeuten möchte. Unsere seelischen Erfahrungsweisen werden kulturell in hohem Maße auf das Sensorische umcodiert, Unmittelbarkeit tritt an die Stelle des Mittelbaren und vielleicht symbolisch Mitteilbaren. An die Stelle des noch in Randgruppen vorkommenden »autoritären Charakters« (Adorno et al., 1950) tritt weitaus flächendeckender ein »sensoritärer Charakter« (Balzer, 2010). Die artifizielle Präsenz medialer Objekte verringert den Objektabstand und bringt einen Verlust von Absenzerfahrungen mit sich, Getrenntheit und damit die *capacity to be alone* sind schwieriger zu erlangen – da, wo man eigentlich Kultur als Gestaltung von Abwesenheit im *potential space* definieren möchte. Denken bedeutet ja schlechthin: Beschäftigung mit abwesenden Sachverhalten. Eine Lust am Nichtdenken (Kapitel 2) strebt nach direkter, erregender Wahrnehmungsidentität anstelle von Denkidentität, die, in Freuds Worten, einen »Umweg« zur Triebbefriedigung darstellt (Freud, 1900a, S. 607).

2 1989 schrieb Flusser (2005 [1989]) noch: »Der fingernde, handlose Mensch der Zukunft wird nicht handeln, sondern tasten.« Inzwischen laufen die industriellen Vorarbeiten für die »Gestensteuerung« (Müller, 2015, S. 11).

So wie wir selbst mehr und mehr von unseren Maschinen, Tastaturen, Statusanzeigen von Geräten und deren Nachrichten, von Druckern, Touchscreens bedient werden, wird überhaupt der User in einer mimetischen Doppelgängerbeziehung zur kongruenten Benutzeroberfläche dieser Maschinen. Die immense Impulsdichte von Reizen, Informationen erlaubt gar nicht mehr die sinnhafte Kontextualisierung sowie die Überführung der Elemente vom prozeduralen ins semantische und autobiografische Gedächtnis. Man kann von einem Entzug des inneren Raumes sprechen (Kapitel 3).

Wenn Mentalisierung eigentlich gleichbedeutend ist mit Desomatisierung, so tragen besonders die interaktiven Bildakte mit artifiziell präsenten Bildern, Computerspiele, Videos gewalttätigen oder sexuellen Inhalts, die in einer neuen Art der Zwischenleiblichkeit (Merleau-Ponty, 1962, S. 215; zit. n. Fuchs, 2009, S. 475) zur Mitverkörperung drängen und deshalb *performative Bilder* genannt werden dürfen, zur Resomatisierung bei. Und zur Vergleichzeitigung des ehedem sukzessiv Erzählbaren. Ich habe sie auch als *antisemiotische Bilder* bezeichnet, als reine Visualitäten (vgl. Wetzel, 2004, S. 176), weil sie aus der Affektlogik gar nicht herauswollen und bei aller Heftigkeit zu flüchtig sind, um auf höhere Stufen bedeutsamer Repräsentation übersetzt zu werden. Mit Belting (2000, 2001, S. 143ff., 170), aber umgedreht, werden diese Bilder wieder von einem Medium der Erinnerung zu einem Medium der Verkörperung. Dabei scheint es auch zu einem Wechselspiel oder zu einer *Verwirrung von Körperbild und Bildkörper* zu kommen, worüber noch viel zu wenig nachgedacht wurde. Der Bildtheoretiker Horst Bredekamp (2012, S. 11) bemerkt dazu in einem Interview: »Die substitutive Praxis, die Gleichsetzung von Bild und Körper zu durchkreuzen, ist die wahre Aufgabe unserer Aufklärung.« Überdies lassen sich sinnlich gegebene Bilder, anders als innere Vorstellungen, nicht verneinen, sie sind im Ja-Modus gegeben, reine Positivität. Dass in den medialen Bildgebungen inzwischen sämtliche Schamschranken gefallen sind, und zwar sowohl bezüglich sexueller als auch gewalttätiger Darstellungen, haben wir mit schnell abebbendem Entsetzen wahrgenommen. Mehr denn je bin ich im Rückgriff auf die Zeichentheorie von Peirce (vgl. hierzu ausführlich Scarfone, 2013, S. 80–86) mit der Unterscheidung von Icons, Indizes und Symbolen, die eine psychoanalytische Konzeptualisierung verschieden reifer Repräsentationsstufen, angefangen von inneren und äußeren Reizen bis hin zur Symbolisierung erlaubt, der Ansicht, dass die opto-akustische, mediale Reizüberladung Mentalisationsbrüche, Mentalisationsstopps auf einer Stufe begünstigt, die ich als *zwar ikonisch repräsentiert, aber nicht symbolisch elaboriert* fassen würde. Nun wäre erstens das Leben recht traurig, wenn jegliche seelische Erfahrung symbolisiert werden müsste; zweitens aber bin ich der Auffassung, dass es sehr wohl *präsentische Symbolisierungen* gibt, die nicht dem oft zitierten Muster des »Garnrollenspiels« (Freud, 1920g) folgen, das vielfach mit seiner Absenzerfahrung und dem Negationsgestus als normativ für jegliche Symbolisierung gesehen wird. Es bleibt aber dennoch dabei, dass die gelungene *absentische Symbolisierung* aufgrund von Verlust, ertragener Versagung und Bindung der Aggression unverzichtbar ist für die Ich- und Über-Ich-Reifung. Sie ist ein Kulturstifter ersten Ranges, im Kinderzimmer und in der großen Welt. Denn die Liebe schafft gleichsam die seelische Substanz, die Struktur aber stammt aus bewältigter Versagung.

Der Primärprozess als Transformator und Reizschwelle

Ich möchte nun in Erweiterung früherer Überlegungen die Frage aufwerfen, inwieweit die genannten medialen Reizströme und die zunehmende Gerätesozialisation (Eisenberg; zit. n. Baier, 2000, S. 211) den Primärprozess selber affizieren, beschädigen und enteignen. Wie sollte das zugehen? Ist denn nicht der Primärprozess ein irgendwie unterirdisches Tohuwabohu, gesättigt mit chaotischer Triebhaftigkeit, ungebundener, frei fließender, stets entladungsbereiter Energie, leichter Verschiebbarkeit der Objektbesetzung, reines Lustprinzip? »Der Primärvorgang strebt nach Abfuhr der Erregung, um mit der so gesammelten Erregungsgröße eine *Wahrnehmungsidentität* herzustellen«, so Freud (1900a, S. 607). Dabei zeigen aber die Traumfunktionen und nachgerade Freuds Ausführungen zur Traumarbeit, dass der Primärprozess bereits über eine ziemlich differenzierte Strukturbildung, eine Bildgrammatik verfügt, die allerdings in ihrer Darstellungsarbeit ohne sprachliche Konjunktionen auskommen muss. Verschiedene Autoren gehen daher davon aus, dass primärprozesshaftes Denken, welches kognitive Objektpermanenz und das Vermögen, ein abwesendes Objekt zu imaginieren voraussetzt, erst ab eineinhalb Jahren möglich ist und dass das Denken des Säuglings sensomotorisch ist (vgl. Leichsenring, 2014, S. 744).

In Freuds Nachttraum ereignet sich eine regressive Gedankenverbilderung;[3] bei Bions »waking dream thought« handelt es sich, konkordant mit mentalisationstheoretischen Konzepten vieler anderer Autoren, um eine sozusagen progressive Affektverbilderung: Der Traumprozess bahnt emotionalen Erfahrungen konstant einen Weg für die »migration into figurability«, also Darstellbarkeit (Rocha Barros, 2000, S. 1091; vgl. Botella & Botella, 2013); Aulagnier (1986) spricht vom »affektiven Piktogramm«. Immer geht es darum, vom Reiz zu einer ersten, ikonischen Repräsentation zu kommen. Die sogenannte Alpha-Funktion ist eine Traumfunktion, die aus vorpsychischen Reizen erste Bilder schafft, Alpha-Elemente, die psychisch weiter prozessiert und Teile eines Narrativs (vgl. Ferro, 2005) werden können. Christoph Türcke (2008), dem das Verdienst zukommt, in anthropologischer Perspektive die Bedeutung des Träumen*könnens* für die Menschwerdung spekulativ dargelegt zu haben, schreibt kongenial mit unseren mentalisationstheoretischen Konzeptualisierungen: »Reize zu verarbeiten durch ihre Übersetzung in innere Bilder – welch ein Kunstgriff! Im Grunde besteht der Primärvorgang in nichts als dieser Übersetzungsleistung« (Türcke, 2010, S. 218). Das ist Bion, anthropologisch erweitert. Aber wirklich: der Primärprozess – ein Übersetzer? In der Tat, und zwar deshalb, weil die modernen Modellierungen des Werdens des Mentalen das cartesianische Gefängnis mit seiner Scheidung von *res cogitans* und *res extensa* verlassen haben.

Über alle psychoanalytischen Schulen hinweg und weit über die Psychoanalyse hinaus – Stichwort *embodiment* – dominiert heute konzeptuell ein mentalisationstheoretisches Kontinuum: Der Primärprozess ist nicht mehr uranfänglich, auch er muss entwickelt werden, so wie ihm große Bereiche des Vorpsychischen vorgelagert sind. Die Keimschicht des Seelischen bilden verkörperte Affektzustände, innere und äußere Reize sowie deren Abwehr. Viel eher als ein ewiges Reich des Drunter und Drüber lässt sich der Primärprozess als ein zwischendrin eingelassener Transformator fassen, ein Wandler ins Bildgrammatische, in Alpha-Elemente, als Nadelöhr, durch das alle inneren und äußeren Reize, Beta-Elemente hindurch müssen, wenn sie fürs Erste affektive Bilder werden sollen, die dann in bedeutungsvolle

3 »Das Gefüge der Traumgedanken wird bei der Regression in sein Rohmaterial aufgelöst« (Freud, 1900a, S. 549). »Das Denken in Bildern ist also nur ein sehr unvollkommenes Bewußtwerden. Es steht auch irgendwie den unbewußten Vorgängen näher als das Denken in Worten und ist unzweifelhaft onto- wie phylogenetisch älter als dieses« (Freud, 1923b, S. 248).

Zusammenhänge und zuletzt in symbolische Repräsentationen eingewoben werden können.

Ein überzeugendes Modell dieses mentalisationstheoretischen Kontinuums, ebenfalls unter Anwendung der Zeichentheorie von Peirce, hat Scarfone (2013) mit seiner Arbeit *From traces to signs: presenting and representing* vorgelegt. In seinem konzentrischen Schema ist in den Großkreis *Soma* der *Primordial Mind* eingebettet und in diesen, viel kleiner, das *Psychic Field*, und in diesen wiederum das Feld der Repräsentation mit dem Symbol im Zentrum. Der *Primordial mind* ist präsentisch organisiert: In ihm dominieren *traces*, Spuren, die man als Beta-Elemente sehen kann, mit dem Potenzial, weiter prozessierbare echte Zeichen zu werden, die ansonsten aber zu somatischen Ereignissen oder Entladungen, etwa motorisch, hindrängen. Besonders interessant ist die Zone, wo Icons und Indizes zwar gänzlich bereits im psychischen Feld liegen, größtenteils bereits niedrigstufige Repräsentationen darstellen, aber doch auch noch ein Stück der Teilwelt des Präsentischen angehören. Genau an dieser Schnittstelle wäre – aus moderner Sicht – der Primärprozess zu lokalisieren, der aus Reizen und Spuren erste Repräsentationen schafft, als Verweisungszusammenhänge im Falle der Indizes, als Verbilderungen von Affekten und Reizspuren im Falle der Icons. Erst dann, also mit Gedächtnis, kann die Arbeit von Verschiebung und Verdichtung einsetzen. Diese Rolle des Primärprozesses als gleichsam entscheidendes Zahnrad auf dem Weg vom Körperlichen, Vorpsychischen, rein Präsentischen zu ersten Repräsentationen ist mir sehr wesentlich als erster Aspekt.

Der zweite Aspekt betrifft die Rolle des Primärprozesses als Reizschutz, als Kontaktschranke. Es ist hier nicht der Raum, die strukturverwandten, spekulativen Überlegungen Freuds (1950c [1895]) aus dem »Entwurf einer Psychologie« auszufalten. Biologisch, naturgeschichtlich ist die Reizschwelle wie die physische Membran eine unerhörte Errungenschaft (sonst gäbe es nur Reiz und Entladung, jedoch keine Entwicklung), aber auch psychisch muss sie offenbar vom Individuum erst erworben werden, natürlich mithilfe hinreichend guter Primärobjekte. Aufmerksamkeit und Konzentration, also Reizresistenz, werden nicht mitgeboren, sondern kulturell und historisch je verschieden formatiert (vgl. Stiegler, 2008), wie man leicht aus dem Vergleich des kleinen Mädchens mit dem elektronischen Tablet mit einem Kinde ersieht, dem jemand mit dem Zeigefinger Objekte in einem Buch zeigt und sie mit Namen versieht. Wahrscheinlich ist für die Entwicklung des inneren Reizschutzes, also einen ordentlich im Hintergrund laufenden Primärprozess als stille *waking dream function*, neben gelungenen Containment-Prozessen die »geteilte Aufmerksamkeit« (Tomasello, 2002, S. 83ff.; vgl. Brandt, 2009, S. 46ff.) wesentlich: die Neunmonatsrevolution, wenn das Kind mit der Mutter gemeinsam ein Objekt fixieren kann im wechselseitigen Bewusstsein der Intentionalität des anderen, was sonderbarerweise anderen Primaten nicht zu glücken scheint und wunderbarerweise zeitgleich möglich wird mit dem das palmare Greifen ablösenden, auf ganz Kleines konzentrierten Pinzettengriff mit Opposition des Daumens, auf den die Kinderärzte sorgfältig als Reifezeichen achten. Wichtig ist, dass die »joint attention« sich später auch auf innere Objekte, also emotionale Zustände von Kind oder Mutter richten kann. Auch anthropologisch erscheint das *Zeigen* in geteilter Aufmerksamkeit geradezu als mentale Urszene der Menschwerdung, nicht nur weil es Aufmerksamkeit als intentionale Wahrnehmung (vgl. Tomasello, 2002, S. 93) begründet, sondern auch ein referenzielles Dreieck eröffnet, wo zwei sich auf ein Drittes konzentrieren, in welchem keimhaft das Öffentliche, ja der kulturelle Raum, angelegt sind (vgl. Brandt, 2009, S. 53ff., 95ff.). »Der Mensch ist das zeigende Tier«, so Türcke (2016, S. 101). Vieles spricht dafür, dass das Gelingen und Einüben der »joint attention« neben der Güte emotionaler Containmentprozesse die entscheidende Schaltstelle in der Genese des sogenannten ADHS darstellt.[4] Die geteilte Aufmerksamkeit ist auch der Ausgangspunkt weiteren Nachdenkens über das, was ich präsentische Symbolisierung genannt habe im Unterschied zur absentischen Symbolisierung nach dem Paradigma des Garnrollenspiels (vgl. Kapitel 6).

In seiner Arbeit »Making contact with the primitive mind: the contact-barrier, beta-elements and the drives« bemüht sich Kohon (2014) um die Klärung des Verhältnisses von Freuds »Kontaktschranken« und Bions »contact-barrier« sowie dessen »waking dream«, beta-Elementen, Alpha-Funktion, Repräsentation und dem sogenannten Beta-Screen (Bion, 1962b, S. 17–23). Er argumentiert mit Bion, dass es die Wachtraumfunktionen sind, die uns Aufmerksamkeit und Konzentration ermöglichen, weil sie ständig einlaufende innere und äußere Reize abführen, durch eine Traumarbeit repräsentieren, erledigen und zugleich eine membranartige Barriere zwischen Bewusstsein und Unbewusstem bereitstellen. Entscheidend sei Bions Erweiterung der Traumfunktionen über den Schutz

4 Zu den schon absehbaren Verheerungen einer Pädagogik, die sich anschickt, das Zeigen abzuschaffen, vgl. Türcke (2016, besonders S. 87ff.).

vor überwältigenden endogenen Reizen hinaus im Sinne eines Filters für Sinnesdaten aus der Außenwelt (vgl. ebd., S. 246).[5] Bions Kontaktbarriere setzt er – und das ist entscheidend – *grosso modo* mit der Alpha-Funktion gleich (vgl. ebd., S. 265). Ist diese schadhaft, kann eine starre Kontaktschranke aus Beta-Elementen entstehen, der sogenannte Beta-Screen. Bekanntlich verweist der Begriff »Reverie« auf die zu verinnerlichenden mütterlichen Traumfunktionen, die ja keineswegs nur symbolisch-metareflexiv ablaufen, sondern auch ikonisch, assoziativ, bildgrammatisch, und die ebenso aus präreflexivem, implizitem Körperwissen schöpfen. Wenn also die Kontaktschranken nicht angeboren sind, sondern über die Alpha-Funktion der Primärobjekte als Tagtraumvermögen erst erworben werden müssen, entspricht dies im psychischen Gesamthaushalt dem Erwerb einer *Reizschwelle*, die ruhiges Denken, Aufmerksamkeit und Konzentration erst auf die Welt bringt. Das geht nur durch Hemmung, Fassung. Erst durch reflexartige Entladung hemmende Reizschwellen gibt es ein Gedächtnis und die Möglichkeit einer aufgeschobenen Reizverarbeitung via Überdeterminierung und Nachträglichkeit. Nochmals mit Nietzsches Stimme:

> »Dies ist das, was ich die Verinnerlichung des Menschen nenne: Damit wächst erst das an den Menschen heran, was man später seine Seele nennt. Die ganze innere Welt, ursprünglich dünn wie zwischen zwei Häute gespannt, ist in dem Maße auseinander- und aufgegangen, hat Tiefe, Breite und Höhe bekommen als die Entladung des Menschen nach außen gehemmt worden ist« (zit. n. Safranski, 1997, S. 264).

Leben mit dem Beta-Screen

Ich bin der Auffassung, dass das mediale Dauerfeuer von Texten, Erregungen, Reizen, Bildern, die dauernde Scharfschaltung aller sensorischen Kanäle den Primärprozess als zunächst bildgrammmatischen Transformator von Reizen in seelisch ausarbeitbare erste Repräsentationen überfor-

5 »Bion gives the example of a man talking to a friend, who thanks to the ›dream‹ […] can continue uninterruptedly to be awake, that is, awake to the fact that he is talking to his friend, but asleep to elements which, if they could penetrate the barrier of his ›dreams‹, would lead to domination of his mind by what are ordinarily unconscious ideas and emotions« (Bion, 1962b; zit. n. Kohon, 2014, S. 246).

dert, ihn beschädigt und eine Menge herrenloser roher Sinnesdaten, *traces*, Beta-Elemente hinterlässt. Dies schon deshalb, weil solche Transformationen einen Zeitbedarf haben und, die Ironie will es, Arbeitsspeicher erfordern. Im Vergleich zu anderen sensorischen Reizen besteht die Tücke der artifiziellen Bilder der verschiedenen Bildmaschinen ja nicht nur in der Rasanz ihres Erscheinens und Vergehens, sondern darin, dass sie *schon wie scheinbare ikonische Repräsentationen* daherkommen, aber doch eben ziemlich rohe Sinnesdaten bleiben, die schon aus mentalen Kapazitätsgründen nicht in die primärprozesshafte Weiterverarbeitung eingefädelt werden können. Sie bleiben Dinge in sich selbst. Sie sind nicht ikonisch als Zeichen für etwas bildlich Isomorphes, Ähnliches, sondern *bildförmige Beta-Elemente*, ganz auf sensorische, verkörperte Erfahrung beschränkt. Bredekamp (2014, S. 15) nennt Pornos und Gewaltvideos »unmittelbarste körperliche Angebote«. Voraussetzung für Repräsentationen sind aber Abwesenheit, Verneinbarkeit sowie ein vernünftiges Verhältnis von Reizdichte und psychischer Prozesszeit. Natürlich macht es einen Unterschied, ob diese Einflüsse auf einen Erwachsenen mit leidlich guter psychischer Struktur treffen oder auf ein kleines Kind, dessen imaginierende Alpha-Funktion und Reizschwellen noch in Entwicklung sind; viel hängt auch davon ab, ob dieses Kind von elektronischen Geräten oder einfühlsamen Menschen betreut wird. Botella und Botella (2005, S. 113; zit. n. Kohon, 2014, S. 261) zufolge erlebt das Ich Nichtrepräsentation als Überschuss an Erregung und, im Fall unmöglicher Transformation ins System der Repräsentation, als traumatisch. Aus der Überschwemmung des Ich resultiert ein psychischer »Zeroprozeß« (Fernando, 2012), ein innerseelischer Nullvorgang ohne weitere repräsentationale Ausarbeitung.

Um diese psychischen Nichtvorgänge zu erfassen, halte ich die Idee eines Beta-Screens (Bion, 1962b)[6] nicht nur für eine schöne Metapher, sondern für ein nützliches Konzept. Ein hartnäckig konkreter Reizfilm legt sich

6 »A beta-screen forms when there is a deficiency in alpha-functioning and beta-elements replace the contact-barrier. When a beta-screen is formed there is no communication between the conscious and the unconscious. Rational thought up to a point can exist, but cut off from emotional meaning. A beta-screen forms an impenetrable barrier. It is a defense against any meaningful emotional experience. As the beta-screen is composed of beta-elements which lend themselves to projective identification, it also manifests itself in a bombardment directed both aganist the alpha-functioning of the patient himself and against any external object susceptible to arousing meaningful feelings« (Segal, 2005).

auf das psychische Leben, impermeabel und unendlich, weil immer schon wieder anders, wie ein Vexierbild. Eine selbst unbeschränkte Schranke: ein undurchdringliches Sediment sensorischer Elemente, das den Verkehr nach innen mit dem repräsentierten, verdrängten Unbewussten abriegelt und zugleich nach vorn die eigene repräsentationale Ausarbeitung unterbindet, also ohne Tiefe oder Bedeutungserzeugung, eher verkörpert als imaginiert. Ein zielloses Rauschen unschlüssiger Gespanntheit, kombiniert mit einer psychischen Verfassung im *stand by* reizoffener Erregungsbereitschaft, andauernder Reizerwartung und Reizbefürchtung.[7] Der so verstandene Beta-Screen ist auch eine Maske der auf das Nichts gespannten Langeweile.[8] Es scheint, als käme der uns altvertraute Seelenraum nicht wieder.

Hat das Folgen? Mit einem Beta-Screen keine Bildungsromane lesen zu können, ist vielleicht nicht das Schlimmste.[9] Vielleicht auch nicht, dass sich die gute Stube der bürgerlichen Neurose weiter leert. Ich glaube aber, dass das Reich des Vorpsychischen, Verkörperten, Sensorischen, wieder zunimmt, nachdem in einem viele tausend Jahre währenden Prozess der Hominisation dem Soma und dem Reflexbogen das Psychische abgerungen wurde, das ja geradezu aus Verzögerung und nicht Handelnmüssen besteht. Man kann sich sogar fragen, ob das aus repräsentierten, aber verdrängten Elementen bestehende Unbewusste (nicht das Es) abnimmt, und zwar aus zwei Gründen: Erstens, was nie repräsentiert war, kann auch nicht verdrängt werden; zweitens, angesichts der Über-Ich-Erosion durch Schamlosigkeit, Schuldlosigkeit in Shitstorms, Konsum von gewalttätigen und pornografischen Bildern schwindet auch das Verdrängungs*motiv*. Als Psychoanalytiker wissen wir außerdem, dass Verkörperung und Exkorporation, also externalisierende Pathologie, zwei Seiten derselben Medaille

7 Vielleicht stammen daher die derzeit hohe Konjunktur diätetischer, gleichsam körperreligiöser »Detox«-Ratgeber und das Interesse für Entleerungs- und Entichungsstrategien. Melvilles (1988 [1853]) Bartleby, der an seinem Mantra »I would prefer not to« verhungert, könnte man als frühen westlichen, gescheiterten Buddhisten bezeichnen.

8 Vgl. Haubl (2015, S. 171), der auf den »Teufelskreis« von »historisch einzigartig[er]« Reizflut, Langeweile und Bedürfnis nach »Steigerung der Reizstärke« hinweist. Eine bildsoziologische Längsschnittstudie der immer brutaler werdenden Bildsprache des ARD-*Tatorts*, der heimlichen Sonntagsschule der Nation, könnte hier leicht fündig werden.

9 Fuchs (2014, S. 169) zitiert eine Metaanalyse von 72 Studien zwischen 1979 und 2009, die bei amerikanischen College-Studenten eine Abnahme der Empathiefähigkeit von über 40 Prozent zeigte, speziell in den Skalen »Empathic Concern« und »Perspective Taking«, und dies mit Virtualbeziehungen via Internettechnologie in Verbindung bringt.

sind. Der dauererregte Präsentismus begünstigt die Rückkehr zu sensomotorischen Modi der Erfahrung und des Handelns, besonders wenn die Mentalisationsbrücken in Gestalt hintergründiger Traumarbeit im medialen Dauerfeuer einbrechen. Eine klinische Beurteilung kindlicher oder adoleszenter Psychopathologie ist heutzutage ohne Erhebung einer *Medienanamnese* gar nicht mehr möglich. Ich glaube mit Günter (2014), dass die reizoffenen, hyperkinetischen, zu Aufmerksamkeit und Konzentration unfähigen Verfassungen, die man als ADHS (Aufmerksamkeitsdefizit-Hyperaktivitätsstörung) und HKS (Hyperkinetisches Syndrom) bezeichnet, wesentlich Mentalisationsstörungen sind, bei denen die Transformation innerer und äußerer Reize in beruhigende Repräsentationen verschiedener Stufe darniederliegt. »Handeln als Probedenken«, möchte man hier mit Storck (2013, S. 114) sagen. Gestörte Mentalisation nicht nur, weil eine transformierende Alpha-Funktion nicht genügend gut verinnerlicht werden konnte, sondern gerade auch, weil die Reizschwelle, die die Alpha-Tagtraumfunktionen mitliefern und die Resilienz gegenüber Stimuli erlaubt, schlecht entwickelt ist. Oftmals muss es ja gar kein Ritalin sein, ein Bildschirm mit *action* tut es auch. Das kann man so verstehen, dass konzentrierte Wachheit, Aufmerksamkeit und emotionale Empfänglichkeit inklusive Empathie Früchte einer ausreichenden zentralnervösen Homöostase sind. In den genannten gestörten Verfassungen scheint der Stellwert dahingehend verändert zu sein, dass Ruhe, Homöostase nur bei einem bestimmten Erregungspegel möglich ist: Die verordneten Psychostimulanzien, enge Verwandte des Kokains, erreichen dies auf chemischem Wege.

Es hilft ja nichts, Kultur läuft nur über Gewaltbindung durch zivilisierte Gewaltausübung, bei den Großen durch Gesetze, bei den Kleinen durch Erziehung. In der Kultur ist das Wünschen immer schon irgendwie gebrochen. Die mühsame Gestaltung dieser Gebrochenheit ermöglicht uns relative seelische Gesundheit, die immer fragil bleibt. Deshalb sprach Freud vom »Unbehagen in der Kultur«. Es scheint, als hätten wir gattungsgeschichtlich und individuell nur die Wahl zwischen ADHS oder Neurose. Bollas (2015, S. 546) hat jüngst nicht von neuen »Köpfen«, sondern pessimistisch vom »Subjektizid« gesprochen, von der Abschaffung des Schmerzes, ein Subjekt sein zu müssen. Die größten Sorgen im Zusammenhang mit den präsenzmedialen sensorischen Überschüssen, der beeinträchtigten Transformationskette vom Reiz über das Imaginäre zum Symbolischen sowie die Erschwerung absentischer Symbolisierung muss man sich meines Erachtens bezüglich der individuellen und kollektiven Gewaltbindung machen. Glasser (1998) unterschied die sadomasochistische Gewalt von der selbsterhaltenden Gewalt; mir scheint es richtig, die Kategorie der Erlebnisgewalt hinzuzufügen. Diese Erlebnisgewalt ist die Kehrseite einer malignen Langeweile. In meiner Sicht geschehen viele der Untaten, die uns in diesen Zeiten so entsetzen, aus Reizhunger – nicht aus Überzeugungen. Sieht man etwa die selbsternannten »Kämpfer« aller Kontinente in ihren Inszenierungen mit Tarnfleckenanzügen und gereckten Kalaschnikows auf nagelneuen Geländewagen im Gegenlicht, so möchte man angesichts dieser Ästhetisierung, dieser Ikonografie wünschen, es handele sich nur um ein Computerspiel. Doch genau umgekehrt scheint es zu sein. Irfan Peci, ein ehemaliger Al-Qaida-Propagandist, wird folgendermaßen zitiert: »Wir wachsen auf mit Videospielen, die uns verrohen und abstumpfen lassen. In der Wirklichkeit ist nur die grafische Auflösung besser als auf dem Monitor und der Kick, etwas Echtes zu sehen und zu fühlen, größer« (Schulte von Drach, 2015, S. 13). Vielleicht müsste Heraklits Satz »Der Krieg ist der Vater aller Dinge« heute lauten: Die Medien sind die Mutter aller Kriege. Dennoch müssen wir hoffen und daran arbeiten, dass mehr übrig bleibt als »alles«: Laptops, Waffen, Knabberzeugs und Chillen.

(2016)

Literatur

Achebe, C. (1983 [1958]). *Okonkwo oder das Alte stürzt.* Roman. Frankfurt/M.: Suhrkamp.

Adorno, T.W., Frenkel-Brunswik, E., Levinson, D. & Sanford, N. (1950). *The Authoritarian Personality.* New York: Harper & Brothers (dt.: [1973]. *Studien zum autoritären Charakter.* Frankfurt/M.: Suhrkamp).

Alewyn, R. (1982). *Probleme und Gestalten. Essays.* Frankfurt/M.: Suhrkamp.

Anzieu, D. (1992 [1985]). *Das Haut-Ich.* Frankfurt/M.: Suhrkamp.

Aragon, L. (1975 [1926]). *Pariser Landleben.* München: Rogner & Bernhard.

Assmann, J. (2000). *Der Tod als Thema der Kulturtheorie. Todesbilder und Totenriten im alten Ägypten.* Frankfurt/M.: Suhrkamp.

Augustinus (2002 [397]). *Bekenntnisse.* Frankfurt/M.: Insel.

Aulagnier, P. (1986). *Un interprète en quête de signification.* Paris: Édition Ramsay.

Baier, L. (2000). *Keine Zeit! 18 Versuche über die Beschleunigung.* München: Kunstmann.

Balzer, W. (1995). Überlegungen zur »psychischen Oberfläche« des psychoanalytischen Prozesses. *Jahrb. Psychoanal., 35,* 34–64.

Balzer, W. (1999). Im Dunkeln sehen. Psychoanalytische Randnotizen zu Wilhelm Genazinos Vortrag »Diese merkwürdige Persönlichkeit, der Dichter«. Der Tagtraum als Fundament des Phantasierens. *Psychoanalyse im Widerspruch, 11*(22), 56–62.

Balzer, W. (2001). Das Sensorische und die Gewalt. Mutmaßungen über ein Diesseits von Gut und Böse. *ZPTP, 16*(3), 365–381.

Balzer, W. (2004). Lust am Nichtdenken. Zum Verhältnis von Erregung und Bedeutung in beschleunigten und entgrenzten Lebenswelten. *ZPTP, 19*(4), 399–416; ebenfalls abgedruckt (2005). *Psychoanalyse im Widerspruch, 17*(33), 39–56.

Balzer, W. (2006a). Der arglose Doppelgänger. Mentale Gleichschaltung und falsche Sinnhaftigkeit bei der Behandlung narzisstischer Störungen. In O. Kernberg & H.-P. Hartmann (Hrsg.), *Narzissmus. Grundlagen – Störungsbilder – Therapie* (S. 728–744). Stuttgart: Schattauer.

Balzer, W. (2006b). Der Entzug des inneren Raumes. Über zeitgenössische Konstitutionsbedingungen von Subjektivität. In B. Strauß & M. Geyer (Hrsg.), *Psychotherapie in Zeiten der Globalisierung* (S. 117–151). Göttingen: Vandenhoeck & Ruprecht.

Balzer, W. (2006c). Symbolisierung als Re-Präsentation von Getrenntheit – ein Auslaufmodell? *Psychoanalyse im Widerspruch, 18*(35), 27–38.

Balzer, W. (2009). Eyes Mind Shut. Die Krise der Bildlichkeit und die Verkümmerung der symbolischen Repräsentanzen. In P. Soldt & K. Nitzschmann (Hrsg.), *Arbeit der Bilder. Die Präsenz des Bildes im Dialog zwischen Psychoanalyse, Philosophie und Kunstwissenschaft* (S. 97–128). Gießen: Psychosozial-Verlag.

Balzer, W. (2010). Denn das Denken ist nichts als des Schrecklichen Wandlung. Zu Christoph Türckes Genealogie des Mentalen im Zeitalter seiner medialen Selbstzersetzung. Laudatio anlässlich der Verleihung des Sigmund-Freud-Kulturpreises an Prof. Dr. C. Türcke, Herbsttagung der DPV, Bad Homburg, 2009. *Psychoanalyse, 14*(2/3), 385–397; zugleich (2009). In G. Schneider, H.J. Eilts & J. Picht (Hrsg.), *Psychoanalyse, Kultur, Gesellschaft.* DPV Herbst-Tagungsband (S. 10–23). Frankfurt/M.: Geber & Reusch (https://dpg-psa.de/laudatio-fuer-christoph-tuercke.html [14.03.2020]).

Balzer, W. (2012). Subjekt und Synapse. Streifzüge durch die Umwelten von Menschen und Maschinen. *Psyche – Z. Psychoanal., 66*, 728–751.

Balzer, W. (2014 [2000]). Oberfläche (psychische). Überarbeitete und erweiterte Fassung. In W. Mertens (Hrsg.), *Handbuch psychoanalytischer Grundbegriffe* (S. 632–639). 4., überarb. u. erw. Aufl. Stuttgart: Kohlhammer.

Baranger, M. & Baranger, W. (1961–62). La situación analítica como campo dinámico. *Revista Uruguaya de Psicoanálisis, IV, 1* (engl.: [2008]. The analytic situation as a dynamic field. *Int. J. Psychoanal., 89*, 795–826).

Baudrillard, J. (1995). *Amerika.* Berlin: Matthes & Seitz.

Beck, U. (2000, 22. Mai). Die weltfähige Gesellschaft und ihre Feinde. Rede zum 175. Geburtstag des Börsenvereins des Deutschen Buchhandels. *Süddeutsche Zeitung*, 18.

Beckett, S. (1969 [1956]). *Endspiel.* Frankfurt/M.: Suhrkamp.

Beland, H. (2002, Oktober). Das Gespenst »ist wieder da«. Die Subjekte der Gesellschaft im Jenseits des Garnrollenspiels. *DPV-Informationen, 33*, 17–23.

Belting, H. (2000). Aus dem Schatten des Todes. Bild und Körper in den Anfängen. In C. von Barloewen (Hrsg.), *Der Tod in den Weltkulturen und Weltreligionen* (S. 120–176). Frankfurt, Leipzig: Insel.

Belting, H. (2001). *Bild-Anthropologie. Entwürfe für eine Bildwissenschaft.* München: Fink.

Belting, H. (2007). Die Herausforderung der Bilder. Ein Plädoyer und eine Einführung. In ders. (Hrsg.), *Bilderfragen. Die Bildwissenschaft im Aufbruch* (S. 1–23). München: Fink.

Benjamin, W. (1969 [1931]). Kleine Geschichte der Photographie. In ders., *Das Kunstwerk im Zeitalter seiner technischen Reproduzierbarkeit.* Frankfurt/M.: Suhrkamp.

Benjamin, W. (1969 [1936]). *Das Kunstwerk im Zeitalter seiner technischen Reproduzierbarkeit.* Frankfurt/M.: Suhrkamp.

Benjamin, W. (1982). *Das Passagen-Werk.* Gesammelte Schriften Bd. V/1, Frankfurt/M.: Suhrkamp.

Bick, E. (1968). The experience of skin in early object relations. *Int. J. Psychoanal., 49*, 484–486.

Bilke-Hentsch, O., Spitczok von Brisinski, I., Hellenschmidt, T., Peukert, P., Wurst, F. & Wölfling, K. (2010). Persönliche Beziehung statt virtueller Realität. *Dtsch. Ärztebl., 107*(49), 2436–2440.

Bion, W.R. (1956). Development of schizophrenic thought. *Int. J. Psychoanal., 37*, 344–346.

Bion, W.R. (1962a). A theory of thinking. *Int. J. Psychoanal., 43*, 306–310.

Bion, W.R. (1962b). *Learning from experience.* London: Karnac.

Bion, W.R. (1983 [1970]). *Attention and Interpretation.* New York, London: Jason Aronson.

Blech, J. (2008, 31. März). Die Sprache des Gehirns. *Der Spiegel, 14*, 132–146.

Blechschmidt, E. (1960). *Die vorgeburtlichen Entwicklungsstadien des Menschen.* Basel u.a.: Karger.

Bleuel, N., Heinen, N. & Stelzer, T. (2019, 28. März). Wir waren mal schlauer. *Die Zeit,* 13–14.

Blumenberg, H. (1986). *Weltzeit und Lebenszeit.* Frankfurt/M.: Suhrkamp.

Bly, R. (1996). *Die kindliche Gesellschaft.* München: Kindler.

Boback, P. (2010). Symbolik, Videotik, Imagination: Bilder im Zeitalter visueller Hypertrophie. *Freie Assoziation. Zeitschrift für das Unbewusste in Organisation und Kultur, 13*(1+2), 75–90.

Boback, P. (2011). *Willkommen in »Heterotopia«.* Unv. Manuskript.

Börner, J. (2010, 27. Oktober). Dammbruch flussaufwärts. *Dtsch. Ärztebl., 107*(51/52), 918–919.

Bofinger, H. (1991). Modernité/Postmodernité oder die Rückkehr der Architektur in die Normalität. In Ruprecht-Karls-Universität Heidelberg (Hrsg.), *Wohin treibt die Moderne?* Sammelband der Vorträge des Studium Generale der Universität Heidelberg im Wintersemester 1991/92 (S. 47–53). Heidelberg: HVA.

Bohleber, W. (2003). Erinnerung und Vergangenheit in der Gegenwart der Psychoanalyse (Editorial). *Psyche – Z. Psychoanal., 57,* 783–788.

Bollas, C. (1987). *The shadow of the object.* London: Free Association Books.

Bollas, C. (2015). Psychoanalysis in the age of bewilderment: on the return of the oppressed. *Int. J. Psychoanal., 96,* 535–551.

Bolz, N. (2000, 26. Juni). Wirklichkeit ohne Gewähr. *Der Spiegel, 26,* 130–131.

Borges, J.L. (1981 [1941]). Die Bibliothek von Babel. In ders., *Erzählungen 1, GW 3/I* (S. 45–154). München, Wien: Hanser.

Botella, C. & Botella, S. (2013). Psychic figurability and unrepresented states. In H.B. Levine, G.S. Reed & D. Scarfone (Hrsg.), *Unrepresented States and the Construction of Meaning* (S. 95–121). London: Karnac.

Bott-Spillius, E. (1994). Developments in Kleinian Thought: Overview and Personal View. *Psychoanal. Inq., 14,* 324–364.

Brandt, R. (2009). *Können Tiere denken? Ein Beitrag zur Tierphilosophie.* Frankfurt/M.: Suhrkamp.

Bredekamp, H. (2012, 9. September). An der Front des Bilderweltbürgerkrieges. *Süddeutsche Zeitung,* 11.

Bredekamp, H. (2014, 10./11. Mai). Bilder wirken! *Süddeutsche Zeitung,* 15.

Brentano, C. (1963 [1801]). *Godwi oder Das steinerne Bild der Mutter.* In F. Kemp (Hrsg.), *Werke, Bd. 2.* München: Hanser.

Bröckling, U., Krasmann, S. & Lemke, T. (Hrsg.). (2004). *Glossar der Gegenwart.* Frankfurt/M.: Suhrkamp.

Bullion, C.v. & Temsch, J. (2008, 17. Januar). Das Lied der Gewalt. *Süddeutsche Zeitung.*

Calogeras, R.C. & Schupper, F.X. (1972 [1971]). »Verschiebung« der Abwehrformen und einige ihrer Konsequenzen für die analytische Arbeit. In K. Horn (Hrsg.), *Gruppendynamik und der »subjektive Faktor«. Repressive Entsublimierung oder politische Praxis* (S. 312–348). Frankfurt/M. Suhrkamp.

Chasseguet-Smirgel, J. (1988a [1986]). Die archaische Matrix des Ödipuskomplexes. In dies., *Zwei Bäume im Garten. Zur psychischen Bedeutung der Vater- und Mutterbilder. Psychoanalytische Studien* (S. 88–111). München, Wien: Verlag Internat. Psychoanalyse.

Chasseguet-Smirgel, J. (1988b [1986]). Die archaische Matrix des Ödipuskomplexes in der Utopie. In dies., *Zwei Bäume im Garten. Zur psychischen Bedeutung der Vater- und Mutterbilder. Psychoanalytische Studien* (S. 112–134). München, Wien: Verlag Internat. Psychoanalyse.

Chasseguet-Smirgel, J. (1988c). A women's attempt at a perverse solution and its failure. *Int. J. Psychoanal., 69,* 149–161.

Danckwardt, J.F. (2007). From *Dream story* (Schnitzler) to *Eyes wide shut* (Kubrick). *Int. J. Psychoanal., 88,* 735–751.

de Bianchedi, E.T. (2005). Whose Bion? Who is Bion. *Int. J. Psychoanal., 86,* 1529–1534.

Delhaes, M. & Obermaier, F. (2014, 2. Oktober). »Ich glaub, das steht irgendwo im Koran«. *Süddeutsche Zeitung Magazin, 40,* 12–19.

Dettmer, M., Shafy, S. & Tietz, J. (2011, 24. Januar). Volk der Erschöpften. *Der Spiegel, 4,* 114–122.

Dillig, A. (2019, 1. Februar). Auf Knopfdruck. *Süddeutsche Zeitung Magazin, 5,* 8–15.

Dornes, M. (2005). Theorien der Symbolbildung. *Psyche – Z. Psychoanal., 59,* 72–81.

Dornes, M. (2011). Die Modernisierung der Seele. *Psyche – Z. Psychoanal., 64,* 995–1033.

Dörries, B. (2008, 6. März). Höchststrafe für absolute Grausamkeit. Das Landgericht Stuttgart verurteilt die Mörder eines Abiturienten – findet aber kein Motiv. *Süddeutsche Zeitung, 56.*

Ehrenberg, A. (2004 [1998]). *Das erschöpfte Selbst. Depression und Gesellschaft in der Gegenwart.* Frankfurt, New York: Campus.

Eisenberg, G. (2000, 22. Juni). Von der Neurose zur Soziose. *Die Wochenzeitung*, Zürich.

Enzensberger, H.M. (1995). Genosse Bartleby. In ders., *Kiosk. Neue Gedichte.* Frankfurt/M.: Suhrkamp.

Enzensberger, H.M. (1996 [1993]). *Aussichten auf den Bürgerkrieg*. Frankfurt/M.: Suhrkamp.

Enzensberger, H.M. (2002). Das digitale Evangelium. Propheten, Nutznießer und Verächter. In ders., *Die Elixiere der Wissenschaft. Seitenblicke in Poesie und Prosa.* Frankfurt/M.: Suhrkamp.

Etchegoyen, H. (1991). *The Fundamentals of psychoanalytic technique*. London, New York: Karnac.

Fabregat, M. (2004). *Metaphors in psychotherapy: from affect to mental representations.* Diss., Philosoph. Fak. der Universität des Saarlandes.

Fabregat, M. & Krause, R. (2008). Metaphern und Affekt: Zusammenwirken im therapeutischen Prozess. *Z. Psychosom. Med. Psychother., 54,* 77–88.

Fernando, J. (2012). Trauma und der Zeroprozess. *Psyche – Z. Psychoanal., 66,* 1043–1073.

Ferro, A. (2002a). *In the Analyst's Consulting Room.* Hove: Brunner-Routledge.

Ferro, A. (2002b). Some implications of Bion's thought. The waking dream and narrative derivatives. *Int. J. Psychoanal., 83,* 597–607.

Ferro, A. (2003). Probleme der Theorie und Technik bei der Behandlung von Patienten im Entwicklungsalter. *Kinderanalyse, 11,* 155–181.

Ferro, A. (2005). Bion: Theoretical and clinical observations. *Int. J. Psychoanal., 86,* 1535–1542.

Flusser, W. (2003 [1988]). Krise der Linearität. In S. Wagnermaier & N. Röller (Hrsg.), *Absolute Vilém Flusser* (S. 71–84). Freiburg: orange-press.

Flusser, W. (2005 [1989]). Auf dem Weg zum Unding. In ders., *Medienkultur* (S. 185–189). Frankfurt: Fischer.

Fonagy, P. (1999). Memory and therapeutic action. *Int. J. Psychoanal., 80*, 215–223.
Fonagy, P. (2000). Playing with reality: III. The persistence of dual psychic reality in borderline patients. *Int. J. Psychoanal., 81*, 853–873.
Fonagy, P. (2001a, Juni). A reconsideration of the development of affect regulation against the background of Winnicott's concept of the false self. Vortrag auf der Tagung »Trauma und Affekt«, München (dt.: Fonagy, P. & Target, M. (2002). Neubewertung der Entwicklung der Affektregulation vor dem Hintergrund von Winnicotts Konzept des »falschen Selbst«. *Psyche – Z. Psychoanal., 56*, 839–862).
Fonagy, P. (2001b). *Attachment theory and psychoanalysis*. New York: Other Press.
Fonagy, P., Moran, G.S., Edgcumbe, R., Kennedy, H. & Target, M. (1993). The Roles of Mental Representations and Mental Processes in therapeutic action. *Psychoanal. Stud. Child., 48*, 9–48.
Fonagy, P. & Target, M. (2007). Playing with reality, IV. A theory of external reality rooted in intersubjectivity. *Int. J. Psychoanal., 88*, 917–937.
Foucault, M. (2001 [1968]). Andere Räume. In ders., *Short Cuts* (S. 20–38). Frankfurt/M.: Zweitausendeins.
Foucault, M. (2001 [1973]). Die Macht und die Norm. In ders., *Short Cuts* (S. 39–55). Frankfurt/M.: Zweitausendeins.
Freud, S. (1900a). *Die Traumdeutung. GW II/III.*
Freud, S. (1911b). Formulierungen über die zwei Prinzipien des psychischen Geschehens. *GW VIII*, 229–238.
Freud, S. (1915a 1914). Bemerkungen über die Übertragungsliebe. *GW X*, 305–321.
Freud, S. (1915e). Das Unbewußte. *GW X*, 263–303.
Freud, S. (1915c). Triebe und Triebschicksale. *GW X*, 209–232.
Freud, S. (1916–1917g 1915). Trauer und Melancholie. *GW X*, 427–446.
Freud, S. (1920g). *Jenseits des Lustprinzips. GW XIII*, 1–69.
Freud, S. (1923b). *Das Ich und das Es. GW XIII*, 235–289.
Freud, S. (1925h). Die Verneinung. *GW XIV*, 9–15.
Freud, S. (1930a). *Das Unbehagen in der Kultur. GW XIV*, 419–506.
Freud, S. (1933a). *Neue Folge der Vorlesungen zur Einführung in die Psychoanalyse. GW XV.*
Freud, S. (1940a 1938). Abriß der Psychoanalyse. *GW XVII*, 63–138.
Freud, S. (1941f 1938). Ergebnisse, Ideen, Probleme. *GW XVII*, 149–152.
Freud, S. (1950c [1895]). *Entwurf einer Psychologie. GW Nachtragsband*, 373–486.
Freud, S. (1961). *SE, Vol. XIX: The Ego and the Id and Other Works (1923–1925)*. London: Hogarth Press.
Fuchs, T. (2002). Der manische Mensch. In ders., *Zeit-Diagnosen. Philosophisch-psychiatrische Essays* (S. 211–236). Kusterdingen: Graue Edition.
Fuchs, T. (2009). Enactive intersubjectivity: Participatory sense-making and mutual incorporation. *Phenom. Cogn. Sci., 8*, 465–486.
Fuchs, T. (2014). The Virtual Other. Empathy in the Age of Virtuality. *J. Conscious. Stud., 21*(5–6), 152–173.
Galatzer-Levy, R.M. (2004). Chaotic possibilities: toward a new model of development. *Int. J. Psychoanal., 85*, 419–442.
Gast, L. (2008). Die Verneinung. Eine Freud-Lektüre. *Jahrb. Psychoanal., 56*, 69–83.
Gillberg, C. (1983). Perceptual, motor and attentional deficits in Swedish primary school children: some child psychiatric aspects. *J. Child Psychol. Psychiatry, 24*, 377–403.
Glasser, M. (1998). On violence. *Int. J. Psychoanal., 79*, 887–902.

Goldberg, A. (2001). Postmodern Psychoanalysis. *Int. J. Psychoanal., 82*, 123–128.

Gombrich, E. (1996). *Die Geschichte der Kunst.* Frankfurt/M.: Fischer.

Göttler, F. (2007, 5. September). Heimisch im Labyrinth. »Bourne Ultimatum«,der dritte Film der Serie, ist ein mitreißendes, erschöpfendes Ballett zwischen tausend Augen. *Süddeutsche Zeitung*, 3.

Green A. (2005). *Psychoanalysis. A Paradigm For Clinical Thinking.* London: Free Association Books.

Gross, P. (1994). *Die Multioptionsgesellschaft.* Frankfurt/M.: Suhrkamp.

Gross, P. (2002). Mobile Systeme. Das Ende der Gewißheiten. Zit. n Einladung der Firma USM Möbelbausysteme, Bühl, vom 26.09.2002.

Großklaus, G. (2004). *Medien-Bilder. Inszenierung der Sichtbarkeit.* Frankfurt/M.: Suhrkamp.

Groys, B.(1995). Der Wille zum Ausruhen. In H. Klotz (Hrsg.) (1996), *Die zweite Moderne. Eine Diagnose der Kunst der Gegenwart* (S. 163–172). München: C.H.Beck.

Günter, M. (2014). Attention deficit hyperactivity disorder (ADHD): An affect-processing and thought disorder? *Int. J. Psychoanal., 95*, 43–66.

Haas, E.T. (2002 [1995]). Das Osterereignis und die Arbeit der Trauer. In ders., *... und Freud hat doch recht. Die Entstehung der Kultur durch Transformation der Gewalt* (S. 13–230). Gießen: Psychosozial-Verlag.

Haas, E.T. (2002 [1999]). Ödipuskomplex und Ödipusfabel: Lebenstatsachen bei Sophokles. In ders., *... und Freud hat doch recht. Die Entstehung der Kultur durch Transformation der Gewalt* (S. 111–134). Gießen: Psychosozial-Verlag.

Haas, E.T. (2002). Gewalt – Trauer – Kultur: Der Streit des *Ackermann* mit dem Tod und andere Duelle. In ders., *... und Freud hat doch recht. Die Entstehung der Kultur durch Transformation der Gewalt* (S. 341–358). Gießen: Psychosozial-Verlag.

Hackman, D.A., Farah, M.J. & Meaney, M.J. (2010). Socioeconomic status and the brain: mechanistic insights from human and animal research. *Nature Reviews/Neuroscience, 11*, 651–659.

Han, B.-C. (2010). *Müdigkeitsgesellschaft.* Berlin: Matthes & Seitz.

Hardenberg, N. von (2011, 16. Februar). Ausgebrannt und depressiv. Mehr Krankschreibungen wegen psychischer Probleme. *Süddeutsche Zeitung*, 5.

Hartmann, H. (1975 [1939]). *Ich-Psychologie und Anpassungsproblem.* Stuttgart: Klett.

Haubl, R. (2015). Wenn Langeweile tödlich wird. *Jahrbuch der Psychoanalyse, 70,* 161–175.

Hauser, A. (1969 [1953]). *Sozialgeschichte der Kunst und Literatur.* München: C.H.Beck.

Hawking, S. (1996 [1990]). Ist alles vorherbestimmt? In ders., *Ist alles vorherbestimmt? Sechs Essays* (S. 81–103). Reinbek: Rowohlt.

Hinshelwood, R.D. (1991). *A dictionary of Kleinian thought.* London: Free Association Books.

Hinz, H. (2002). Wer nicht verwickelt wird, spielt keine Rolle. Zu Money-Kyrle: »Normale Gegenübertragung und mögliche Abweichungen«. *Jahrb. Psychoanal., 44,* 197–223.

Hjern, A., Weitoft, G.R. & Lindblad, F. (2010). Social adversity predicts ADHD-medication in school children – a national cohort study. *Acta paediatrica, 99*, 920–924.

Hoffmann, E.T. A. (1999 [1817]). *Der Sandmann.* Stuttgart: Reclam.

Hörisch, J. (2001). *Der Sinn und die Sinne. Eine Geschichte der Medien.* Frankfurt/M.: Eichborn.

Horkheimer, M. & Adorno, T.W. (1969 [1944]). *Dialektik der Aufklärung*. Frankfurt/M.: Fischer.

Houellebecq, M. (2000 [1994]). *Ausweitung der Kampfzone*. Reinbek: Rowohlt.

Houellebecq, M. (2001). *Die Welt als Supermarkt*. Reinbek: Rowohlt.

Hühn, V. (2002). Interview. *Der Spiegel, 40*, 67.

Hüther, G. (2009, 28. April). Das Fernsehen ist am Ende der Möglichkeiten. *Süddeutsche Zeitung*, 5.

Imhof, K. (2002, 8./9. Juni). Der hohe Preis der Moral. *Neue Zürcher Zeitung*, 1.

Inboden, G. (1992). Andy Warhol, White Disaster I. Staatsgalerie Stuttgart. Stuttgart: Edition Cantz.

Joop, W. (2001). Glamour war gestern. *Der Spiegel, 31*, 156–157.

Kaiser, J.(2002, 29./30. Juni). Stimmt das denn? *Süddeutsche Zeitung*.

Käppner, J. (2005, 17./18. September). Gewalt als Sprache einer Subkultur. *Süddeutsche Zeitung*, 38.

Keller, G. (1968 [1879]). *Abendlied*. In T. Echtermeyer & B.v. Wiese (Hrsg.), *Deutsche Gedichte. Von den Anfängen bis zur Gegenwart*. Düsseldorf: August Bagel.

Kennedy, R. (2003). Die Wiedereinführung der Geschichte in die Psychoanalyse. *Psyche – Z. Psychoanal., 57*, 874–888.

Kernberg, O. (2000 [1998]). *Ideologie, Konflikt und Führung. Psychoanalyse von Gruppenprozessen und Persönlichkeitsstruktur*. Stuttgart: Klett-Cotta.

Kittler, F. (2002 [1995a]). Die Informationsbombe. Gespräch mit Paul Virilio. Arte, 01.11.1995. In ders., *Short Cuts* (S. 134–161). Frankfurt/M.: Zweitausendeins.

Kittler, F. (2002 [1995b]). Der Kopf schrumpft. Herren und Knechte im Cyberspace. *Frankfurter Allgemeine Zeitung*, 09.09.1995, S. 29. In ders., *Short Cuts* (S. 168–176). Frankfurt/M.: Zweitausendeins.

Kittler, F. (2002 [2000]). Schrift und Bild in Bewegung. *Neue Zürcher Zeitung*, 10.12.2000. In ders., *Short Cuts* (S. 89–106). Frankfurt/M.: Zweitausendeins.

Klasen, O. (2019, 1. April). Messer in der Schultasche. *Süddeutsche Zeitung*, 2.

Kleist, H.v. (1962 [1810]). *Über das Marionettentheater*. In ders., *Prosastücke*. Stuttgart: Reclam.

Klüwer, R. (1983). Agieren und Mitagieren. *Psyche – Z. Psychoanal., 37*, 828–840.

Kohon, S. (2014). Making contact with the primitive mind: the contact-barrier, beta-elements and the drives. *Int. J. Psychoanal., 95*, 245–270.

Kohut, H. (1971). *Narzißmus – Eine Theorie der Behandlung narzißtischer Persönlichkeitsstörungen*. Frankfurt/M.: Suhrkamp.

Kolakowski, L. (1991). Die Politik und der Teufel. In ders., *Die Moderne auf der Anklagebank*. Zürich: Manesse.

Kondylis, P. (2007 [1991]). *Der Niedergang der bürgerlichen Denk- und Lebensform*. Berlin: Akademie.

Korte, A. (2019, 19. Januar). »Macht doch endlich, sonst bringe ich mich um.« Interview. *Der Spiegel*, 48–52.

Koydl, W. (2008, 17. Januar). Dauerflimmern in Kinderzimmer. Junge Briten verbringen täglich fünf Stunden vor dem Bildschirm. *Süddeutsche Zeitung*, 9.

Krause, R. (1998). *Allgemeine Psychoanalytische Krankheitslehre, Bd. 2: Modelle*. Stuttgart: Kohlhammer.

Küchenhoff, J. (2000). Buchbesprechung: Fischer, G. & Roedesser, P.: Lehrbuch der Psychotraumatologie. München, Basel: Ernst Reinhardt 1998. *Psyche – Z. Psychoanal., 54*, 1064–1066.

Lacan, J. (1949). Le stade du miroir comme formateur de la fonction de Je, telle, qu'elle nous est révéllée dans l'expérience psychoanalytique. *Rev. franc. Psychanal., 13*, 449–455.

Lacan, J. (1986). Funktion und Feld des Sprechens in der Sprache der Psychoanalyse. In ders., *Schriften I*. Weinheim, Berlin: Quadriga.

Lecours, S. & Bouchard, M.-A. (1997). Dimensions of mentalization: outlining levels of psychic transformation. *Int. J. Psychoanal., 78*, 855–875.

Leichsenring, F. (2014). Primär- und Sekundärprozess. In W. Mertens (Hrsg.), *Handbuch psychoanalytischer Grundbegriffe* (S. 742–745). 4., überarb. u. erw. Aufl. Stuttgart: Kohlhammer.

Lepenies, W. (1972 [1969]). *Melancholie und Gesellschaft*. Frankfurt/M.: Suhrkamp.

Lepp, A., Barkley, J.E & Karpinski, A.C. (2014). The relationship between cell phone use, academic performance, anxiety and satisfaction with life in college students. *Computers in human behavior, 31*, 343–350.

Lewin, B.D. (1955). Dream psychology and the analytic situation. *Psychoanal. Quart., 24*, 169–199.

Lübbe, H. (1991). Gegenwartsschrumpfung. Über die Zeitverfassung der modernen Kultur. In ders., *Wohin treibt die Moderne?* (S. 155–167). Sammelband der Vorträge des Studium Generale der Universität Heidelberg. Heidelberg: HVA.

Macho, T. (2004). Die Stimmen der Doppelgänger. Radio-Essay SWR 2, 04.10.2004, Manuskript.

Marx, K. & Engels, F. (1846). *Die deutsche Ideologie. MEW 3*, 33.

McLuhan, M. (2002 [1968]). Medien verstehen. In M. Baltes & R. Höltschl (Hrsg.), *absolute Marshall McLuhan* (S. 138–174). Freiburg: orange-press.

McLuhan, M. (2011 [1967]). *Das Medium ist die Massage: Ein Inventar medialer Effekte*. Stuttgart: Tropen bei Klett-Cotta.

Melman, C. (2002). *L'homme sans gravité*. Paris: Éditions Denoel.

Meltzer, D., Bremner, J., Hoxter, S. Weddell, D. & Wittenberg, I. (1975). *Explorations in Autism. A Psycho-analytical Study*. Perthshire: Clunie Press.

Melville, H. (1988 [1853]). *Bartleby*. Frankfurt/M.: Fischer.

Millner, M. (1996). *Das Beta-Kind. Fernsehen und kindliche Entwicklung aus kinderpsychiatrischer Sicht*. Bern: Huber.

Mitscherlich, A. (1973 [1963]). *Auf dem Weg zu vaterlosen Gesellschaft. Ideen zur Sozialpsychologie*. München: Piper.

Müller, L. (2015, 16. Juni). Herrschaft der Zeigefinger. Die neuesten Bedienungstechnologien haben einen sehr alten Fluchtpunkt: die Geste. *Süddeutsche Zeitung*, 11.

o.A. [Crs] (2005, 27. September). Von der »Upper Class« in die Jugendszene. Kokainsucht – auf der Suche nach Behandlungsmethoden. *Neue Zürcher Zeitung, 225*, 7.

Oehler, K. (1981). Idee und Grundriß der Peirceschen Semiotik. In M. Krampen, K. Oehler, R. Posner & T.v. Uexküll (Hrsg.), *Die Welt als Zeichen. Klassiker der modernen Semiotik* (S. 15–49). Berlin: Severin & Siedler.

Ogden, T.H. (1985). On potential space. *Int. J. Psychoanal., 66*, 129–141.

Ogden, T.H. (1988). On the dialectical structure of experience – some clinical and theoretical implications. *Contemp. Psychoanal., 24*, 17–45.

Ogden, T.H. (1989). On the concept of an autistic-contiguous position. *Int. J. Psychoanal., 70,* 127–139.

Ogden, T.H. (1995). Analysing forms of aliveness and deadness of the transference-countertransference. *Int. J. Psychoanal., 76,* 695–709.

Olds, D.D. (1994). Connectionism and Psychoanalysis. *JAPA, 42,* 581–612.

Ott, M. (2003). Raum. In K. Barck, Fontius, M., Schlenstedt, D., Steinwachs, B. & Wolfzettel, F. (Hrsg.), *Ästhetische Grundbegriffe. Historisches Wörterbuch in sieben Bänden, Bd. 5: Postmoderne – Synästhesie* (S. 113–148). Stuttgart, Weimar: J.B. Metzler.

Parsons, M. (1996). Book review essay: Recent works by André Green. *Int. J. Psychoanal., 77,* 399–406.

Peirce, C.S. (1986 [1873]). On the nature of signs. In ders., *Writings. Bd. III.* Bloomington: Indiana UP.

Plassmann, R. (1993). Organwelten: Grundriß einer analytischen Körperpsychologie. *Psyche – Z. Psychoanal., 47,* 261–282.

Poe, E.A. (1966 [1846]). The Philosophy of composition. In ders., *Tales, Poems, Essays* (S. 503–513). London & Glasgow: Collins.

Proust, M. (1973 [1913/1927]). *Auf der Suche nach der verlorenen Zeit 2. Im Schatten junger Mädchenblüte.* In ders., *Werke II, Bd. 2.* Frankfurt/M.: Suhrkamp.

Quinodoz, J.M. (1997). Transitions in psychic structures in the light of deterministic chaos theory. *Int. J. Psychoanal., 78,* 699–718.

Rapaport, D. (1960). *The structure of the psychoanalytical theory.* New York: Internat. UP (dt.: [1961]. *Die Struktur der psychoanalytischen Theorie.* Stuttgart: Klett-Cotta).

Rasmussen, P., Gillberg, C., Waldenstrom, E. & Svensson, B. (1983). Perceptual, motor and attentional deficits in seven-year-old children: neurological and neurodevelopmental aspects. *Dev. Med. Child Neurol., 25*(3), 315–333.

Reiche, R. (2000). »… versage uns die volle Befriedigung« (Sigmund Freud). Eine sexualwissenschaftliche Zeitdiagnose der gegenwärtigen Kultur. *ZPTP, 15*(1), 10–36.

Ribas, D. (1998). Autism as the defusion of drives. *Int. J. Psychoanal., 79,* 529–538.

Richter, P. (2019, 1./2. Juni). Wie hinterm Ku'damm. *Süddeutsche Zeitung,* 3.

Richter, K. & Rost, J.-M. (2002). *Komplexe Systeme.* Frankfurt/M.: Fischer.

Rilke, R.M. (1980 [1908]). Archaischer Torso Apollos. In ders., *Werke in sechs Bänden. Band I.2, Gedicht-Zyklen* (S. 313). Frankfurt/M.: Insel.

Rocha Barros, E.L. (2000). Affect and pictographic Image: the constitution of meaning in mental life. *Int. J. Psychoanal., 81,* 1087–1099.

Rosa, H. (2019). *Unverfügbarkeit.* Wien, Salzburg: Residenz.

Safranski, R. (1984). *E.T.A. Hoffmann. Das Leben eines skeptischen Phantasten.* München, Wien: Hanser.

Safranski, R. (1997). *Das Böse oder das Drama der Freiheit.* München, Wien: Hanser.

Safranski, R. (2003). *Wieviel Globalisierung verträgt der Mensch?* München, Wien: Hanser.

Salomonsson, B. (2007). »Talk to me baby, tell me what's the matter now.«Semiotic and developmental perspectives on communication in psychoanalytic infant treatment. *Int. J. Psychoanal., 88,* 127–146.

Samjatin, J. (1984 [1920]). *Wir.* Köln: Kiepenheuer & Witsch.

Sandler, J. & Rosenblatt, B. (1962). The concept of the representational world. *Psychoanal. Stud. Chil., 17,* 128–145.

Sandler, J. & Sandler A.-M. (1987). The past unconscious, the present unconscious and the vicissitudes of guilt. *Int. J. Psychoanal., 68,* 331–341.

Scarfone, D. (2013). From traces to signs. Presenting and representing. In H.B. Levine, G.S. Reed & D. Scarfone (Hrsg.), *Unrepresented States and the Construction of Meaning* (S. 95–121). London: Karnac.

Schafer, R. (1982 [1976]). *Eine neue Sprache für die Psychoanalyse.* Stuttgart: Klett-Cotta.

Schneider, G. (2002). Von der Tiefe in die Oberfläche – und zurück? *Psychoanalyse im Widerspruch, 14*(28), 15–22.

Schneider, G. (2005, Mai). Innerer und äußerer Raum – zur Problematik euklidischer Modelle im klinischen Diskurs. Vortrag auf der Frühjahrstagung »Zeit und Raum im psychoanalytischen Denken« der Deutschen Psychoanalytischen Vereinigung, Bremen.

Schrader, C. (2011, 11. Februar). Explosion des Cyberspace. *Süddeutsche Zeitung*, 18.

Schulte von Drach, M. (2015, 12. Dezember). »Irgendwie schön anzusehen«. *Süddeutsche Zeitung*, 13.

Schulze, G. (1993). *Die Erlebnisgesellschaft.* Frankfurt/M.: Campus.

Segal, H. (1974). *Melanie Klein. Eine Einführung in ihr Werk.* Frankfurt/M.: Fischer.

Segal, H. (2005). Stichwort »Beta-Screen«. www.encyclopedia.com (17.02.2017).

Sennett, R. (1998). *Der flexible Mensch. Die Kultur des neuen Kapitalismus.* Berlin: Berlin Verlag.

Serrao, M.F. (2008, 11. Januar). Große Brüder, aber mit Abitur. Wer schaut »Unterschichten-TV«? *Süddeutsche Zeitung*, 2.

Serres, M. (2013). *Erfindet euch neu! Eine Liebeserklärung an die vernetzte Generation.* Frankfurt/M.: Suhrkamp.

Siemons, M. (1994, 11. Juni). Die Welt zerspringt in tausend Stücke. *Frankfurter Allgemeine Zeitung.*

Sigusch, V. (2000, 26. Juni). »Eine kulturelle Meisterleistung«. Ein Gespräch mit J. Böckem. *kultur Spiegel*, 10–15.

Simon, M. (2002). Die Geek-Autismus-Connection. *Telepolis.* https://www.heise.de/tp/features/Die-Geek-Autismus-Connection-3519189.html (26.01.2020).

Sohn, L. (2007). Grundlose Angriffe. Zum Verständnis scheinbar zufälliger Gewalt. *Jahrbuch der Psychoanalyse, 55*, 9–33.

Soldt, P. (2005). *Denken in Bildern. Zum Verhältnis von Bild, Begriff und Affekt im seelischen Geschehen.* Lengerich: Pabst Science Pub.

Soldt, P. (2006). Bildliches Denken. Zum Verhältnis von Anschauung, Bewusstsein und Unbewusstem. *Psyche – Z. Psychoanal., 60*, 543–572.

Spitzer, M. (2005). *Vorsicht Bildschirm. Elektronische Medien, Gehirnentwicklung, Gesundheit und Gesellschaft.* Stuttgart: Ernst Klett.

Spitzer, M. (2007). Achtung: Baby-TV. *Nervenheilkunde, 26,* 1036–1040.

Spitzer, M. (2014). Smartphones. Zu Risiken für Bildung, Sozialverhalten und Gesundheit. *Nervenheilkunde, 33,* 9–15.

Stähli, A. (2002). Bild und Bildakte in der griechischen Antike. In H. Belting, D. Kamper & M. Schulz (Hrsg.), *Quel Corps? Eine Frage der Repräsentation* (S. 67–84). München: Fink.

Stern, D. (1992 [1985]). *Die Lebenserfahrung des Säuglings.* Stuttgart: Klett-Cotta.

Stiegler, B. (2008). *Die Logik der Sorge. Verlust der Aufklärung durch Technik und Medien.* Frankfurt/M.: Suhrkamp.

Storck, T. (2013). Doing Transference. Agieren als Ver-handeln der Übertragungsbeziehung. *Jahrb. Psychoanal., 66*, 81–120.

SWR 1 (2015). *Leute.* Thema: Lesen. Sendung vom 24. Juni 2015 (03.07.2019).

Tomasello, M. (2002). Die kulturelle Entwicklung des menschlichen Denkens. Frankfurt/M.: Suhrkamp.

Tomasello, M. (2009). *Die Ursprünge der menschlichen Kommunikation.* Frankfurt/M.: Suhrkamp.

Türcke, C. (2002). *Erregte Gesellschaft. Philosophie der Sensation.* München: C.H.Beck.

Türcke, C. (2005). *Vom Kainszeichen zum genetischen Code. Kritische Theorie der Schrift.* München: C.H.Beck.

Türcke, C. (2008). *Philosophie des Traums.* München: C.H.Beck.

Türcke, C. (2010). Traumdeutung zwischen Okkultismus und Wissenschaft. In ders. (Hrsg.), *Sigmund Freud: Über Träume und Traumdeutung* (S. 213–221). München: dtv/C.H.Beck.

Türcke, C. (2011). Konzentrierte Zerstreuung. Zur mikroelektronischen Aufmerksamkeitsdefizit-Kultur. *Jahrb. Psychoanal., 62,* 13–29.

Türcke, C. (2016). *Lehrerdämmerung. Was die neue Lernkultur in den Schulen anrichtet.* München: C.H.Beck.

Türcke, C. (2019). *Digitale Gefolgschaft. Auf dem Weg in eine neue Stammesgesellschaft.* München: C.H.Beck.

Turkle, S. (1998 [1995]). *Leben im Netz. Identität im Zeichen des Internet.* Reinbek: Rowohlt.

Tustin, F. (1980). Autistic objects. *Int. Rev. Psycho Anal., 7,* 27–38.

Tustin, F. (1984). Autistic shapes. *Int. Rev. Psycho Anal., 11,* 279–289.

Tustin, F. (1986). *Autistic Barriers in neurotic patients.* New Haven/CT: Yale UP.

Uexküll, J. v. (1983 [1909]). *Streifzüge durch die Umwelten von Tieren und Menschen. Bedeutungslehre.* Frankfurt/M.: Fischer.

Uexküll, J. v. & Kriszat, G. (1970 [1934]). *Streifzüge durch die Umwelten von Tieren und Menschen. Ein Bilderbuch unsichtbarer Welten.* Frankfurt/M.: Fischer.

Valéry, P. (1960). *Die fixe Idee.* Frankfurt/M.: Suhrkamp.

Walter, H. (2002). Die Radikalisierung der Oberfläche. *Neue Rundschau, 113*(4), 9–22.

Weizenbaum, J. (2000, 26. Juli). Schießen Sie auf dieses schöne Gebäude unseres Wissens. *Süddeutsche Zeitung,* 17.

Wenz, K. (2002, 18./19. Mai). Welche Geschichten erzählen Computerspiele? Die Mühe der Wissenschaft, ein genreübergreifendes Medium zu definieren. *Neue Zürcher Zeitung,* 55.

Wetzel, M. (2004). Das Bild und das Visuelle. Zwei Strategien der Medien im Anschluss an Serge Daney. In B. Naumann & E. Pankow (Hrsg.), *Bilder-Denken. Bildlichkeit und Argumentation* (S. 173–186). München: Fink.

Wheeler, J. A. (2018 [1990]). *Complexity,Entropy, and the Physics of Infromation.* Boca Raton/FL: CRC Press.

Wiesing, L. (2005). *Artifizielle Präsenz. Studien zur Philosophie des Bildes.* Frankfurt/M.: Suhrkamp.

Wikipedia-Artikel: »Mentalisierung«. https://de.wikipedia.org/wiki/Mentalisierung (10.07.2019).

Winnicott, D.W. (1967). Mirror-role of the mother and family in child development. In P. Lomas (Hrsg.), *The Predicament of the Family: A Psycho-Analytical Symposium.* London: Hogarth Press.

Winnicott, D.W. (1969). The Use of an Object. *Int. J. Psychoanal., 50,* 711–716.

Winnicott, D.W. (1971). *Playing and reality.* London: Tavistock.

Winnicott, D.W. (1984 [1958]). Die Fähigkeit zum Alleinsein. In ders., *Reifungsprozesse und fördernde Umwelt* (S. 36–46). Frankfurt/M.: Fischer.

Wittgenstein, L. (1971 [1945–1949]): *Philosophische Untersuchungen*. Frankfurt/M.: Suhrkamp.

Zizek, S. (2000, 8. August). Du sollst dir Bilder machen! Der Holocaust zwischen Schweigen und Lachen. *Süddeutsche Zeitung*.

Bibliografische Anmerkungen

Vom Walkman *zum* Womanizer. *Statt eines Vorworts* | Erstveröffentlichung

1 *Das Sensorische und die Gewalt. Mutmaßungen über ein Diesseits von Gut und Böse.* Vortrag auf dem interdisziplinären Symposion des Psychoanalytischen Institutes Heidelberg (DPV) aus Anlass seines 20-jährigen Bestehens am 14.10.2000 im Deutsch-Amerikanischen Institut, Heidelberg | Erstveröffentlichung (2001). *Zeitschrift für psychoanalytische Theorie und Praxis, 16*(3), 365–381 (erscheint inzwischen im Verlag Vittorio Klostermann) | frz.: (2006). La sensorialité et la violence. Hypothèses sur un en-decà du bien et du mal. *Rev. franc. Psychanal., 70*(1), 197–213.

2 *Lust am Nichtdenken. Zum Verhältnis von Erregung und Bedeutung in beschleunigten und entgrenzten Lebenswelten.* Vortrag auf der DPV-Herbsttagung (»Symbolisierung und ihre Störungen«) Frankfurt, November 2002 | Erstveröffentlichung (2004). *Zeitschrift für psychoanalytische Theorie und Praxis, 19*(4), 399–416 (erscheint inzwischen im Verlag Vittorio Klostermann) | außerdem (2002). In H. Lahme-Gronostaj (Hrsg.), *Symbolisierung und ihre Störungen.* DPV-Herbsttagungsband (S. 327–343) | weiterhin (2005). *Psychoanalyse im Widerspruch, 17*(33), 39–56.

3 *Der Entzug des inneren Raumes. Über zeitgenössische Konstitutionsbedingungen von Subjektivität* | Vortrag bei der Psychoanalytischen Arbeitsgemeinschaft (DPV) München, 24.06.2005; auf der Tagung »Grenzen – Psychotherapie und Identität in Zeichen der Globalisierung«, Weimar, 02.07.2005 und am Alexander-Mitscherlich-Institut (DPV), Kassel, 25.03.2006 | Erstveröffentlichung (2006). In B. Strauß & M. Geyer (Hrsg.), *Psychotherapie in Zeiten der Globalisierung* (S. 117–151). Göttingen: Vandenhoeck & Ruprecht.

4 *Symbolisierung als Re-Präsentation von Getrenntheit – ein Auslaufmodell?* | Vortrag auf dem Forum »Symbolisierungsstörungen und Kinderanalyse«, XXIX. Kongress der deutschen Gesellschaft für Kinder- und Jugendpsychiatrie, Psychosomatik und Psychotherapie, Heidelberg, 19.03.2005 | Erstdruck (2006). *Psychoanalyse im Widerspruch, 18*(35), 27–38.

5 *Eyes Mind Shut. Die Krise der Bildlichkeit und die Verkümmerung der symbolischen Repräsentanzen* | Vortrag auf der Tagung »Arbeit der Bilder. Die Präsenz des Bildes im Dialog zwischen Psychoanalyse, Philosophie und Kunstwissenschaft«, Neues Museum Weserburg, Bremen, 06.–08.06.2008 | Erstveröffentlichung (2009). In P. Soldt & K. Nitzschmann (Hrsg.), *Arbeit der Bilder. Die Präsenz des Bildes im Dialog zwischen Psychoanalyse, Philosophie und Kunstwissenschaft* (S. 97–128). Gießen: Psychosozial-Verlag.

6 *Subjekt und Synapse. Streifzüge durch die Umwelten von Menschen und Maschinen* | Vortrag auf dem 11. Symposium der Psychoanalytischen Arbeitsgemeinschaft Stuttgart-Tübingen (DPV), »Virtuelle Realität – Spiel, Sucht, Symbolisierung. Psychoanalytische Erkundungen«, Tübingen, 07.05.2011 | Erstveröffentlichung (2012). *Psyche – Z. Psychoanal., 66*, 728–751.

7 *Schrankenlos. Die elektronischen Präsenzmedien und der beschädigte Primärprozess* | Vortrag auf der DPV Frühjahrstagung, 12.03.2016, Stuttgart | Erstveröffentlichung (2017). In K. Nitzschmann, J. Döser, G. Schneider & C. E. Walker (Hrsg.), *Kulturpsychoanalyse heute. Grundlagen, aktuelle Beiträge, Perspektiven* (S. 173–187). Gießen: Psychosozial-Verlag | gedruckt auch (2016). In G. Allert et al. (Hrsg.), *»Scham und Schamlosigkeit«*. DPV Frühjahrstagungsband (S. 287–298).

Jürgen Straub

Vom Prothesengott zur Psychoprothese

Über Psychotherapie und Selbstoptimierung

Herbst 2020 · ca. 170 Seiten · Broschur
ISBN 978-3-8379-3018-4

Wir leben in einer Ära der Psychoprothetik.

Sigmund Freud übersah bei seinem Entwurf eines wissenschaftlich-technisch ausgerüsteten, doch nicht glücklich werdenden Prothesengotts, wie Psychoanalyse, Psychologie und Psychotherapie selbst zur Erweiterung der Prothetik beitragen. Sie verbessern Arbeits-, Leistungs- und Liebesfähigkeit, sie stützen und optimieren das zutiefst verunsicherte Selbst von Menschen, die ihre hypermoderne Existenz ohne solche professionellen Hilfsmittel mitunter kaum mehr bewältigen können. Lesende dieses hochaktuellen Buchs, das die These vom Prothesengott um die Dimension einer Psychoprothese erweitert, begegnen nicht nur den smarten prothetischen Kunstwelten des 21. Jahrhunderts, sondern auch dem psychotechnisch optimierten Selbst unserer Tage.

Robert Heim

Psychoanalyse im Turm zu Babel

Grenzgänge zwischen Melanie Klein, Wilfred R. Bion und Jacques Lacan

2020 · 161 Seiten · Broschur
ISBN 978-3-8379-2975-1

»Begeben wir uns also in die Bibliothek zu Babel, Abteilung Psychoanalyse, und fragen den erblindeten Bibliothekar, ob er von einem entwendeten Brief im Schriftverkehr zwischen London und Paris gehört habe. Erstaunt antwortet dieser, gehört schon, aber nicht gesehen, doch vermute er, das besagte Schriftstück liege gleich vor den Augen des fragenden Lesers, wenn auch zwischen den Zeilen jener Tausenden von Seiten, die er leider nicht mehr lesen konnte.«

Robert Heim

In fiktionaler, zuweilen humorvoller und kritischer Weise bringt Robert Heim drei ikonische Gestalten der Psychoanalyse nach Freud miteinander ins Gespräch: Melanie Klein, Wilfred R. Bion und Jacques Lacan. Ob Kleins paranoid-schizoide und depressive Position, Bions Container oder Lacans Begehren und Genießen – mittels einer komparatistischen Methode eröffnet der Autor neue Perspektiven auf grundlegende Begriffe und zentrale Bereiche der Psychoanalyse. Neben theoretischen und behandlungstechnischen Fragen widmet er sich auch aktuellen gesellschaftlichen Themen wie der Klimakrise.